昭通扶贫

昭通市脱贫攻坚大决战实录

盐津卷

政协昭通市委员会 组编

中国文史出版社
CHINA CULTURAL AND HISTORICAL PRESS

图书在版编目（CIP）数据

昭通市脱贫攻坚大决战实录. 盐津卷 / 政协昭通市委员会组编. -- 北京 : 中国文史出版社 , 2021.12

ISBN 978-7-5205-3176-4

Ⅰ. ①昭… Ⅱ. ①政… Ⅲ. ①扶贫—工作概况—盐津县 Ⅳ. ① F127.743

中国版本图书馆 CIP 数据核字 (2021) 第 187190 号

责任编辑：窦忠如　秦千里　方云虎
特约编辑：窦广利　张幼平　邓文华

出版发行：中国文史出版社
社　　址：北京市海淀区西八里庄路 69 号院　邮编：100142
电　　话：010－81136606　81136602　81136603（发行部）
传　　真：010－81136655
印　　装：廊坊市海涛印刷有限公司
经　　销：全国新华书店
开　　本：787 毫米 × 1092 毫米　1/16
印　　张：26
字　　数：359 千字
版　　次：2021 年 12 月北京第 1 版
印　　次：2021 年 12 月第 1 次印刷
定　　价：1980.00 元（全 19 册）

《昭通市脱贫攻坚大决战实录》丛书

编 委 会

《昭通市脱贫攻坚大决战实录·盐津卷》
编撰委员会

总　序

成联远

贫困是人类社会的顽疾，消除贫困是人类梦寐以求的理想，人类发展史就是与贫困不懈斗争的历史。

中国共产党从成立之日起，始终高度重视解决贫困问题，持续向贫困宣战。党的十八大以来，以习近平同志为核心的党中央，把脱贫攻坚摆在治国理政的突出位置，团结带领全党全国各族人民打响了人类历史上规模最大、力度最强、惠及人口最多的脱贫攻坚战。经过8年持续奋斗，如期完成了新时代脱贫攻坚目标任务，现行标准下近1亿农村贫困人口全部脱贫，贫困县全部摘帽，消除了绝对贫困和区域性整体贫困，脱贫地区处处呈现山乡巨变、山河锦绣的时代画卷！这是中国共产党团结带领全国各族人民艰苦奋斗所创造的又一个彪炳史册的人间奇迹，生动展示了中华民族摆脱贫困、走向复兴的强大力量。

昭通地处云、贵、川三省接合部的乌蒙山区腹地，是集革命老区、地震灾区、散居民族地区、生态敏感脆弱地区为一体的深度贫困地区，是全国贫困人口最多、贫困程度最深、脱贫任务最重、攻坚压力最大的地级市。全市11个县（市、区）中有国家级贫困县10个，1379个村（社区）中有贫困村1235个，629万人口中有贫困人口185.07万人，正可谓全国脱贫看云南、云南脱贫看昭通。

历史的洪流浩浩荡荡，精彩的答卷壮阔恢宏。近年来，特别是习近平总书记于2015年视察昭通以来，市委、市政府始终铭记习近平总书记的殷殷嘱托，感恩党中央的亲切关怀，始终把脱贫攻坚作为最大的政治任务，全面落实精准扶贫、精准脱贫方略，团结带领全市各族干部群众，攻坚克难、感恩奋进，发扬钉钉子精神，敢于啃硬骨头，奋力夺取了脱贫攻坚大决战全面胜利。全市现行标准下185.07万农村贫困人口、1235个贫困村、10个贫困县全部退出贫困序列，贫困群众人均收入由2015年的2703元增加到9899元，昭通千百年来的绝对贫困问题历史性地画上句号，全面建成小康社会取得历史性成就。昭通的奋力崛起、华丽转身，是云南乃至全国扶贫开发事业的一个缩影。

荆棘载途，玉汝于成。一切向前走，都不能忘记走过的路。在脱贫攻坚工作中，数万名扶贫干部倾力奉献、苦干实干，将最美的年华无私奉献给了脱贫事业，涌现出许多感人肺腑、可歌可泣的先进事迹。“感动南网”的彝良县牛街镇水田村第一书记吴长碧，用柔弱肩膀扛起扶贫重任；把病情报告单“藏”起来去扶贫的女干部金碧琼，一直坚守在扶贫第一线；特别是即将结婚却没有等到婚礼那一刻的“90后”扶贫干部王秋婷、积劳成疾牺牲在扶贫一线的驻村工作队队长李永春等25名扶贫干部，更是用生命诠释了共产党人的初心使命；还有216对“父子兵”、1284对“夫妻档”，572名干部“轻伤不下火线”，他们用身影、心血和汗水，交出了让党和人民满意的答卷。为全面记录新时代昭通艰苦卓绝、波澜壮阔的脱贫攻坚历史进程，客观反映乌蒙大地发生的翻天覆地历史性巨变，真实记录各级干部群众在脱贫攻坚中的感人故事，经市委同意，我们组织相关县市区、部门、专家对2015年至2020年我市开展脱贫攻坚的重大事件、典型故事进行搜集整理，编写《昭通市脱贫攻坚大决战实录》，旨在通过回望昭通脱贫攻坚的壮阔历程，探索总结蕴含其中的宝贵经验和深刻启示，赓续传承伟大的脱贫攻坚精神，从历史回望中照见未来，以更坚定的信心、更昂扬的斗志，继续走好新时代的长征路，奋力谱写昭通高质量跨越发展新篇章。

以昭通脱贫攻坚的壮阔历程资鉴后世。回望昭通脱贫攻坚的壮阔历程，市委、市政府团结带领全市各族人民披荆斩棘、栉风沐雨，攻克了一个又一个贫中之贫、坚中之坚，脱贫攻坚取得了重大历史性成就。昭通脱贫攻坚任务之艰前所未有，全市基础条件薄弱、致贫原因复杂、发展滞后明显，贫困面积大、贫困人口多、贫困程度深，贫困发生率高达 34.8%，“大山大水大峡谷、天寒地冻不出种、人多地少矛盾多”是昭通最大的市情。昭通脱贫攻坚规模之大前所未有，全市 11 个县市区中有国家级贫困县 10 个，其中深度贫困县 7 个；1235 个贫困村中，有深度贫困村 691 个；农村贫困人口高达 185.07 万人，占全省贫困人口的 1/5 以上，平均每天脱贫人数达到 1000 人以上。昭通脱贫攻坚成效之巨前所未有，全市累计投资 1658 亿元，规划的 12 条高速公路全部落地建设，打通了 11 个“出滇入川进黔”大通道，通车里程达 750 公里；累计新建或改造农村住房 55.89 万户；215.4 万人饮水安全得到巩固提升，自来水普及率达 94%；累计硬化农村公路 1.86 万公里，建成公路安全生命防护工程 1.05 万公里；因地制宜规划建设集中安置区 23 个，35.47 万名搬迁群众全部搬入新居；全市生产总值 5 年连跨 5 个百亿级台阶，年均增长 8%，达 1289 亿元。脱贫地区经济社会发展大踏步赶上来，整体面貌发生历史性巨变，极大增强了人民群众的获得感、幸福感、安全感。我们通过收集广大奋战在一线同志的真实故事，以“当事人”的亲身经历，将昭通脱贫攻坚艰苦卓绝、成效卓著的壮阔历程系统完整地记载下来，形成档案性的历史资料，以资后人，以鉴后世。

探索总结昭通打赢脱贫攻坚大决战的深层逻辑。习近平总书记强调：“办好中国的事情，关键在党。”有了党的坚强领导，脱贫攻坚就有了坐镇中军帐的“帅”，亿万人民就有了众志成城的“主心骨”。面对夺取脱贫攻坚大决战全面胜利的历史重任，市委、市政府始终坚持把党的领导贯穿各项工作全过程，坚持以脱贫攻坚统领经济社会发展全局、以党的建设统领推动各项工作落实“双统领”，强化铁的纪律和硬的作风“双保障”，努力实现党的建设和脱贫攻坚“双推进”。始终坚持以人民为中心的发展思想，提出“坚持以人民为中心、以群众工作为主线，抓住精准、统筹、务实三个关键，实现思想、工作和情感三个认同”的“133”工作思路，让人民群众真正成为脱贫攻坚这棵参天大树的主干。始终坚持精准扶贫、精准脱贫方略，围绕“扶持谁”“怎么扶”“怎么退”“退出后怎么办”四个重点，着力扣好精准识别、精准施策、精准退出、巩固提升“四粒扣子”，构建了一整套行之有效的政策体系、工作体系、制度体系，用发展的办法消除贫困根源。始终深入贯彻落实“五级书记抓扶贫”“党政同责促攻坚”的要求，坚持“一把手”负总责，切实强化市县抓落实机制，着力构建各级领导干部责任上肩、挂甲上任的组织体系。始终坚持集中精锐力量投向脱贫攻坚主战场，累计选派4592名驻村工作队队员、823名驻村督导员、6.37万名各级帮扶干部充实到扶贫一线，鲜红的党旗始终在脱贫攻坚主战场上高高飘扬。这些宝贵经验、深刻启示，我们通过编撰实录的形式如实记录，推动脱贫攻坚的认识和实践实现一个新的飞跃，为以后的改革发展提供重要的历史借鉴和方法指导。

赓续传承新时代脱贫攻坚昭通精神。伟大事业孕育伟大精神，伟大精神引领伟大事业。脱贫攻坚伟大斗争，锻造形成了“上下同心、尽锐出战、精准务实、开拓创新、攻坚克难、不负人民”的脱贫攻坚精神，这是中国精神、中国价值、中国力量的充分彰显。回望昭通脱贫攻坚大决战的壮阔历程，市委、市政府团结带领全市各族人民风雨同舟、携手与共、砥砺奋斗，努力闯出了一条以脱贫攻坚统领经济社会发展全局，倒逼产业形态、基础设施、城乡建设、生态文明等各个领域创新突破的“昭通路径”，奋力跑出了争先进位、赶超跨越的“昭通速度”，锻造锤炼了为民务实、实干求真的“昭通作风”，树立展示了“文明友善、开放包容”的“昭通形象”，淬炼形成了敢打善拼、坚韧求成、再硬的骨头也要嚼碎的脱贫攻坚“昭通精神”，这是一笔昭通当代脱贫攻坚人留给后世的宝贵精神财富。我们着力做好时代的忠实记录者，发挥文史资料“存史、资政、团结、育人”功能，赓续传承、大力弘扬新时代脱贫攻坚昭通精神，激励全市600多万名各族儿女在新征程上再鼓干劲、再聚合力、再立新功。

引领我们不断从胜利走向新的更大胜利。春江浩荡暂徘徊，又踏层峰望眼开。脱贫摘帽不是终点，而是新生活、新奋斗的起点。我们如期完成新时代脱贫攻坚目标任务，为实现两个百年奋斗目标以坚定信心、强劲动力，必将激励我们不断从胜利走向新的更大胜利。站在新的历史交汇点上，推动滇东北开发提速和崛起的奋斗史诗正在书写，我们必须从决战决胜脱贫攻坚的实践中汲取智慧和力量，进一步增强“四个意识”、坚定“四个自信”、做到“两个维护”，不断提升政治判断力、政治领悟力、政治执行力，在以习近平同志为核心的党中央的坚强领导下，永远保持慎终如始、戒骄戒躁的清醒头脑，永远保持不畏艰险、锐意进取的奋斗韧劲，永远保持永不懈怠、一往无前的精神状态，真抓实干、埋头苦干，脚踏实地、久久为功，在推动昭通高质量跨越发展的新征程上奋勇前进！

（作者时任中共昭通市政协党组书记、政协昭通市委员会主席）

本卷序言

杨仕翰

盐津位于滇、川、黔、渝四省市腹心地带，素有“滇川门户”之称。由于受四川盆地过渡云贵高原的地形影响，境内重峦叠嶂、山势陡峭、沟壑纵横，被形容为“地无一里平”。特殊的地形地貌让生活在这块土地上的群众饱受贫困的侵蚀。中华人民共和国成立后，特别是改革开放以来，在党的领导下，全县大部分群众摆脱了贫困。但是，在交通落后、基础薄弱、灾害频发、信息闭塞等叠加因素制约下，2014 年还有 11 万人生活在贫困线以下，贫困发生率达 34.5%。2015 年 11 月 29 日，《中共中央国务院关于打赢脱贫攻坚战的决定》颁布，吹响了脱贫攻坚冲锋号。军令下，号角响，战鼓擂，精锐出，在云南省委、昭通市委的领导下，盐津县尽锐出战，全面打响脱贫攻坚战，掀起一次次攻坚高潮，攻克一个个脱贫难题。

《昭通市脱贫攻坚大决战实录 · 盐津卷》以文史资料形式，系统、全面地反映了盐津广大干群在脱贫攻坚伟大实践中迎难而上，奋力夺取脱贫攻坚战全面胜利，全力推进脱贫攻坚与乡村振兴有效衔接，唱响新时代英雄赞歌，展现了波澜壮阔的历史画卷和现实变革，书写了“团结奋进、拼搏创新、苦干实干”的脱贫攻坚史诗。

“运筹于帷幄之中，决胜于千里之外。”打赢脱贫攻坚战是为了解决困扰中华民族几千年的绝对贫困问题，其任务重，艰难险阻重重。在这一伟大征程中，如何啃下硬骨头，获得最终胜利，领导是核心、是关键。本书从谋划、部署、指挥、实干等方面，展现了全县各级领导干部在脱贫攻坚战中率先垂范、担当作为、攻坚克难的风范。

“黄沙百战穿金甲，不破楼兰终不还。”习近平总书记说过：“贫困之冰，非一日之寒；破冰之功，非一春之暖。”脱贫攻坚，“两不愁、三保障”是靶心，“571”是标准。本书全面记述了盐津县委、县政府贯彻落实市委“133”工作思路，创新实践“三个一”工作法，采取强基础、增收入、兴产业、建新居、拆危旧、促教育、振精神、助健康等一系列举措，全力推进脱贫攻坚，全面补齐脱贫攻坚各项短板弱项；中央、省、市、县103家单位挂包帮扶86个贫困村（社区），落实项目、资金、人才，凝心聚力齐攻坚；3378名挂包干部职工顶烈日、冒霜雪、踏泥泞，翻越崇山峻岭，深入千家万户鏖战贫困、奋力攻坚，兑现着一个个庄严的承诺，脱贫攻坚中干部流汗流泪，甚至还流血。在使命和担当面前，脱贫攻坚没有退路，广大干部职工积极发扬大无畏精神，在脱贫攻坚道路上谱写了一曲曲壮丽的赞歌，充分展现了新时代干群风采。

“千淘万漉虽辛苦，吹尽狂沙始到金。”自脱贫攻坚以来，县乡村干部职工和各行各业人士统筹一盘棋，齐心攻坚。经过五年的持续努力，全县现行标准下的建档立卡人口24279户110588人已全部脱贫；86个贫困村（社区）全部出列，整县脱贫摘帽通过了贫困县退出第三方评估。2020年5月16日，云南省人民政府正式批准盐津县退出贫困序列，兑现了向党中央和全县人民立下的“军令状”。昔日的贫困山区展现出新气象：一条条便捷的硬化路，连通了千家万户，让群众出行不再难；农村饮水工程，让群众喝上干净清澈的放心水；电力、通信网络、广播电视等基础设施进一步夯实，居民生产生活条件明显改善；转移就业与公益性岗位开发并重，实现了贫困家庭“零就业”清零；农业产业结构调整稳步推进，以乌骨鸡、肉牛、竹三大产业为主导的农业产业正稳步发展；农危改和易地扶贫搬迁，让贫困群众住房问题全面解决；教育扶贫使适龄青少年就学得到保障，国民教育和职业教育率明显提升；健康扶贫让群众看病不再忧心……通过实施一系列科学合理的举措，真正解决了贫困群众“两不愁、三保障”难题，盐津大地发生了翻天覆地的变化，农村面貌及群众精神状态焕然一新，为实施乡村振兴战略和书写滇东北开发提速盐津新篇章奠定了坚实基础。

历史车轮滚滚向前，时代潮流浩浩荡荡，历史只会眷顾坚定者、奋进者、搏击者。谨以本书献给所有在脱贫攻坚战场上奋斗过的勇士及助力脱贫攻坚的仁士。同时，也希望本书能充分发挥服务发展、激励当代、启迪后世的作用，使脱贫攻坚展现出来的“敢叫日月换新天”的担当精神、“衣带渐宽终不悔”的奋斗精神、“不破楼兰终不还”的攻坚精神、“俯首甘为孺子牛”的奉献精神得以更好的发扬和传承！

在此，衷心祝愿盐津明天更美好、人民生活更幸福！

（作者时任中共盐津县委书记）

目　录

第一编　本卷综述

第二编　组织保障

第三编　精准施策

第四编　挂包帮扶及社会扶贫

第五编　全面脱贫

第一编　本卷综述

综 述

杨仕翰

2016 年以来，盐津县始终把脱贫攻坚作为首要政治任务和第一民生工程，深入贯彻落实习近平总书记关于扶贫工作重要论述和精准扶贫工作方略，紧紧聚焦“两不愁、三保障”和“571”脱贫标准，紧扣责任、政策、工作“三个落实”，认真践行市委“133”工作思路，深入实践“三个一”工作法，努力克服洪涝、地震等自然灾害和新冠肺炎疫情影响，坚决打赢打好脱贫攻坚战。先后接受国家、省脱贫成效考核、东西部扶贫协作考核、财政扶贫资金绩效评估；整县脱贫摘帽通过了贫困县退出第三方评估，高质量完成脱贫攻坚普查。经过几年的持续攻坚，现行标准下的建档立卡人口 24279 户 110588 人已全部脱贫，86 个贫困村（社区）全部出列，2020 年 5 月 16 日，省人民政府正式批准盐津县退出贫困序列，兑现了向党中央和全县人民的“军令状”。

一、探索实践“三个一”工作法，干部盯到村抵到户，切实深化县抓落实责任体系

坚持以“不忘初心，牢记使命”主题教育为载体，探索实践“三个一”工作法，推动县委、县政府主体责任、纪委监委监督责任、行业部门指导责

任、乡镇具体落实责任、村级实施责任“五大责任”落实。一是干部“一竿子插到底”。严格落实党政主要负责同志“双组长”负责制，制定脱贫攻坚实施规划，2016年以来，先后召集县委常委会53次、县政府常务会议32次、领导小组会议42次、专题会议418次，研究部署脱贫攻坚工作，组织落实各项政策措施；86个贫困村（社区）分别由中央、省、市、县103家单位挂包帮扶，24279户建档立卡贫困户分别由3378名干部职工结对帮扶，实现建档立卡贫困户帮扶全覆盖。市委还派出市人大常委会主任蹲点督导、33名市级督导员驻村督导，一线督战、推动落实。特别是2019年9月以来，在脱贫冲刺的最后阶段，抽调县直部门60%的精锐力量驻村开展“百日攻坚大会战”，36名处级干部驻乡抵村担任10个乡镇扶贫开发领导小组组长或副组长并加盯重点村；所有部门一把手全部驻村抵户担任村级指挥长，建立县、乡、村“两不愁、三保障”专项工作小组，确保攻坚作战单元专一、队员精力集中；全面增强村级指挥部力量，下派2834名干部全覆盖开展农户遍访，确保会议在一线召开，工作在一线指挥、一线部署、一线落实。二是问题“一篓子带出来”。坚持以发现问题的真实性和解决问题的时效性为考核标准，下派干部全覆盖摸底排查问题短板，建立问题清单，并统筹县纪委监委及“两办”督查力量，通过抽查复核、督查检查、交叉核实、专项巡察等方式，对干部作风建设、工作推进情况开展巡回检查，让监督检查贯穿脱贫攻坚全过程，确保“两不愁、三保障”突出问题以及影响脱贫出列的短板弱项一一发现、全面核准。三是工作“一揽子向前推”。坚持目标、问题导向，建立问题权责清单，落实整改责任主体，明确整改时限，及时交办落实，并建立定期调度机制，开展督查指导，确保工作逐项落实到位、问题逐项销号清零。2016年以来，中央、省、市三级反馈的问题以及县级自查问题，全部整改清零。

二、严格落实精准方略，抓实“一户一策”，系统谋划脱贫攻坚

认真贯彻精准扶贫、精准脱贫方略，从严落实市委以群众工作为主线的“133”工作思路，精准识别对象、精准落实措施。一是精准锁定贫困对象。在常规动态管理的基础上，严格对照“两不愁、三保障”识别标准，按照“三评四定”“两公示一公告”识别程序，相继开展了“大遍访”“回头看”“村村清、户户清”等行动，持续开展不符合对象清理、档外对象普查等重点工作，及时进行动态调整，有力确保了对象精准。二是精准构建政策体系。按照“六个精准、五个一批”的总体要求，制定出台了“十三五”脱贫攻坚规划、脱贫攻坚实施方案、精准扶贫行动计划、三年行动实施方案等一系列政策性文件和“十个全覆盖”“五个专项行动”工作方案，为脱贫攻坚构建了系统、完整、健全的政策支撑体系。三是精准规划扶贫项目。按照贫困对象家底清、致贫原因清、帮扶措施清、投入产出清、帮扶责任清、脱贫时序清的“六清”工作要求，全面开展“村村清、户户清”行动，通过自下而上的精准和自上而下的统筹，层层规划、级级把关，系统形成了相互衔接的县级项目库、乡镇路线图、村级施工图，确保实现扶贫资金定到项目、计划定到项目、审批定到项目、公示公告定到项目、责任定到项目、督查考核指向定到项目的“六定”要求。2016 年以来，全县共精准规划实施各类扶贫项目 596 个。四是精准落实资金管理。按照“乡村提需求、县级定盘子，乡村管实施、部门抓指导”的资金使用要求，切实将涉农资金与规划项目一一对应，做到项目跟着需求走、资金跟着项目走、责任跟着资金走，确保扶贫资金专款专用、安全运行、精准高效。2016 年以来，全县累计投入脱贫攻坚资金 58.78 亿元。

三、坚持问题导向，聚焦“两不愁、三保障”，精准施策补齐问题短板

紧扣户脱贫、村出列、县摘帽标准，认真落实“六个精准”“五个一批”要求，坚持以问题清零为导向，以“春季攻势”“夏季攻势”“秋季攻势”等为载体，持续开展脱贫攻坚“百日攻坚大会战”，着力解决“两不愁、三保障”突出问题和贫困退出短板。

（一）狠抓基础设施，筑牢脱贫根基

1. 农村公路“通畅率”明显提升。截至2020年年底，全县累计完成农村公路硬化1744.373公里，先后实施农村公路安全生命防护工程1576.9公里，实现了建制村通硬化路且危险路段有必要安防设施的目标；建制村通客率达100%、通邮率达100%，农村公路通行条件明显改善。

2. 饮水安全“达标率”有效解决。建成集中式供水工程711件，18.97万人饮水安全得到巩固提升；全面开展水质检验检测，2020年完成送检水样385组，贫困村、贫困户水质检测已实现村村全覆盖、户户有认定，饮水安全有保障已实现全覆盖；积极探索建立农村节约用水、长效管护体制机制，完成水表安装51170户，落实水管员1538人，组建管理小组1389个。

3. 电力通信“覆盖率”全面实现。新建改造10千伏线路483.76公里，低压线路1894.51公里，改造升级配变台区1352个，安装变压器1186台，10千伏以上动力电和配电变压器380伏三相动力电能力已实现行政村全覆盖；同时，宽带网络、广播电视覆盖率也已全面达标。

（二）狠抓住房安全，确保居有所安

1. 全力实施易地扶贫搬迁。聚焦“一方水土养不起一方人”的六类地区，锁定搬迁安置群众7052户31204人（建档立卡贫困人口6396户28774

人），建成29个易地扶贫搬迁安置点，围绕省“50个有”要求，全面补齐配套设施，现已全部入住；通过退耕还林、还草等政策，全面盘清盘活迁出区“三块地”资源，按照海拔800米以上区域种植方竹并间种槐树，800米以下的区域种植牧草养畜；全面推行“社区党总支＋片区长＋楼栋长＋党员＋住户”的五级网格化服务体系，畅通群众诉求和问题解决渠道，确保易迁群众搬得出、稳得住、能致富、融得入。

2. 扎实推进农村危房改造。认真落实“以房找人、以户找房，危房不住人、住人不危房”的要求，累计实施农村危房改造17494户，农村危房全面清零。

3. 全面整治人居环境。坚持以“百村示范、千村整治”为抓手，拆除整治农村危旧房20064户，完成无害化卫生户厕改建8456座，建成特色示范型村庄40个、人居环境示范点20个，农村垃圾收费制度全县推行。

（三）狠抓教育扶贫，斩断代际贫困

1. 学业资助全覆盖。累计发放各级各类学生资助资金37971.12万元，资助学生739270人次，发放助学贷款6196.393万元，资助学生8602人，培训“两后生”2207人，完成教育“改薄”项目141个，2017年通过国家义务教育发展基本均衡验收。

2. 结对帮扶全覆盖。认真落实干部挂钩、教师包保工作机制，全县4012名教师通过校内包班、校外包片措施，结对帮教18394名小学及以上学段贫困户学生。

3. 控辍保学全覆盖。坚持“两查四对”要求，按照“摸清家底、依法处置、规范责任、动态管理”的“四步走”模式，组织开展全覆盖大排查，分类制定控辍保学措施，落实劝返动员包保责任，确保贫困家庭义务教育阶段适龄儿童少年无失学辍学。

（四）狠抓健康扶贫，治愈贫困“病根”

1. 全面强化医疗机构建设，让建档立卡贫困人口“看得好病”。累计完成 78 个标准化村卫生室建设，乡、村医疗机构业务用房达标，人员配备、医疗设备基本满足临床需要，县人民医院达到二级甲等标准，县、乡、村三级医疗卫生机构全部达到出列标准，县域内就诊率提高到 99.33%。

2. 全面落实保障措施，让建档立卡贫困人口“看得起病”。定额资助建档立卡贫困人口，资助资金 6128.46 万元，累计资助建档立卡贫困人口 341073 人次参保。建档立卡贫困人口住院享受健康扶贫医保倾斜待遇政策，累计受益 9.27 万人次 30907.09 万元，实际报销比例达 88.18%，实现建档立卡贫困户“四项”医疗保障全覆盖。

3. 全面落实便民惠民措施，让建档立卡贫困人口“方便看病”。严格落实“先诊疗后付费”政策，县域内协议定点医疗机构全部实现“一站式”结算；严格落实家庭医生签约服务政策，聚焦因病致贫返贫人员、重点人群、重点疾病，做好签约后服务。

（五）狠抓群众增收，拔掉物质穷根

1. 拓宽就业渠道。多形式、广范围开展各类劳动技能培训，全县累计培训 3.63 万人次；积极搭建就业服务平台，定期不定期发布岗位需求信息，累计成立就业创业服务站 111 个，驻外劳务输出服务站 3 个；同时，通过建立落实劳动力村民小组长报备制度、差别化稳岗补贴、交通补贴、开辟公益岗位等政策，全方面、多层次推动劳动力转移就业。2020 年，全县农村劳动力 19.69 万人，共转移就业 16.67 万人，就业率为 84.66%；贫困劳动力 6.5 万人，转移就业 5.38 万人，就业率为 82.77%；易地搬迁劳动力 1.81 万人，转移就业 1.65 万人，就业率为 91.16%。开辟各类公益岗位 3743 个，安置建档立卡贫困户 3313 人，认定扶贫车间 18 个，吸纳劳动力就业 298 人。特别是新冠肺炎疫情防控期间，县委、县政府在抓疫情防控的同时，及时成立工作专班，提前摸底、提前准备、提前对接、提前组织，累计转移输出返乡劳

动力 8.12 万人。

2. 强化产业支撑。坚持以种养殖业结构性战略调整为抓手，强化项目覆盖和示范带动。2016 年以来，实施完成产业扶贫项目 256 个，遍及 86 个贫困村（社区），覆盖所有建档立卡贫困户，带动农户增收 95722 户 383496 人。

3. 壮大集体经济。实施村集体经济利益联结项目，促进集体经济创收，带动贫困群众增收。目前，全县 94 个村（社区）集体组织全部实现创收 2 万元以上，村均收入 5.68 万元，43 个村（社区）超过 5 万元。

4. 做实扶贫小额信贷。制定出台一系列管理机制，全力推进扶贫小额信贷工作。五年来，全县累计注入小额信贷风险补偿金 4284 万元，放贷 36384.44 万元，贴息资金 3097.21 万元，覆盖建档立卡贫困户 7591 户。

5. 做实兜底保障。按照“应扶尽扶、应保尽保、应退尽退、分类施保、动态管理”的工作要求，统筹社会救助体系，促进扶贫开发与社会保障有效衔接，提高农村低保、特困人员救助供养等社会救助制度保障水平。目前，全县建档立卡贫困户中共有 10155 户 21596 人享受农村低保，3015 户 6804 人享受城市低保；854 户 920 人享受特困供养；3201 人次享受县乡临时救助；409 人享受孤儿及事实无人抚养儿童补助；4798 人享受残疾人两项补贴；核定兜底保障对象 885 户 1885 人。

四、强化党建引领，激发脱贫攻坚内生动力，干群齐心摘穷帽

认真落实双统领、双保障、双推进工作要求，充分激发基层党组织战斗堡垒和党员的先锋模范作用，全力推进精神扶贫和法治扶贫行动，深化东西部扶贫协作、定点扶贫、社会扶贫等大扶贫工作格局，凝聚起脱贫攻坚强大合力。

（一）全面激发群众内生动力

1. 持续开展感恩教育。坚持把自强诚信感恩主题实践活动贯穿于脱贫攻坚始终，认真落实“一月三会”“三讲三评”制度，采取开好一次家庭会议、搞好一次政策宣讲、唱好一首红歌、发好一批脱贫光荣证、做好一次迎新春活动等方式，全面营造“知恩感恩、我能脱贫、我要脱贫、脱贫光荣”的浓厚氛围。

2. 全面实施法治扶贫。坚持以民主法治示范村创建为抓手，建立“歇帮制度”，组织开展法治宣传活动，重点宣传扶贫政策、土地流转、扫黑除恶等政策法规，敦促履行赡养义务，做到家喻户晓、入心入脑。

（二）注重在脱贫攻坚一线选拔培养干部

坚持把脱贫攻坚第一线作为干部培养锻炼的主阵地、主战场、主渠道，牢固树立在脱贫攻坚一线干事创业中选人用人鲜明导向，激励全县各级干部在脱贫攻坚“主战场”建功立业。五年来，脱贫攻坚一线提拔 271 人；脱贫攻坚一线交流 304 人。通过实行村干部养老保险社会统筹、提高基础补贴、落实绩效考核、建立意外事故伤害补助制度等政策，逐步提升村干部待遇。

（三）全面强化干部作风保障

健全完善纪检、组织、扶贫“三方联动”考评问责体系，强化扶贫领域监督执纪问责。五年来，累计受理扶贫领域诉求 2268 件，办结 2248 件，办结率达 99.12%；深入开展扶贫领域腐败和作风问题专项治理，发现并督促问题整改 269 个；处置扶贫领域问题线索 266 件，党纪政务处分 58 人，问责 122 人，提醒谈话 234 人。

（四）深化大扶贫工作格局

主动对接落实东西部扶贫协作和定点帮扶重大战略，广东省中山市、上海东华大学、中南财经政法大学、中铁建、省商务厅、中国建设银行云南分行、中储粮云南分公司、云天化集团等帮扶单位，以及市级派驻盐津的督导员，在人力、财力、物力、智力等方面为盐津打赢打好脱贫摘帽攻坚战提供了强力支撑。

五、巩固拓展

（一）坚持摘帽不摘责任

1. 严格落实党委主体责任。严格按照“五级书记”抓扶贫的工作要求，保持县、乡、村三级指挥作战体系不变，坚持以“爱心超市”为基础，采取积分制模式，抓住广播应急体系建设契机，做实学生、劳动力、留守妇女和老人、党小组“四个网格化”以及村务全透明公开、意识形态工作全覆盖“两个实现平台”的“4+2”农村社会治理体系，通过财务公开和政策宣传发动，用心、用情、用力赢得了群众的思想认同、工作认同、情感认同“三个认同”。

2. 严格落实行业部门主管责任。坚持单位主要领导负责制，严格按照“责任不松、政策不变、力度不减、监管不脱”工作要求，对本行业脱贫摘帽后续巩固提升工作负总责。① 保持政策稳定。坚持脱贫攻坚政策和标准，稳定资金和政策支持力度，继续发挥各自职能优势，全力解决后续巩固提升等问题。② 强化业务指导。立足行业部门职责，继续加大对行业领域的业务指导培训，确保脱贫不脱政策、脱贫不脱指导。③ 加强行业监管。坚持把责任落实作为考核行业部门工作落实主要依据，围绕脱贫攻坚和巩固提升的目标任务，全面落实行业部门监管责任，督促各行业工作的推进落实。

3. 严格落实纪委监委监管责任。① 建立长效监管机制。坚持“月总结”会议和处级干部带头下沉一线办公“两项制度”，成立了巡察、审计、督查三个“百人人才库”，认真对照巩固提升各项任务目标和责任分工，紧盯责任、政策、工作“三落实”，通过专项检查、突击检查、暗访检查、联合检查等多种方式，督促各级各部门层层落实责任，实行“红、黄、黑”榜排名奖惩制度。② 引导村务监督委员会充分发挥监督职能。理顺村务监督委员会工作机制，保障和落实村务监督委员会依法依规对村“两委”组织实施的脱贫攻坚项目建设、资金管理、政策落实的知情权、质询权、审核权和建议权，加强日常监督，建立健全监督台账，把监督职责落实到每一个具体项目建设、每一笔具体资金使用、每一项具体政策落实上。③ 强化执纪问责。认真践行监督执纪“四种形态”，着力解决在脱贫攻坚工作中不作为、慢作为、乱作为等问题，严肃查处在扶贫项目建设和资金管理方面以权谋私、优亲厚友、贪污侵占、违规招投标等违纪违规行为。

（二）坚持摘帽不摘政策

1. 强化产业培植。牢固树立“一步登顶”意识，布局鸡、牛、竹“三大富民产业”，积极引导群众利用小额信贷、“养牛贷”“养牛险”和“养鸡贷”“养鸡险”等金融产品参与产业发展，动员全县符合贷款条件的贫困户、重点监测户、边缘户全部参与到“三大富民产业”，并最大限度降低群众养殖成本和风险，努力实现产业发展对所有农村人口利益联结全覆盖，共享产业发展红利。① 育好黑凤凰。坚持“抓两头、促中间”，紧盯品种选育、养殖屠宰、加工销售“三个环节”，采取“党支部 + 协会 + 合作社 + 农户”利益联结机制，促进中间群众养殖环节快速壮大。② 养好致富牛。坚持区域协同发展，打破乡界、村界限制，在草山相对集中，连片达 1000 亩以上的地区，规划集中养殖片区，建立肉牛养殖代养点，现有肉牛养殖经营主体 3579 个，种植牧草 2.8 万亩，建成养牛代养场 188 个，肉牛存栏量由 2019 年末的 0.89 万头增加到 2.57 万头。③ 种好摇钱竹。按照新植一批、改造一批、更换一批、选种一批“四个一批”要求，完善竹产业规划，提高林木产业附加值，同步间种刺槐，延伸发展蜂蜜、旅游等上下游产业，努力实现“半县槐花满县香”。完成新植竹20万亩、槐树种植58.86万株、低效林改造21.5万亩，竹林面积达67万亩。同时，依托资源优势，统筹谋划了煤、硅、气以及玄武岩、石灰石等富县产业，形成了“6+N”产业布局。

2. 持续加大劳动力转移输出力度。① 切实加大技能培训的广度和深度。积极统筹整合各类培训资源，开展劳动力实用技术培训和专业技能提升，加强与职业学校、大中专院校和用工企业的合作交流，积极通过订单式、定向式、委托式等形式开展专业技能和转移输出培训，不断拓展劳动力职业技能范围，让每个农村劳动力至少掌握2项至3项职业技能，同时加强职业技能的专业培训和等级认定，逐步提升农村劳动力的职业能力和技能水平。② 持续加大劳动力转移输出。针对疫情防控形式，加强和深化与浙江、广东等主要输出地的人社部门、劳务公司、用工企业的劳务合作，拓宽其他地区的劳务信息渠道，全方位、多行业、广角度为农村劳动力提供优质、有效的就业岗位信息，通过点对点、一站式等形式，切实提高农村劳动力转移输出率。③ 持续加强劳动力就业信息动态监测。通过建立劳动力村民小组组长报备制的网格化管理模式，实时掌握农村劳动力的务工地点、岗位变动、工资收入、技能培训、就职意向等就业情况，及时为返乡人员提供准确、满意的就业岗位推荐、咨询等服务。④持续加强宣传引导。坚持以未外出务工劳动力为重点，加大群众工作力度，强化就业政策宣传，在鼓励参与“三大富民”产业的同时，积极引导外出转移就业，切实提升农村劳动力的转移就业率。

3．提升健康扶贫水平。持续加大大病、重病人群的风险监测，积极加强与宜宾市第一人民医院等优质医疗资源合作办医，做实村一级卫生室，提升乡级卫生院以及县级医院的医疗水平和医疗设备，努力实现9种大病到36种大病县内救治全覆盖的根本性转变。① 持续落实健康扶贫政策。强化政策宣传，确保符合条件的建档立卡贫困户基本医疗保险和大病保险100%参保，严格执行建档立卡贫困户转诊转院制度、规范诊疗行为，严守城乡基本医保、大病保险、医疗救助、兜底保障、临时救助“五道防线”，着力防止因病致贫、因病返贫。② 持续巩固县、乡、村三级卫生服务标准化建设。进一步完善县、乡、村医疗机构设施设备配备，完善服务功能；加大人才引进培养力度，加大对村医的培训和管理，切实提升基本公共卫生服务水平和医疗救助服务水平。③ 持续抓实家庭医生签约服务。继续落实家庭医生签约服务机制，对服务工作进行动态监测和考核管理，提高服务的质量和水平。④ 持续加强基本公共卫生服务项目管理。加强疾病预防控制，不断提升妇女儿童健康水平，提升建档立卡贫困人口健康意识。

4 . 提升教育发展水平。① 继续做好控辍保学。强化贫困户学生信息动态管理，健全完善农村贫困家庭学生教育支持政策，综合运用学费减免、教育资助、助学贷款等政策措施，实现精准资助、应助尽助，确保不让一名贫困群众子女因贫辍学。② 强化职业技能培训。抓实中职教育和职业培训，以职业高级中学为依托，通过职业教育、技能培训、就业指导等方式，优先保障“两后生”就业。③ 着力改善办学条件。持续加大教育投入，树立教育产业化和教育公平的发展理念，紧扣教育发展法治化、市场化、产业化“三化”目标，积极引进以上海新纪元为代表的优质教育资源破题教育体制改革，探索学校校长竞聘制，实现幼儿园、小学阶段主要在村级办学，初中阶段主要在乡级办学，采取合作办学或自主办学模式实现高中办学。

5 . 提升社会保障水平。① 抓好兜底保障有效衔接。健全最低生活保障动态调整机制，精准管理兜底保障对象，将家庭遭遇变故，可能导致返贫或致贫的及时进行民政保障，实现应保尽保、精准施保，并在政策范围内逐步提高补助标准和保障范围。② 健全完善社会救助体系。按照兜底线、织密网、建机制的要求，健全覆盖全民、城乡统筹、保障适度、可持续的多层次社会保障体系，加强留守儿童、孤寡老人、残疾人等弱势群体的关爱服务，织牢民生保障“兜底网”，确保建档立卡符合条件人口 100% 参加社会养老保险。③ 加大特殊群众保障力度。健全农村留守人员和残疾人关爱体系，提高残疾儿童教育普及水平；加快残疾人托养中心和康复中心建设，逐步将符合条件的群众进行集中供养。

（三）坚持摘帽不摘帮扶

1. 选优派强驻村工作队伍。持续优化对挂钩乡镇领导、驻村工作队、挂包帮部门及帮扶干部的选派，由10名县委常委以及10名人大\政协处级干部驻乡挂牌作战、指导督促10个乡镇工作推进和落实，把政府副县长和行业部门主要领导撤换出来集中精力抓项目建设和经济发展；在此基础上，全面调整脱贫攻坚村级指挥长，选派86名副科级以上的优秀年轻干部驻村任指挥长，选派295名精干力量下沉到村（社区）担任第一书记或驻村队员。

2. 全面提高村干部待遇。坚持村级指挥长负责制，以“一肩挑”为重点调整充实村级班子，全面落实村干部“基本报酬 + 绩效补贴 + 发展产业获利 + 村集体经济创收奖励”四位一体薪酬制度，选优配强村级力量，同时每个村县级再精选1个村级指挥长和3个驻村工作队队员，全面充实优化村级干部队伍结构。通过精减优化人员，提高村干部工资性待遇；通过每个村选出2名专干，负责村集体经济发展，村集体经济实现年创收达50万元以上，落实市级村集体经济发展奖励政策；通过鼓励村干部利用“养牛贷”“养鸡贷”等金融产品积极参与“三大富民产业”发展，鼓励村干部发展产业增收。

3. 全面开展舆论宣传。坚持“富脑袋”和“富口袋”并重，通过持续开群众会、上党课、道德讲堂、主题演讲、举办感党恩活动等多种多样的形式，让干部、群众看到这些年来生产生活发生的变化，激发他们树立“吃水不忘挖井人”的感恩意识。深入总结宣传盐津脱贫攻坚中涌现出的先进人物、先进集体、先进思想、先进事迹，讲好扶贫故事。

4. 全面提升农村人居环境。把爱国卫生行动和农村人居环境整治作为“一把手”工程，对标对表农村人居环境整治考核指标和爱国卫生运动部署要求，紧盯农村“厕所革命”以及“8个专项行动”，全面提升城乡人居环境，实现群众生产生活方式“双转变”。

（四）坚持摘帽不摘监管

持续开展“两不愁、三保障”动态管理和预测监测，加强纪律作风监督检查，确保脱贫成效禁得起历史和人民检验。依托基层网格化管理体系，以乡镇为主体、村组为单元，认真对照“两不愁、三保障”指标要求，建立健全重点农户预警监测台账，持续开展动态管理，对有返贫风险的农户加强监测，根据致贫原因，一一对应采取产业带动、就业扶持、医疗救助等措施快速处置反应。

（作者时任中共盐津县委书记）

贯彻市委“133”工作思路
践行县委“三个一”工作法

杨仕翰

自脱贫攻坚以来，盐津县委以“不忘初心，牢记使命”主题教育为契机，认真践行市委“133”工作思路，深入实践干部“一竿子插到底”、问题“一篓子带出来”、工作“一揽子向前推”“三个一”工作法，建立健全“县委抓谋划、找问题，政府抓落实、抓整改，监督系统抓督查、抓通报”的工作落实机制，为坚决打赢打好脱贫攻坚战提供了制度保障和工作方法。先后接受国家脱贫成效考核、东西部扶贫协作考核、财政扶贫资金绩效评估，脱贫成效得到充分肯定；整县脱贫摘帽通过了贫困县退出第三方评估，高质量完成脱贫攻坚普查工作，现行标准下的建档立卡人口已全部脱贫，兑现了向党中央和全县人民的“军令状”。

认真贯彻市委“133”工作思路，以细之又细的群众工作破题解困。坚持把深入落实县委“三个一”工作法作为市委“133”工作思路的盐津实践，以扎实的群众工作作为农村各项工作的突破口，让干部沉下去，把群众带起来，用干部的真心、耐心、细心换取群众的思想认同、工作认同、情感认同。

——实践干部“一竿子插到底”，把干部沉下去，让士气提起来。坚持做强村级指挥作战体系。坚持“统筹有力、规范有序、运行高效、推进有成”的原则，全面提高指挥部战斗力，实行条块结合、以条为主的脱贫攻坚“两不愁、三保障”任务包干负责制，以问题为导向，确保攻坚作战单元统一、量化标准统一、队员研判水平统一。2019年“百日攻坚大会战”期间，36名处级干部全部驻乡抵村，担任10个乡镇扶贫开发领导小组组长并加盯重点村；86名部门一把手担任村级指挥长，2834名干部驻村抵户，深入群众摸底排查，做实做细群众工作。脱贫攻坚任务完成后，县委按照“四个不摘”要求，仍然坚持并加强村级指挥体系不变接续乡村振兴，选派86名副科级以上年轻干部驻村任指挥长兼任第一书记，选派285名优秀年轻干部任工作队队员，驻村干部由原来的3名增加到4名，让干部沉到基层，严格落实“一平台三机制”要求，巩固脱贫攻坚成果。坚持在脱贫攻坚一线培养选拔干部。树牢在村一级培养锤炼干部的用人导向，增强干部做好农村和群众工作的技巧以及驾驭处理复杂局面、疑难问题的能力，对工作扎实、实绩突出的指挥长，在提拔任用、交流重用、职级晋升、公务员遴选、职称评聘时优先考虑。2019年8月以来，在脱贫攻坚一线提拔干部111人，占比80%。坚持做实“4+2”农村网格治理。坚持以“爱心超市”为基础，采取积分制模式，抓住广播应急体系建设契机，做实学生、劳动力、留守妇女和老人、党小组“四个网格化”以及村务全透明公开、意识形态工作全覆盖“两个实现平台”的“4+2”农村社会治理体系。同时，全面落实村干部“基本报酬+绩效补贴+产业发展获利+村集体经济奖励”四位一体薪酬制度，通过权利财务公开和政策宣传发动，开前门堵后门，用心用情用力、做深做实做细群众工作，赢得了群众的思想认同、工作认同、情感认同。

——实践问题“一篓子带出来”，把问题找出来，让短板补起来。坚持把发现问题的真实性和解决问题的实效性作为根本标准，组建以县纪委监委牵头，县委、县政府督查部门和889名干部的全覆盖巡村，全面核准了“两不愁、三保障”突出问题，锁定闭环了解影响脱贫摘帽的各项工作任务。紧盯向上对接工作、向下落实工作“两个重点”，把最强的工作力量抽出来，统筹推进重点工作，关键是对涉及本单位、本行业的重点难点问题，及时制订下发补充方案，第一时间落实给村级脱贫攻坚指挥部，逐项落实销号清零，合力推动农村经济社会大发展、大跨越。

——实践工作“一揽子向前推”，把党建强起来，让成效提起来。持续深化县抓落实工作机制。在持续深化贯彻市委“133”工作思路，践行县委“三个一”工作法的基础上，建立健全“县委抓谋划、找问题，政府抓落实、抓整改，监督体系抓督查、抓通报”的工作落实机制，坚持“月总结”会议和处级干部带头下沉一线办公“两项制度”，县抓落实的工作机制不断完善。构建全覆盖全过程监督检查体系。健全建好督查、审计、巡察“三个百人人才库”，将监督检查贯穿脱贫攻坚全过程，着力构建纵向到底、横向到边，全覆盖、全过程、常震慑的监督检查体系。全面加强基层党组织建设。围绕增强基层党组织的政治功能、服务功能、引领功能，持续整顿提升软弱涣散基层党组织，探索实践“一看党组织先锋模范作用发挥到不到位，二看中央精神和省市县政策措施落实到不到位，三看解决群众诉求和服务群众到不到位，四看党员能力素质提升到不到位”“四看”工作法，强化基层堡垒建设。

扎实做好“四篇文章”，以实之又实的工作成效坚决打赢脱贫攻坚战。精准聚焦“两不愁、三保障”，坚持把做好做活易地扶贫搬迁、产业培育、劳动力转移就业、基础设施改善“四篇文章”作为打赢脱贫攻坚战的重要基础和支撑。

——扎实做好易地扶贫搬迁文章。坚持把易地扶贫搬迁作为脱贫攻坚的先导工程，聚焦“一方水土养不起一方人”的六类地区，规划建成 29 个易地扶贫搬迁安置点，紧盯组织难、搬“心”难、帮扶难“三难”问题，对标省“50 个有”要求，全面补齐配套设施，仅用 2 个月就有序搬迁 1 万余人；结合全县产业发展规划，全面盘清盘活迁出区“三块地”资源 19.01 万亩（其中，林地 9.8 万亩，承包地 9.13 万亩，宅基地 0.08 万亩），通过复垦复绿、退耕还林还草、土地流转等方式，搬迁群众已全部参与到“3 + N”富民产业发展；全面推行“社区党总支 + 片区长 + 楼栋长 + 党员 + 住户”

的五级网格化服务体系，强化社区与乡镇工作组双向联动管理，畅通群众诉求和问题解决渠道，确保易迁群众搬得出、稳得住、能致富、融得入。

——扎实做好产业培育文章。紧紧围绕市委六大高原特色产业布局，牢固树立“一步登顶”意识，重塑布局鸡、牛、竹“三大富民产业”，积极引导群众利用小额信贷、“养牛贷”“养牛险”和“养鸡贷”“养鸡险”等金融产品参与产业发展，动员全县符合贷款条件的贫困户、重点监测户、边缘户全部参与到“三大富民产业”，力争通过三年的努力，县财政每年每个产业投入7000万元以上，撬动2亿元金融资金，引进社会资金3亿元，最大限度降低群众养殖成本和风险，努力实现产业发展对所有农村人口利益联结的全覆盖，共享产业发展红利。育好“黑凤凰”。坚持“抓两头、促中间”，紧盯品种选育、养殖屠宰、加工销售“三个环节”，采取“党支部＋协会＋合作社＋农户”利益联结模式，促进中间群众养殖环节快速壮大，全县乌骨鸡存栏量由2019年末的116万羽增加到210万羽，引进东方希望集团合作发展年出栏4000万羽乌骨鸡集选育、养殖、屠宰、加工、饲料、冷链物流等为一体的全产业链项目。养好“致富牛”。坚持区域协同发展，打破乡界、村界限制，在草山相对集中、连片达1000亩以上的地区，规划集中养殖片区，建立肉牛养殖代养点，现有肉牛养殖经营主体3579个，种植牧草2.8万亩，建成养牛代养场188个，肉牛存栏量由2019年末的0.89万头增加到2.57万头。种好“摇钱竹”。按照新植一批、改造一批、更换一批、选种一批“四个一批”要求，全面完善竹产业规划，提高林木产业附加值，同步间种刺槐，延伸发展蜂蜜、旅游等上下游产业，努力实现“半县槐花满县香”。已完成新植竹20万亩、槐树种植58.86万株、低效林改造21.5万亩，竹林面积67万亩，引进东旭集团发展竹笋深加工、竹工艺品制作、竹缠绕、竹康养旅游等为一体的竹资源全产业链项目。

——扎实做好劳动力转移就业文章。建立落实劳动力村民小组组长报备制度，全方面、多层次推动劳动力转移就业。全县农村劳动力19.69万人，共转移就业16.67万人（省外9.29万人、县外省内2.1万人、县内5.28

万人），就业率 84.66%。其中，建档立卡户劳动力 6.5 万人，转移就业 5.38 万人，就业率 82.77%；易迁劳动力 1.81 万人，转移就业 1.65 万人，就业率 91.16%。特别是新冠肺炎疫情防控期间，在抓好疫情防控的同时，及时成立工作专班，提前摸底、提前准备、提前对接、提前组织，累计转移输出返乡劳动力 8.12 万人，其中“点对点、一站式”输出 69 批次 9964 人，包机 3 批次 156 人，专列 11 批次 5404 人，专车 55 批次 4407 人。同时，对摸排出的 2340 名外出返盐劳动力全面进行随访，动员其继续外出务工或参与产业发展，确保持续稳定增收。

——扎实做好基础设施建设文章。坚持把基础设施建设作为提升贫困村、贫困群众发展能力和“造血功能”的先决条件，紧盯通路、通水、通电、通信等问题，着力改善贫困村生产生活条件。截至 2020 年年底，全县累计完成农村公路硬化 1744.373 公里，先后实施农村公路安全生命防护工程 1576.9 公里，实现了建制村通硬化路且危险路段有必要安防设施的目标；建制村通客率达 100%、通邮率达 100%，农村公路通行条件明显改善。建成集中式供水工程 711 件，18.97 万人饮水安全得到巩固提升；全面开展水质检验检测，贫困村、贫困户水质检测已实现村村全覆盖、户户有认定，饮水安全保障已实现全覆盖；积极探索建立农村节约用水、长效管护体制机制，完成水表安装 51170 户，落实水管员 1538 人，组建管理小组 1389 个。新建改造 10 千伏线路 483.76 公里，低压线路 1894.51 公里，改造升级配变台区 1352 个，安装变压器 1186 台，10 千伏以上动力电和配电变压器 380 伏三相动力电能力已实现行政村全覆盖；宽带网络、广播电视覆盖率也已全面达标。完成教育“改薄”项目 141 个，城乡教学水平普遍提升，2017 年通过国家义务教育发展基本均衡验收，坚持“两查四对”要求，按照“四步走”模式，组织开展全覆盖大排查，分类制定控辍保学措施，落实劝返动员包保责任，贫困家庭义务教育阶段适龄儿童少年无失学辍学。累计完成 78 个标准化村卫生室建设，乡、村医疗机构业务用房达标，人员配备、医疗设备基本满足临床需要，县人民医院达到二级甲等标准，县、乡、村三级医疗卫生机构全部达到出列标准。

启示：务实笃行守初心，凝心聚力担使命

——启示一：脱贫攻坚核心是坚持实事求是。脱贫攻坚没有任何捷径可走，不是轻轻松松冲一冲就能解决的，更没有“速成”的捷径，关键要靠真抓实干、稳扎稳打。“三个一”工作法，在质量和速度不能兼得的情况下，更加地严把质量关，一步一个脚印，抓落实、强执行、出效果，有效地实现了高质量脱贫的目标。

——启示二：脱贫攻坚关键是坚持问题导向。坚持以发现问题的真实性和解决问题的时效性作为考核标准，是实现脱贫摘帽的“不二法门”。“三个一”工作法，把“两不愁、三保障”等影响贫困退出的突出问题以及群众最盼、最急、最忧、最怨的诉求，精准地、全部地暴露出来，按照工作的轻重缓急，统筹调度工作力量，全面清零脱贫隐患，为实现脱贫摘帽打下了决定性基础。

——启示三：脱贫攻坚要义是实现三个认同。脱贫过程必须扎实，脱贫结果必须真实，脱贫成效才能真正获得群众认可、禁得起实践和历史检验。“三个一”工作法，坚持以脱贫攻坚统揽经济社会发展全局，统筹推进软弱涣散党组织整顿、疫情防控、信访维稳、扫黑除恶、地灾点避让、群众自治等重点工作，赢得了群众的思想认同、工作认同、情感认同。

（作者时任中共盐津县委书记）

切实履行四个责任　砥砺奋进脱贫攻坚

郑　磊

自2015年11月到盐津工作以来，我始终坚持以习近平新时代中国特色社会主义思想为指导，积极贯彻执行市委“133”工作思路，坚持以脱贫攻坚统揽经济社会发展全局，以责任和担当践行初心和使命，务实苦干、履职尽责，奋力书写脱贫攻坚盐津历史答卷。

摸清家底，系统谋划战脱贫

为全面打好打赢脱贫攻坚这场硬仗，作为县委副书记、县长，我找准定位、切实履职，积极协助县委书记摸清家底、谋定思路、系统推进。统筹全县力量，持续开展“大摸底、大排查、大遍访”，精准锁定贫困对象，滚动识别建档立卡贫困人口24279户110588人；结合盐津实际，坚持因地制宜，先后研究出台《盐津县脱贫攻坚“十三五”规划》《盐津县精准脱贫十个全覆盖实施方案》《盐津县乌骨鸡、肉牛、竹产业发展实施意见》等一系列配套文件，构建起系统、完整、健全的政策措施体系；聚焦易地扶贫搬迁、农村危房改造、交通基础设施建设、农业产业发展等，主动把责任扛在肩上，坚持深入基层一线，广泛开展走访调研，针对工作推进中发现的问题和困难，主动过问、带头研究、积极协调，切实推动各项工作落实落细。

多方争取，全力投入强保障

长期以来，受地质条件恶劣、基础设施薄弱、产业发展滞后等因素影响，盐津县财政收支矛盾十分尖锐，是典型的依赖性财政，对上级财政的依赖程度很高。作为县政府班子的“班长”，我始终坚持以脱贫攻坚统揽经济社会发展全局，多方奔走，积极争取，确保最大力度投入、最大限度保障，实现了脱贫攻坚在投入上的“稳增长”。一方面，精准对标“571”标准，坚持项目到村到组、措施到户到人，按照“自下而上精准、自上而下统筹”的要求，制定村级施工图、明确乡级路线图、建立县级项目库，统筹规划实施易地搬迁、危房改造、道路硬化、产业扶贫、饮水安全巩固提升等 12 大类 768 个项目，确保把有限的资金用到刀刃上。另一方面，牢固树立过“紧日子”的思想，倾注地方财力、整合各级投入、千方百计融资、持续优化支出，累积争取、整合投入各类资金 82.75 亿元，有效支撑建设了 29 个易地扶贫搬迁安置点，实施了 17494 户农村危房改造，硬化了 1744.373 公里乡村道路，完成教育“改薄”项目 141 个，建成了集中式供水工程 711 件、分散式供水工程 921 处，累计完成 78 个标准化村卫生室建设。如今，全县贫困群众从住房到收入、从上学到看病、从饮水到出行、从物质条件到内生动力都发生了深刻变化，生产生活条件得到全面提升。

强化督导，聚焦短板促攻坚

在脱贫攻坚战中，根据统一安排部署，我挂钩联系普洱镇。普洱镇很大一大部分群众居住在偏远高寒山区，贫困现象明显，贫困发生率38.07%。面对基础设施薄弱、产业发展滞后、群众收入单一的现实困境，我积极出谋划策，帮助普洱镇把方向、纠偏差，强监督、促落实，全力推动各项工作有效开展。

贫困群众安全住房问题一直是普洱镇脱贫攻坚最大的短板。我坚持深入偏远高寒山区走访调研，真实掌握群众生产生活条件和期盼，帮助指导普洱镇建设易地扶贫搬迁安置点，大力实施农村危房改造，积极动员县外搬迁等，有效保障贫困群众住房安全。在面对上级给予盐津县新增易迁规模时，普洱镇党委政府因考虑到已建设两个易迁安置点，便在动员群众、上报计划方面存在一定程度的保守思想。我了解到这些情况后，多次和普洱镇党政班子座谈研究，帮助打消思想顾虑、坚定工作信心、明确攻坚方向，通过全力动员，全镇958户4435名“六类地区”群众搬迁至水田新区易迁安置点。

为确保挂钩联系的普洱镇箐坝村的630户建档立卡贫困群众户户过关、人人达标，我经常在处理完一天繁重事务后，利用晚上的时间，帮助指导箐坝村挂包干部对所有贫困对象逐户研判分析，严格对照“两不愁、三保障”标准，持续推动问题“清零”销号。特别是针对箐坝村群众安全住房底数不清的问题，我要求箐坝村按照“以户找房、以房找人”的原则，对所有农户进行全面摸排，继而在全县范围内开展了安全住房大排查，对安全住房得不到保障的群众，分类纳入农村危房改造予以保障。

脱贫攻坚，产业发展是关键。面对生产生活方式落后、农耕传统思想根深蒂固、经济收入来源单一的贫困群众，我因地制宜统筹谋划，立足市场找准方向和定位，逐步探索了一条群众致富的产业发展道路。在普洱镇正沟村调研时，了解到大部分正沟村村民主要收入来源为采笋，在充分调研市场的基础上，我提出把竹产业作为全村的主打产业，并积极整合资金支持笋山管护道、产业路等基础设施建设。如今，普洱镇正沟村有竹笋面积7万余亩，人均占有量12亩，村民每年每人采笋收益6000元以上。2019年，县委、县政府将肉牛养殖产业作为“六大产业”进行发展布局，针对盐津山高坡陡、平地较少的现实，通过多次调研，我提出了建立“产业园区＋飞地经济”的工作思路，坚持区域协同发展，打破乡界、村界限制，在适宜区域集中连片规划建设10个草山，并集中配套“水、路、电”等基础设施，周边布局若干养殖场，建立肉牛养殖代养点，既节约了产业发展配套基础设施成本，又促进了肉牛养殖产业发展的规模化、组织化。

用情用力，真帮实扶显初心

在县政府办分配挂包任务时，我主动提出要挂包贫困程度深、致贫原因复杂的贫困户，就这样，我与箐坝村兰成香、杨兴顺、刘友全、陈国金、李文彬结为了“亲戚”。

作为一名挂包干部，我经常进村入户，和帮扶对象拉家常、问冷暖，全面掌握贫困户家庭人员结构、生产生活情况和思想动态。“兰成香家只有两人，儿子陈小彬为了照顾她，不能外出务工，家庭收入不达标，且居住在D级房里，兰成香患有长期慢性病；杨兴顺家有三人，他和配偶都80岁了，无劳动能力，儿子杨顺付要照顾老人，文化水平低，无法外出务工，家庭收入不达标……”我一户一户分析研判，一项一项落实措施，倾尽全力帮助他们解难题、办实事。我积极帮助兰成香、杨兴顺户申请公益性岗位就近务工、引导加入产业发展专业合作社等；刘友全户居住在“六类地区”，交通条件落后，我通过反复做工作、讲政策，动员其搬迁至水田新区易迁安置点；李文彬户有3个学生，教育负担较重，我个人捐赠5000元，帮助孩子安心上学。同时，将住房不安全的3户，纳入农村危房改造。通过有针对性地落实帮扶措施，如今这5户建档立卡贫困户住进了新房、发展了产业、增加了收入，开启了全新生活，群众把我对他们的关心看在眼里、记在心上，对新生活充满了信心和希望。

到盐津任职以来，我走遍了盐津的每一个山村，深入基层一线，广泛听取意见，全面宣传政策，努力在脱贫攻坚过程中与群众达成共识、凝聚合力，以求真务实的工作作风、严谨细致的工作态度和坚持对人民群众负责的使命感、责任感来赢得广大群众的认可，以此彰显自己作为一名共产党员的初心使命和责任担当！

（作者时任中共盐津县委副书记、县长）

尽职尽责显担当　实干笃行见初心

撒兰忠

自2016年5月到盐津任职以来，我深入学习贯彻习近平总书记关于扶贫工作的重要论述和中央脱贫攻坚方针政策。坚持以上率下，突出示范带动，始终把勤政务实、敢于担当落实到行动上；发扬苦干、实干、拼命干的敬业精神，不断提高工作质量和效率。集中精力抓实抓牢脱贫攻坚各项工作任务，对已作部署的具体任务加强跟踪问效，适时深入工作一线，强化实地督战和调研，确保以实实在在的工作成效，筑牢脱贫基础、巩固脱贫成效。

全力以赴　履职尽责　当好参谋助手

作为县委副书记，我立足岗位职责，找准定位，当好书记的助手，全力协助书记抓好脱贫攻坚工作。坚持把脱贫攻坚作为首要政治任务和第一民生工程，深入贯彻落实习近平总书记关于精准扶贫工作方略，聚焦“两不愁、三保障”和“571”脱贫标准，紧扣责任、政策、工作“三个落实”，认真践行市委“133”工作思路和县委“三个一”工作法，坚持问题导向、目标导向，直指未落实的事，直面不落实的人，切实深入群众最贫困、干群关系最紧张、工作最滞后的脱贫一线，察民情、练内功、补短板、鼓干劲，层层传导压力、抓实整改、补齐短板、务求实效，有效推进脱贫责任的落实。

作为统战部部长，我在抓好分管联系工作的基础上，坚持以脱贫攻坚为统领，积极统筹抓好部门工作。紧紧围绕全县工作大局，充分发挥统一战线工作优势，积极构建社会扶贫工作格局。带头研究启动实施“凤还巢”扶贫工程，动员引导185名盐津籍在外成功人士返乡创业，回引投资共计15413.4万元，并倡导其结对帮扶贫困村52个、贫困村民小组290个、贫困户2201户，带动本地就业6966人。积极推进“万企帮万村”工作。全县50家企业帮扶43个贫困村，在就业、教育、医疗、产业等方面累计投入资金627.62万元，帮扶贫困户5053户22148人。

牢记宗旨　用心浇灌　当好团结标兵

我坚持“不谋民族工作就不足以谋全局”的理念，始终把民族工作摆在全县经济社会发展工作大局中来谋划、来思考、来落实。为进一步加快推进全县民族团结稳定、民族文化繁荣发展和民族团结示范县创建等工作，不断提高少数民族生产生活水平，我多次深入调研大坪、生基等民族村寨及民族村民小组的生产、生活情况。为了让深山群众少跑腿，经常组织相关部门人员，通过召开板凳会、院坝会，现场帮助研究和解决少数民族地区及群众生产生活中遇到的实际问题和困难。在开展民族团结进步示范县建设工作以来，我引导民族村组在创建中坚持脱贫攻坚与乡村振兴战略部署相结合，按照科学规划、顶层设计的思路进行策划，既要体现民族特色，又要不断丰富创建活动内容和载体，创新创建形式和方法，使创建活动成为凝聚各族群众智慧力量的纽带，成为密切干群关系的桥梁，把示范县创建作为推动全县经济社会发展的实践载体、创新民族工作的有力抓手、改善民生福祉的重要途径。通过多年努力，最终争取民族团结进步示范村建设、美丽宜居乡村建设等项目40多个、各类资金3000余万元，以大坪村、生基村为主的民族地区在基础设施、人居环境、产业发展方面得到较大改善。大坪村于2018年3月正式挂牌确定为“云南省首批少数民族特色村寨”。

我始终坚持脱贫攻坚与民族团结进步示范两手抓。在民族区域村组及群众中开展基础设施建设、产业发展、人居环境提升、住房保障、安全饮水等各项脱贫攻坚工作的基础上，协调组织了9个民族团结进步示范村项目，工程共计投入2412万元。其中，民族团结进步建设专项资金950万元；新建公路8.4公里，硬化公路27.4公里，改造公路28.4公里，硬化户间道8600米；新建文化广场5个，修建蓄水池1个，修建管引工程5000米，新建生态乌鸡养殖场2个、养牛场1个，种植方竹1000亩。少数民族地区群众的增收渠道不断拓宽，生活水平有效提高，有力推动了盐津民族团结进步事业的发展，使少数民族地区同胞可实现整体脱贫摘帽，与全县一道共享脱贫攻坚成果。为铸就浓浓的民族团结情意，我把心血浇灌在盐津这片热土上，使民族团结之花在山城盐津开得更加绚丽多彩。

以身示范一线作战　当好脱贫战士

作为领导干部，我带头深入一线作战，下抓两级层层压实工作责任，挂乡包村帮户，抓好挂钩联系乡镇脱贫攻坚各项工作落实落地，先后挂钩联系盐井、豆沙、中和镇，并经常召集相关领导研究，深入这三镇的各村（社区）调研，推动三镇各项工作有条不紊开展。指导推进脱贫攻坚工作。带领镇村干部对标对表，按照“两不愁、三保障”脱贫出列标准，对户脱贫7条标准、村出列10条标准逐一研究，逐村逐户逐人排查分析，完善村级施工图、乡级路线图，确保各村脱贫出列，不拖全县的后腿。指导推进集体经济强村工作，在带领镇村干部共同学习塘约经验的基础上，结合本地实际，深入研究集体经济项目、资金等重难点问题，指导各村加快推进集体经济发展。指导推进产业发展工作。按照全县的产业布局，在深入调查研究的基础上，带领镇村干部认真规划产业布局，促进产业项目落实落地。指导推进其他重大重点工作。对事关全县经济社会发展的各项重大重点工作带头研究、把准方向，确保全县各项工作有力有序开展。

作为帮扶干部，我认真履行挂包帮责任，在群众工作中践行初心和使命。四年多来，进村入户、访贫问苦，用脚步丈量民情，用真心倾听民意。一对一地向贫困户宣讲最新扶贫政策，提高扶贫政策知晓率，真正让扶贫政策落到实处、落到细微处，让群众切实感受到党和政府的温暖。先后结对帮扶贫困户 14 户，通过积极动员，我挂包的盐井镇椒子村蒲云限、李付奎、李伯松、李伯彬户，豆沙镇黑喜村陈文强、陈文权户全部易迁到椒子小龙安置点、水田新区易迁安置点，住上了漂亮的新房。扶贫先扶志，我挂包的魏申平户，户主因车祸导致身体残疾（二级残），意志消沉，通过多次耐心劝导，他重拾信心，带领妻子外出务工，家庭生活状况有了很大改变。经常有贫困户给我打电话，反映生产生活情况，我总是耐心倾听并帮助出谋划策。“老人家，最近身体可还硬朗，天气冷了要晓得多加件衣裳，有啥子困难一定要和我说哈”，通过给予群众暖心的问候、叮嘱，并帮助他们解决实际困难，拉近了相互间的距离，也使我成了群众心目中的贴心帮扶干部。

统筹谋划　真抓实干　当好产业组长

2019 年，是盐津竹产业迎来重大变革和转型升级的一年，为进一步加大竹产业发展力度，补齐过去竹产业发展中的短板，切实提升竹产业效益，增加老百姓收入，筑牢全县脱贫攻坚产业发展根基。县委、县政府高瞻远嘱，紧扣省委“三张牌”、市委“六大高原特色产业”的战略部署，在县委十三届六次全会上提出“六大产业”发展战略，竹产业作为其中“三大富民产业”之一强势推进。

作为竹产业融合发展专项小组组长，我按照全县“六大产业”发展战略相关要求，结合盐津农业产业“散小弱”等现状，在认真学习习近平总书记关于“绿水青山就是金山银山”系列重要论述基础上，以“加强竹产业融合发展助推乡村振兴”为主题，通过外出考察学习、实地调研了解、查阅相关资料等，对全县竹产业融合发展进行了调查研究，带领专项组编制并印发了《盐津县竹产业融合发展实施意见（试行）》，确定了“竹、槐、蜜、旅、饲”融合发展的方向，明确到2022年，全县新建标准化笋用竹产业基地53万亩，全县规模达100万亩以上，其中材用竹10万亩、笋用竹90万亩；种植槐树230万亩；养殖蜜蜂20万箱70万脾以上。围绕这一目标，我带领专项组成员走遍盐津每片竹基地，研究盐津竹类品种、生长习性、产笋情况、资源分布和市场环境，科学制定规划并督促指导各乡镇抓好竹产业发展。带领相关人员到中国农业大学、国家果蔬加工工程技术研究中心考察学习，与专家面对面交流请教突破“硫黄笋”“盐渍笋”这个竹产业融合发展瓶颈制约，得到了国家、省、市有关专家的技术支持和指导。截至2020年上半年，全县累计有竹林面积67万亩，有5000亩以上连片竹基地12个，竹基地覆盖农户3万余户，其中建档立卡贫困户近万户；完成低效林改造21.5万亩，种植槐树58.86万株；林下经济稳步发展，在各乡镇建中心蜂场8个，养殖蜜蜂900箱；建成产业路80公里、营林生产管护道120.38公里，在竹基地附近规划冷链库41个，配套基础设施建设得以加强。经过不懈努力，全县“竹、槐、蜜、旅、饲”融合发展格局初具雏形。

发展的过程并非一帆风顺。面对突如其来的疫情影响，订购的槐树苗木难以及时运输种植，周边县区不断扩大竹产业规模导致竹苗紧缺等情况，我提前预测谋划，作出由盐津自己培育种苗的决定，并及时安排部署，培育竹苗3350万丛、槐树苗973万株，从根本上破解了难题，为竹产业融合发展提供了种苗保障。同时，我也在发展中不断学习和思考，从全面补齐盐津竹产业发展短板、提升盐津县财税收入、解决劳动力转移就业问题等角度出发，精心谋划竹产业生物科技园区建设，提升竹产品附加值，把做好下游产品作为竹产业发展的重中之重，提升盐津竹产业发展质量，切实形成竹产业全产业链，加快竹产业融合发展速度，推动第一、二、三产业深度融合发展。

作为一名外来少数民族干部，生活多有不便，有时候一个鸡蛋、两个土豆就是我的午饭。忙碌的时候，往往一个多月才能与家人团聚。办公室的灯光常常亮到深夜，那是我和同志们在研究每一项具体的工作。我用脚步丈量着盐津这片山水，走遍了全县每个村（社区）。作为人民的干部，就要甘于奉献，为群众谋福祉。每当感受到群众对我的信任，看到群众对新生活的无比期盼，我觉得自己所付出的一切艰辛都是值得的。

（作者时任中共盐津县委副书记、统战部长）

用心用情做好帮扶　尽职尽责推动脱贫

陈国均

自决战贫困的号角在盐津大地吹响以来，我带领县人大常委会机关全体干部职工奋力投身这场决战贫困的伟大战役，攻坚克难，真抓实干，在脱贫攻坚战中书写豪情壮志。

用心帮扶，结对“穷村穷亲”

按照县委发出的号令，县人大常委会机关挂钩帮扶兴隆乡大坪村。我带领机关干部职工与大坪村贫困群众结为亲戚，奋力投身脱贫攻坚一线。我始终抓紧抓实脱贫攻坚工作不放松，把脱贫责任扛在肩上、抓在手上。5年来，分3批次选派8名基层工作经验丰富的同志到大坪村开展驻村帮扶工作。将机关全体干部职工分别挂包到每户贫困户，做到人人肩上有担子、个个身上有责任。坚持每周到大坪村调研，经常安排时间深入走访群众。定期召开会议研究、指导大坪村脱贫攻坚工作，千方百计解决困难和问题，有力推进了脱贫攻坚各项措施的落实。

聚焦“两不愁、三保障”。我深入大坪村各村民小组搞调研、上项目、兴产业，使大坪村在基础设施建设和产业发展上取得了明显成效。针对交通瓶颈，先后协调投入资金 1690 万元，硬化公路 11 条 29 公里，大坪村实现了组组通硬化路。针对住房保障，先后落实安全住房政策 241 户，实施农危改 115 户，易地搬迁 96 户，民族团结示范区建设搬迁 30 户；拆除农危改旧房 105 户，拆除易迁旧房 75 户，大坪村群众的居住环境大为改观。针对教育短板，协调投入资金 240.8 万元，对大坪村小学实施薄改计划，其中新建教学楼、围墙、运动场所、学生宿舍、食堂共计 1150 平方米，新建厕所 54 平方米。针对产业发展，提出了“建设苗家寨，管好用材林，发展笋用竹”的发展思路，打出“组合拳”，发展了用材林 12500 亩、刺方竹 3055 亩、雷竹 1000 亩、茶叶 400 亩，投放鱼苗 2.5 吨，形成了独具特色的绿色产业新业态。针对就业帮扶，全村技能培训 1120 人次，劳动力转移就业 1650 人次，真正让苗族同胞掌握产业发展技能和脱贫致富技巧，切实增强贫困户自身造血功能和可持续发展，贫困群众进一步树立了脱贫致富信心，增强了脱贫致富内生动力。到 2018 年年底，大坪村贫困发生率从 2015 年的 48.6% 下降到 1.52%，贫困村、贫困人口退出指标已圆满完成。

如今的大坪村，别致的小楼房掩映在青山绿水间，有小百货店，民族文化广场、公共健身设施一应俱全。甜蜜幸福的生活，让苗族同胞喜笑颜开。

下抓两级，促进“兴隆脱贫”

按照县委安排，我挂钩联系兴隆乡担任常务书记、脱贫攻坚指挥长。坚持每周一半时间在兴隆抵乡驻村，走遍了兴隆乡 6 村 1 社区，为兴隆谋发展、谋富路，找资金、找物资，建基础、育产业，解决困难问题。对 2018 年脱贫攻坚困难较大的大田村、蒿芝村，我格外关注，与兴隆乡党政负责人整日整夜蹲点督导，查找问题，在脱贫攻坚最关键的时期，更是接连几昼夜逐户核查整改，做到人人、事事、户户过关。我带领乡指挥部一干人攻坚克难、全力以赴，使兴隆乡在迎接各级检查时取得较好成绩，成功达到预期目标。

至2018年年底，兴隆乡6村1社区均已实现脱贫出列，建档立卡贫困户1403户6405人已脱贫1285户5654人，贫困发生率降到1.27%。

为稳定脱贫成效，我深入兴隆乡6村1社区调研了解情况，同乡党委政府一起谋思路、想办法、出点子，结合兴隆乡实际，因地制宜推动产业发展，今天的兴隆，拥有“三棵树”茶园2.8万亩、蚕桑1万亩、茶花2.05万亩，美丽兴隆的大发展画卷已徐徐展开。兴隆的明天，潮平两岸阔，风正一帆悬。

尽职尽责，推动“水田易迁”

根据县委安排，我担任水田新区建设指挥部指挥长，水田新区易地扶贫搬迁安置点项目是脱贫攻坚中的重要项目，安置建档立卡贫困人口3068户14136人，占全县建档立卡贫困人口的12.78%。我始终与指挥部和建管委的同志一道，夜以继日投入到水田新区建设中，让昔日道路泥泞的乡村逐步变成配套设施齐全的现代化社区。

掷地有声抓建设。水田新区易迁安置点作为全县重大民生工程，建设工期短、任务重。自该安置点启动建设以来，我除了必须参加的会议和工作外，把其余时间都用于深入水田施工现场，下沉到一线，靠前指挥，查找项目建设的问题、短板和缺项，倾听施工方和指挥部干部的心声和诉求，为更好地推进易地扶贫搬迁工作“寻计问策”。制订科学有效的施工组织计划，细化具体到天的工期进度计划。制定规范管理机制，实行周例会制度与及时纠偏的专题会议制度。建立每周进度、质量、安全报告机制，进度三天一考核的奖惩机制，明确施工进度、质量、安全纠偏的责任机制。在保证施工安全、工程质量的前提下，结合本地实际情况，优化施工方案，快速推进建设，水田新区易迁安置点于2018年3月全面启动建设，2019年8月全面交付使用。

千方百计促致富。自群众搬迁入住后，我带领建管委、乡镇工作组和社区，白天分点鏖战、晚上开会研判，多措并举全力确保群众稳得住、能致富。一是逐户逐人开展宣传，确保政策清。围绕安置住房、培训、就学就医、配套产业、拆旧复垦等政策，整合几级干部力量，逐户走访宣传政策。二是一人一策精准施策，确保就业清。通过扶贫车间、公益性岗位、乡愁一条街、产业基地共计提供2200个就业岗位，在解决安置点搬迁群众充分就业的同时，还可解决周边400多名群众就业。三是到点到户细化支撑，确保产业清。在迁入地，建设“稳心蔬菜园”650亩、产业配套果园和经济菜园3900亩；在迁出区，盘活易迁群众9.24万亩“三块地”资源，其中4万亩耕地纳入退耕还林、还草，规划发展竹产业和肉牛养殖产业。四是按需按时完善功能，确保配套清。按照“50个有”工作要求，同步建设完善小学、幼儿园、超市、农贸市场、卫生室、警务室、供水厂、污水处理厂、饭馆、早餐店、金融网点等配套。五是强化就业培训。截至目前，水田新区易迁安置点已开展引导性培训16期，培训1635人次。

强化服务促融入。坚持党建引领，组建水田新区易地扶贫搬迁工作临时党工委，完善社区党群服务中心职能，健全了楼栋长管理制度、社区居民公约等制度，着力打造党建工作、群团工作和服务群众“一体化”管理格局；强化社区与乡镇工作组双向联动走访，通过建强1个党总支战斗堡垒，10个片区长分片负责，43个楼栋长户户家访，223名党员冲锋在前、服务到人，全面做实做细易迁群众管理服务工作，构建了“社区党总支 + 片区长 + 楼栋长 + 党员 + 住户”的五级网格化服务体系；围绕“自强、诚信、感恩”，持续开展一系列主题活动。通过以高度组织化的全程温情服务，帮助群众做好旧物处置、交通运输、家居布置、户口迁移、低保转接、孩子转学等事宜，教会群众乘坐电梯、安全用电、安全出行、文明生活。搬入水田新区易迁安置点的群众，已融入社区，过上了幸福安康的城市生活。

脱贫攻坚是全党的一项重要政治任务，不让一个民族掉队，让各族人民群众都过上好日子，是党中央作出的庄严承诺。在脱贫攻坚路上，我始终一如既往，压实责任，以时不我待的精神状态，提高政治站位，强化工作统筹，用心用情做好帮扶，尽职尽责推动脱贫，狠抓各项扶贫工作措施的落实，推动了脱贫目标如期实现。

（作者时任盐津县人大常委会主任）

勠力同心倾情寄　披荆斩棘扶贫人

严巨奎

冰心老人曾经说过这样一句话：“成功之花，人们往往惊羡它现时的明艳，然而当初，它的芽儿却浸透了奋斗的泪泉，洒满了牺牲的血雨。”在脱贫攻坚这场没有硝烟的战争里，广大干部经历了前所未有的考验，他们是战役中的奋进者，而我，是其中一员。自从担任县政协主席以来，我带领全县政协系统一班人，始终与党中央和县委保持高度一致，勠力同心开展脱贫攻坚工作，充分彰显了政协人的担当精神。

作为政协主席，协同奏好脱贫攻坚强音

正值全县脱贫攻坚精准识别工作开始之际，我当选为县政协主席。几年来，我一如既往地用实干精神征战在脱贫攻坚各次战役之中。2016 年以来，按照县委、县政府“指挥靠前、力量下沉”，县处级领导挂钩乡镇负责制的原则，我主要联系牛寨乡、挂钩牛塘村开展脱贫攻坚工作，但为确保政协机关所挂钩的滩头乡滩头村顺利完成脱贫攻坚工作任务，我经常抽时间到滩头村安排部署，尤其是对重点工作和关键环节严格把关，带领政协

机关干部职工专题研究并实施了一系列科学有效的举措，解决了一个个难题，滩头村贫困发生率由2014年的28.56%降至2019年末的0.46%，顺利通过了中央、省、市、县的各次检查验收。2018年9月，全省政协系统脱贫攻坚助推行动动员会召开后，我及时组织召开主席会议研究助推工作，制定下发《盐津县政协系统脱贫攻坚助推行动实施意见》，确保了全县助推行动工作分工明确，工作有人抓、有人管、有人干。我团结带领广大政协委员和政协机关干部职工，围绕产业、就业、教育、健康扶贫和人居环境整治等方面开展助推行动，全县政协委员参与率达100%，县政协系统脱贫攻坚助推行动多次得到省、市政协系统高度评价。

作为挂联领导，奋力答好脱贫攻坚考卷

自挂钩联系牛寨乡以来，我经常在牛寨走村入户调研易地扶贫搬迁、产业发展、农危改等各项脱贫攻坚相关工作。针对不同时期的工作任务，不断充实完善乡村两级指挥部，实现条块结合、统分有序，全力推动工作责任落到实处，全面对照“两不愁、三保障”逐项补齐脱贫短板，并以“争做全县脱贫攻坚标兵、乡村振兴旗手”为目标定位，带领牛寨乡党政领导班子大力发展产业，制定完善了“一心两线六节点”和“一村一品”的产业规划布局，并全面推进产业扶贫。2016年以来，牛寨乡先后实施了花卉、甜柿、猕猴桃、中药材、乌骨鸡、肉牛等产业项目14个。作为牛塘村常务书记，我带领乡村干部围绕村出列、户脱贫标准有序推进脱贫攻坚工作。在产业发展方面，带领挂包单位和村干部着力在深化模式、改革发展、引进优商、优化项目、规范运营上做文章，采取“公司＋企业＋基地＋农户”的发展模式，完成油桐、中药材、蔬菜种植、乌鸡和肉牛养殖等产业落地。其中，县滇凤乌骨鸡育种场项目得到了市、县领导的高度关注。2019年末，牛塘村

贫困发生率由2016年末的17.9%降至0.46%，顺利通过了中央、省、市、县的各次检查验收。

作为帮扶干部，用心为贫困群众办实事

挂包帮扶贫困户，我主动要求挂包家庭最困难的农户，经常安排时间入户走访，曾在入户过程中左手摔至骨折留下永久之伤。在清楚掌握贫困户生产生活情况的基础上，我因户施策，尽力为其解决实际困难。每年春节，我都为挂包贫困户送去大米、食用油、棉被及慰问金。

在我的挂包帮扶对象中，牛塘村中坝村民小组的李楚伦户主要是因病、因学致贫，其妻吴孝群患红斑狼疮须长期服药治疗，女儿李丹是红河学院在校学生，儿子李吉在盐津一中复读高三。受生活所迫，李楚伦带着妻子常年在外务工，一家人很少团聚。第一次到李楚伦家入户时，看到其家中连基本生活用品都欠缺，考虑到两个学生假期回来生活极为不便，我便多方协调为李楚伦家置办了家具、新修卫生间、硬化院坝，极大改善了居住条件，还为吴孝群申请了低保。每逢学生寒暑假回家，我都会去看望他们，关心其学习、生活情况。2019年8月，李吉考上大学，我给他送去600元钱表示祝贺，并勉励他在大学期间努力学习。在帮扶工作中，我很重视贫困户子女的教育问题，在牛塘村专门制定助困助学实施方案，并借助政协助推行动平台号召广大政协委员捐款，建立了全乡第一个助学基金，向牛塘村2019级7名贫困大学生发放助学金11000元，向牛塘小学各年级优秀学生发放1300元，捐赠给牛塘小学计算机4台、温暖包100个。

作为牵头领导，鼎力重塑盐津乌鸡品牌

2019 年 9 月，县委、县政府在全县高位布局乌骨鸡、肉牛、竹笋“三大富民产业”。按照县委安排，我兼任县乌骨鸡产业发展专项组组长，牵头开展全县乌骨鸡产业发展工作。工作启动之初，我带领专班成员对县内外乌骨鸡产业发展进行了一系列实地调研考察，积极向老同志和群众学习经验，适时召集有关部门座谈研究。为了做优顶层设计、选准发展路子，时常加班到深夜。通过历时三个月的调研论证，在全县正式印发了《盐津县乌骨鸡产业发展实施意见（试行）》。文件出台后，我夜以继日地带领专项组成员紧紧围绕“抓两头带中间”的推进思路，以“做优种源、做实基地、做大市场、做强品牌，巩固和提升脱贫攻坚成效，重塑盐津乌骨鸡品牌”为目标，坚定不移走集约化、规范化、品牌化、市场化、组织化发展之路。通过招商引资，县滇凤乌鸡育种场已于 2020 年 8 月 8 日正式投产。育种场投产，对改善盐津乌骨鸡保种选育环境、保障优质鸡苗供应、重塑盐津乌骨鸡品牌有重大意义。位于牛寨乡新华村的绿源屠宰加工厂正全速推进建设，各乡镇的乌骨鸡养殖项目已全面铺开。全县踏上了盐津乌骨鸡全产业链发展的路子。

时间不止，脚步不停。回首过去，披荆斩棘；展望未来，奋斗不息！五年来，我以身作则，用实干作风团结带动身边的干部职工在脱贫攻坚道路上不畏艰辛、勇往直前，切实践行“不忘初心，牢记使命”。

（作者时任盐津县政协主席）

积极探索新出路　易地搬迁助脱贫

杨百文

自2016年到盐津任职以来，我紧紧围绕全县中心工作和发展大局，把脱贫攻坚作为首要政治任务和第一民生工程，奋力担当、攻坚克难，各项分管工作任务顺利推进。在县委、县政府的坚强领导下，立足"盐津山地面积占总面积的99.92%，自然资源承载能力弱、地质灾害易发频发、公共服务设施落后、基础设施建造成本高"的实际，紧紧聚焦"六类区域"贫困人口，发扬"搬不动大山就搬房，搬不动江河就搬人"的新时代愚公精神，全力参与易地扶贫搬迁攻坚战，为破解"一方水土养不起一方人"困局做出了积极贡献。

立足县情，精准锁定搬迁对象

盐津是国家级贫困县。2014年以来，滚动识别建档立卡贫困人口24279户110588人，贫困发生率34.5%。盐津境内地势起伏较大，其中以高中山为主，地形险峻，山势陡峭，重峦叠嶂，沟壑纵横，多呈"V"字形地形，土质多以砂岩为主，导致全县地质灾害点多达293个，长期以来，人民群众饱受山洪、滑坡、泥石流等自然灾害侵害。因此，易地扶贫搬迁便成为消除绝对贫困、推动城镇化、舒缓生态压力、留足发展空间的重大机遇和脱贫攻坚首场硬仗。

易地扶贫搬迁工程启动后，我全身心积极参与调研，主动出谋划策。全县按照《全国“十三五”易地扶贫搬迁规划》要求，聚焦“六类区域”贫困户人口，因地制宜、反复论证，合理划定搬迁区域，细化范围界定标准，深入开展政策宣传，精准锁定搬迁对象，切实为易地扶贫搬迁扣牢了“第一粒扣子”。一是因地制宜，细化标准。结合盐津实际，严格按照易地扶贫搬迁迁出区选择条件要求，在反复论证的基础上，对地处深山、高寒偏远、交通不便，饱受泥石流、山体滑坡等自然灾害威胁，生产生活条件极度恶劣等“六类区域”进行认真排查，进一步明确区域、落实地块，最大限度地保证搬迁区域和搬迁对象的准确性。二是高位推动，精准识别。坚持“群众自愿、应搬尽搬”原则，按照“不放过一个山头、不放弃一户人家、不遗漏一个程序”的全覆盖要求，组织广大党员干部逐村逐户摸底排查，精准锁定搬迁群众 7052 户 31204 人，其中建档立卡贫困人口 6396 户 28774 人。三是强化宣传，引导搬迁。认真践行市委“133”工作思路，坚持以人民为中心，以群众工作为主线，在精准锁定搬迁对象的同时，县、乡、村三级干部不厌其烦地深入迁出区逐户逐人进行政策宣传和思想动员，帮助群众算好搬迁账、经济账、未来账，耐心细致地向群众解答“搬哪里、如何搬、搬后生计如何办”等问题，彻底消除搬迁群众的思想顾虑，自愿签订“一申请三协议”，切实做到自愿搬迁、主动搬迁。

科学规划，完善配套建设精心组织搬迁

盐津充分考虑地质环境和资源禀赋，将易地扶贫搬迁安置与新型城镇化、农业现代化有机结合，通过采取“进县城、进集镇、进现有村庄和建设新村”的安置方式，科学编制搬迁规划，配套完善功能设施，用心、用情、用力帮助

易迁群众搬新家、住新房。一是合理规划，科学布局。始终遵循城乡统筹、布局优化、集约用地、规模适度的原则，依托交通便利、基础设施及公共服务设施较好的行政村、集镇、工业园区和县城等优势区域，科学规划选址建设 29 个易地扶贫搬迁安置点。其中，县城安置点 1 个，乡镇安置点 6 个，中心村安置点 17 个，建新村安置点 5 个，城镇化安置比例 71.5%，集中安置比例达 98.96%，有效改善搬迁群众生产生活条件。二是强化配套，完善功能。按照“规模适宜、功能合理、经济安全、环境整洁、宜居宜业”和“缺什么补什么”原则，结合省委、省政府“50 个有”工作目标，充分整合利用现有资源，配套完善安置点市政道路、医疗卫生、学校、商业网点等基础设施及公共服务设施，有效放大基础设施项目的集约效应、公共服务的组合效应和社会化服务的规模效应。全县配套建设完成小学 2 所、幼儿园 2 所、卫生室 6 个、活动室 14 个、便民超市 10 个、文化广场 22 个，公厕 16 个、集中垃圾处理设施 28 个、养殖小区 8 个。三是精心组织，有序搬家。坚持以“五清”（政策清、就业清、产业清、配套清、家底清）工作为抓手，通过“干部一竿子插到底、问题一篓子带出来、工作一揽子向前推”的“三个一”工作法，逐户落实包保责任人，与搬迁群众共商搬迁时间、财产清点、家物处置、打包封装、家具采购、物资运送等搬迁事宜，让群众搬得放心、搬得舒心、搬出幸福感。其中，作为全县搬迁人口最多的水田新区安置点，各乡镇通过采取以村、组为单位，集中组织、统一搬家等方式，仅用不到两个月时间共搬迁入住 2885 户 13253 人，搬迁入住率 93.95%。目前，搬迁群众已全部入住。

强化保障，确保群众“搬得出、稳得住、能致富”

完善搬迁后续扶持政策，深入推进搬迁群众“搬得出”的同时，把安置点的管理服务作为搬迁群众“稳得住”的前提和保障，同步考虑易迁群众搬迁后的后续发展，积极引导搬迁群众从“输血”向“造血”蜕变。一是坚持党建引领，不断完善管理服务水平。按照“迁入地有人管，迁出地有人帮”原则，全面推行“社区党总支 + 片区长 + 楼栋长 + 党员 + 住户”五级网格化服务管理体系，共设立党工委（建管委）1 个、党支部 22 个、管委会 30 个，推选楼片长 268 名。同时，以水田新区安置点为试点，全面推行“11258”管理模式（即打造党建工作、群团工作和服务群众“一体化”管理格局；健全楼栋长管理制度、社区居民公约等一套制度；强化社区与乡镇工作组双向联动管理；建强 1 个党总支战斗堡垒；构建“社区党总支 + 片区长 + 楼栋长 + 党员 + 住户”的五级网格化服务体系；提供党组织服务、公共服务、文化教育服务、社会保障服务、医疗健康服务、就业创业服务、矛盾纠纷调解服务、公共设施维护保障服务八项服务，全面提升安置点社会化管理水平）。同时，围绕“自强、诚信、感恩”教育，积极开展丰富多彩的文体活动，培育搬迁群众社会主义核心价值观，构建“管理有序、运转高效、服务完善、治安良好、保障有力、环境优美、文明祥和”的社区氛围，让搬迁群众尽快融入新环境、开启新生活。二是强化产业支撑，积极推进产业发展结构重组。按照全县产业规划布局，在迁出区，通过采取退耕还林、还草等政策，全面盘活迁出区“三块地”资源，积极鼓励企业、合作社、种养大户发展农业产业，并与搬迁群众建立紧密的利益联结机制，保障搬迁群众稳定持续增收；目前，19.01 万亩的“三块地”资源，已完成竹笋种植 4.33 万亩、牧草 1.51 万亩、肉牛养殖 1946 亩、乌鸡养殖 1263 亩、其他产业用途 2.13 万亩。在迁入区，充分利用安置点商铺、独立厂房等积极推动安置点扶贫车间建设，加大招商引资力度，积极引进电子元器、服装加工等劳动密集型企业，最大限度满足易迁劳动力就地就近就业。三是强化就业帮扶，切实保障易迁群众经济收入。在充分利用劳动力网格化管理模式，全面摸清易迁劳动力就业情况的基础上，不断强化劳动技能培训，并在安置点设立就业服务站，及时为易迁劳动力提供优质、有效的就业岗位信息，最大限度提高易迁劳动力转移就业率；优先将安置点商铺、摊位出租给搬迁群众，并充分落实租金方面的优惠政策，引导搬迁群众自主创业。同时，积极开辟保洁员、环卫工等公益岗位，解决无就业技能的大龄劳动力就业问题，确保易迁劳动力实现充分就业。如水田新区安置点通过引导自主创业解决就业 194 人，通过设置保洁、保安、楼栋长等公益岗位解决就业 339 个。目前，全县易地搬迁劳动力 1.81 万人，已转移就业 1.65 万人，转移就业率达 91.16%。

通过几年的不懈努力，身处“六类区域”的 6396 个贫困家庭 28774 名贫困人口已搬出了大山，住上了新房。在各项政策的激励引导下，他们正通过自身的努力全速开启崭新的生活模式，彻底解决了“一方水土养不起一方人”的困局，初步实现了城乡人口分布格局重构、产业发展结构重组、山区自然生态环境重塑的整体推进，易地扶贫搬迁的综合效应正叠加释放。

（作者时任中共盐津县委常委、常务副县长）

凝心聚力助摘帽　东西协作显真情

陈文权

2018年5月，受中山市委市政府委派，我告别妻儿和年迈的父母，毅然奔赴盐津县开展东西部扶贫协作工作，挂任盐津县委常委、副县长。两年多来，我认真学习贯彻习近平总书记关于扶贫开发的重要论述，胸怀对盐津人民的深厚感情，以勇担当、争一流的精神作风，迎着困难往前走、深入基层抓落实，在这场不容易的战役中创出不一般的成绩，为盐津县脱贫摘帽付出了艰辛与心血。我日夜兼程、真情帮扶，积极对接中山市，资金帮扶有力有效；精准施策、善作善成，聚焦“两不愁、三保障”开展工作；凝心聚力、开拓进取，为县建设人民医院胸痛中心介入室、引进远程会诊技术、设立“中山·盐津贫困学子助学金”、引进广东企业落地盐津、扶持水田万人安置点及后续发展等多方协调、尽心尽力，并取得成效，持续深入推动东西部扶贫协作工作。

为民履职，狠抓落实

我坚持强化统筹担当，团结其他同志狠抓落实，切实开展资金帮扶、人才交流、产业合作等工作。落实帮扶资金18319.27万元，受益贫困群众

70400余人次。如2018—2019年整合扶贫协作财政资金3206万元，规划建设1.5米宽的笋山营林生产管护道114.05公里，覆盖4个乡镇15.2万亩笋山，有效改善竹笋生产管护条件，降低采笋及运输成本，为广大群众增收致富提供了有力支撑，共带动4000余户1.59万余人（其中建档立卡贫困户1800余户8000余人）直接受益。据群众测算，每公斤鲜笋可节省成本近1元。这些营林生产管护道被当地老百姓称为“富民路”。人才交流扎实有效，中山、盐津互派264名党政干部、专业技术人员进行挂职支援、跟班学习，累计培训盐津党政干部、教师医生等5300余人次，为盐津发展带来了新理念、新思维和新动力。

精准施策，补齐短板

我认真落实中央精准扶贫、精准脱贫方略，坚持东西部扶贫协作聚焦“两不愁、三保障”，助力盐津县脱贫摘帽。一是聚焦安全住房。规划帮扶资金1000万元援建牛寨乡万和村易地扶贫搬迁示范点，集中安置98户425人；投入帮扶资金650万元，实施卡户农村危房改造217户1024人；利用携手奔小康、万企帮万村资金修缮加固农户房屋244间。二是聚焦医疗保障。安排450万元建成18个村级卫生室，募捐资金600万元推动县人民医院胸痛中心介入室的建设，进一步改善医疗环境；县级3家医院全部结对帮扶，设立“专家工作站”，从中山市引进技术3项（远程会诊、5G远程智慧手术指导及示教、县人民医院胸痛中心建设），进一步提升盐津医疗水平；开展多学科、高层次大型义诊活动5场次，受益群众近万人次。三是聚焦教育帮扶。统筹投入资金4643万元，援建、改善学校4所；募集捐款119.31万元设立“中山·盐津贫困学子助学金”，资助寒门学子600余人次；采取“0+3”的职业教育办学模式，共选送盐津籍中职学生441名到中山职业院校就读。县级学校实现全覆盖结对帮扶，并动员整合社会力量捐资捐物，真情帮扶盐津教育事业。四是聚焦易地扶贫搬迁后续扶持。通过我牵头，盐津县东西协作工作小组统筹谋划，助力水田搬迁群众安居乐业。募集资金及物资601.6万元（其中资金310万元），为每个贫困户家庭配套“七个一”（一个电饭煲、一个电磁炉、一套沙发、一套餐桌椅、一张床、一个衣柜、一个鞋架），降低搬迁成本，提升生活质量；打造“东西协作水田就业基地”，通过引进企业入驻盐津、资金援建等方式，共建设了天竹园食品、鑫蕾服饰、粤滇竹文化、艾田三角梅种植等扶贫车间，吸纳劳动力就业200余人，有效促进易迁群众就近就业。利用东西协作资金开辟公益岗位170个，满足零就业家庭就近就地充分就业；捐资230万元援建水田团结医院，提升安置点医疗服务水平；援建感恩超市、老人之家、青年之家、妇女儿童之家各1个，切实解决好社会治理、群众融入等问题，两年来为水田感恩超市募集了370万元物资，目前已有900多名贫困群众通过积分形式在感恩超市兑换了物品。

攻坚克难，致力造血

就业与产业是造血根本，但也是盐津作为乌蒙山集中连片特殊困难地区扶贫开发县的难点。对此，我带领相关人员在盐津就业与产业上攻坚克难，取得扎实成果。一是积极开展劳务协作。举办劳务输出现场招聘会49场次，累计帮助贫困人口实现就业6608人，其中转移输送到广东省就业1686人、广东以外地区4410人。培训农村贫困劳动力9484人。新冠肺炎疫情期间组织农民工返岗复工专车专列294辆（趟），“点对点”输出农村劳动力9967人，其中贫困劳动力3189人。二是积极开展产业合作。出台《盐津县东西部扶贫协作投资项目奖补实施办法（试行）》，鼓励企业入驻盐津。组织发动深圳广深互联、广州贤哥、中山康迪、东莞品证检测等8个广东公司落地盐津，并抓好协调服务，累计完成实际投资11189.85万元，带动贫困人口5000余人。三是积极推进消费扶贫。出台《盐津县东西部扶贫协作消费扶贫奖补办法（试行）》，鼓励引导更多农特产品走出盐津、走入市场。我借助各种展会平台加大对盐津优质农产品的推介展示、宣传发动，截至目前已帮助销售盐津农特产品2410.36万元，带动贫困人口6180人增收。

忠诚担当，迎难而上

东西部扶贫协作工作没有现成模板。面对困难，我坚持认真学习领会习近平总书记关于扶贫开发的重要论述和上级文件精神，迎难而上。一方面，当好指挥员，带领县里干部集思广益智克难题，科学统筹，通过周例会、专项工作研判会、调度会等，掌握情况、分析问题、寻找对策、部署落实；建立《中山派驻盐津挂职干部和人员管理制度》，强化队伍建设，关心关怀干部，带头严肃纪律、严守规矩，守住底线。另一方面，当好战斗员，不怕累不怕苦，遇到急难重工作时冲锋在前、任劳任怨。如面对招商引资难度大、效果弱的现状，我广泛发动朋友、同事牵线搭桥，并利用回中山探亲等时机走访企业，多次驱车跨省市约见企业老板，两年来争取了多家广东企业到盐投资兴业。面对山里群众缺少小家电的问题，我奔走呼吁、多方化缘，两个月内募集电饭煲、电磁炉、风扇等2200余台，切实提升贫困群众的生活质量。新冠肺炎疫情发生后，通过努力，我为盐津募集捐款90万元购买4辆救护车，协调捐赠口罩6.5万个、消毒液1000瓶等。

虽然盐津县东西部扶贫协作工作取得了扎实成绩，但我并未因此而放松，始终深入贯彻习近平总书记在决战决胜脱贫攻坚座谈会上的重要讲话精神，认真落实“四不摘”要求，以更加昂扬的斗志、更加积极的态度、更加严格的标准要求自己，以不获全胜决不收兵的决然态度，发挥好桥梁纽带作用，凝心聚力，精准发力，真情帮扶，奋力谱写两地扶贫协作新篇章。

（作者时任盐津县委常委、副县长）

第二编　组织保障

坚持党建引领，促进脱贫攻坚
加强组织领导，提供坚强保障

——脱贫攻坚基层党组织建设纪实

李顺伦

盐津县认真按照市委提出的“133”脱贫攻坚工作思路，坚持以脱贫攻坚统领经济社会发展谋篇布局，以党的建设统领推动各项工作，落实“双统领”，强化铁的纪律和硬的作风，推动“双保障”，突出党的建设和脱贫攻坚，贯彻“双推进”，充分发挥基层党组织的战斗堡垒和党员干部的先锋模范作用，推动党建活力转化为脱贫攻坚的内生动力，实现了基层党建与脱贫攻坚深度融合，同频共振、互促共进。

夯实战斗堡垒，提升基层组织活力

抓好支部班子成员建设。把加强基层组织建设作为打赢脱贫攻坚战的关键，扎实做好村干部联审工作，村干部队伍入口关，2019 年下派及调整党组织书记 16 名。提前谋划 2021 年村（社区）“两委”换届，全覆盖分析研判村（社区）干部队伍，进一步深化农村“领头雁”培养工程，着力建设一支思想政治素质好、道德品行好、带富能力强、协调能力强的村（社区）党总支书记和村干部队伍，不断提高“两委”干部履职能力和综合素质，切实增强村级组织的战斗堡垒作用。

强化日常管理。实行轮班值守制度，村“三委”班子成员每人定期轮流在活动场所值班，实现办公常态化；持续推进支部规范化达标创建，对照党支部规范化建设标准，监督落实党员日常管理五项制度，按时组织“三会一课”、带党员积分、党费日、主题党日、政治生日等活动，实现活动常态化，不断扩大先进支部增量，切实担负起直接教育党员、管理党员、监督党员和组织群众、宣传群众、凝聚群众、服务群众的责任。为顺利推进脱贫攻坚、乡村振兴、基层治理等工作任务提供坚强组织保障。

紧盯短板和问题清零。聚焦“两不愁、三保障”，按照“处级干部驻乡盯村、部门领导驻村盯户、精锐力量全面下沉”的要求，在原有挂包关系不变的基础上，在2019年，抽调县直部门50%的精锐力量，36名处级干部、86名部门一把手、2834名干部驻村抵户，全面增强村级攻坚指挥部力量，以推进党建工作、中心工作与脱贫攻坚问题短板一并落实，逐项销号清零，合力推动农村经济社会大发展、大跨越。

抓实软弱涣散党组织全排查整顿。不设比例、不定指标、应整尽整，对标对表，由县级领导带队全覆盖摸排了全县各村（社区），经县委常委会“过筛子”专题研究，全面借鉴“不忘初心，牢记使命”主题教育中集中整顿10个软弱涣散基层党组织的经验和做法，在2020年确定3个村级党组织、13个基层党支部进行集中整治。建立了1名县处级领导挂村、1名乡镇领导干部包村、1名第一书记驻村、1个县级单位联村的“挂包驻联”整顿工作机制。由县处级领导担起抓软弱涣散党组织整顿的主体责任，乡镇党政“一把手”带头进重点村、难点村，同步解决村级热点、难点、重点问题，确保力量强、能啃“硬骨头”，实现软弱涣散党组织的整顿提升。

建立活动场所管理制度。做到村级活动场所均有专职管理人员，负责日常卫生及设备设施管理，实现管理常态化。

严管厚爱，增强脱贫攻坚一线队伍

增强村级队伍。进一步压实“挂联包帮”责任，强化村级队伍管理，从县直机关抽调286名驻村队员，加强对驻村工作队队员的管理等工作，适时调整公职干部结对帮扶对象，实现贫困户全覆盖。

践行“三个一”工作法。贯彻“一竿子插到底”、问题“一篓子带出来”、工作“一揽子向前推”的“三个一”工作法，让干部沉下去，把群众带起来。建立干部在基层锻炼提拔的导向，从科级干部队伍及重点培养对象中抽调86名精干人员到村（社区）担任指挥长，进一步充实村级指挥部力量，对脱贫攻坚一线干部人才用心用情，关心关爱，提拔干部80余人。

建立党员在基层培养发展的导向。重点发展工作优秀、符合培养和发展条件的驻村工作队队员和结对帮扶干部，形成“入党在一线、一线能入党”的发展党员向导，切实把符合党员条件能发挥先锋模范作用的人员吸纳进党员队伍来。

做实群众思想工作，激发脱贫攻坚内生动力

坚持以心交心换心赢得群众思想认同。帮扶干部定期深入群众家中和群众交朋友，广泛听取意见和建议，全面摸准“两不愁、三保障”突出问题以及群众反映强烈和急需解决的热点、难点问题，强化政策宣传，赢得群众的思想认同。

坚持公开、公平、公正赢得群众工作认同。坚持让群众主动参与、全程参与到脱贫攻坚工作的所有环节，全覆盖开展村务全透明公开工程，充分调动群众的积极性、主动性，赢得群众的工作认同。

坚持重在平时积累赢得群众情感认同。持续开展入户走访回访，住到群众家中，宣讲脱贫攻坚政策、法律法规、卫生常识、安全知识，引导群众操家理务，增强群众感恩意识，赢得群众情感认同。

坚持把自强诚信感恩主题实践活动贯穿于脱贫攻坚始终。持续开展感恩教育，认真落实“三会一课”“主题党日”制度，采取坝坝会、政策宣讲、交心谈心、发放脱贫光荣证等活动，倡导自力更生、自强自立的价值导向，激发群众树立对美好生活的信心，积极自发地为脱贫致富行动起来。

提升基层治理网格化水平，实现脱贫组织化程度

网格服务管理，提升基层治理水平。以易迁上万人的团结社区为“突破口”，实践探索以“党组织党员、易迁劳动力、学生、留守老人妇女”和“村务全透明公开、意识形态全覆盖”为重点的社会治理体系和治理能力的长效机制，巩固脱贫成果，接续乡村振兴。在疫情防控期间，各级党组织积极动员群众、组织群众、凝聚群众，进一步把党密切联系群众的优势转化为疫情防控的强大政治优势，落实以村居民小组和楼栋群众自治为主的综合防控措施，形成“群防群控、稳防稳控”的工作格局，确保管理有序、环境整洁、治安良好。

易迁组织化，让群众有获得感。坚持以“搬心”促搬家，让群众搬出获得感。通过组织集中观看安置点视频、发放宣传册等方式，与群众算好搬迁账、算好经济账、算好未来账，选定好“搬迁日子”，统一组织搬迁运输车辆，积极帮助群众安排家禽等生产生活物资，激发了群众搬迁热情。坚持以“党建”促管理，让群众搬出安全感。按照“迁入地有人管，迁出地有人帮”的原则，全力打造“楼宇党建”，构建“社区党总支＋片区长＋楼栋长＋党员＋住户”的五级网格化服务体系，建设安置点警务室、就业指导中心

等，强化社区与乡镇工作组双向联动管理，为迁入群众办理好户籍迁移、养老保险转接、用水、用电、就业等问题，让迁入群众住得安心、舒心。

就业组织化，让群众有幸福感。通过对未就业和零就业的有针对性地采取劳动力技能培训、落实稳岗补贴、调整公益公服岗位、就近就业、外出务工等途径，确保全县有劳动力的贫困户家庭至少有 1 人就业，有效地增强了群众自力更生的能力，激发了群众自强脱贫的信心。按照“一人一策”的原则，积极统筹相关部门资源，相继开展了制衣、竹编、电焊工等技能培训，通过培训引导，确保每户搬迁家庭至少一人掌握一门技能。以“创业”促就业，充分整合安置点农贸市场、商铺等资源，构建了安置点的商业业态，满足群众生产生活服务需要，实现创业带动就业的目标。组织万人招聘会现场选择、政府包车包机定向输出、培训引导转移、扶贫车间就地就近就业、提供公益性岗位等方式解决就业，确保有劳动力贫困群众充分就业。

产业组织化，让群众有脱贫信心。紧扣省委“绿色能源、绿色食品、健康生活目的地”“三张牌”，市委做好良种良法、高度组织化、基层党组织主导农民专业合作社“三个全覆盖”及全县乌鸡、肉牛、竹笋“三大富民产业”发展布局，进一步深化农村“领头雁”培养工程和农村优秀人才回引工作，对村组干部带头发展产业、带领群众致富和致富带头人等带头示范作用发挥明显的人员进行重点培养和按规定按程序给予相关政策支持和倾斜，对于符合条件的鼓励提拔使用。

重联结、强管理。强化整合意识，充分利用协会牵头作用，统筹县内种养殖大户、闲置种养殖场等资源，形成全县“一盘棋”的合力。紧紧盯住“利益联结”这个核心，以专业合作社为抓手，通过高度的组织化，提高管护水平，增加产业产量，打造利益联结示范点，实现统一管理，利益联结到户到人，充分发挥产业发展带动效益。

（作者系中共盐津县委组织部组织股工作人员）

尽锐出战　严管厚爱

——脱贫攻坚大决战干部队伍建设纪实

袁　铭

这是一支勇于担当的队伍，他们积极作为、团结奋进，以群众的呼声为第一信号，以群众的满意为第一标准，以群众的需要为第一选择；这是一支对党忠诚的队伍，他们信念坚定、敢打硬仗，坚持深入学习贯彻习近平新时代中国特色社会主义思想，不断树牢“四个意识”、坚定“四个自信”、做到“两个维护”；这是一支作风过硬的队伍，他们勤勉务实、本领过硬，实现工作全部在一线指挥、一线部署、一线落实；这是一支精干卓越的队伍，他们查找差距、狠抓落实，顶住留级压力、放下思想包袱，自强思进、坚韧求成；这是一支无私忘我的队伍，他们义无反顾、奔赴一线，挥泪告别白发苍苍的父母、咬牙撇下嗷嗷待哺的幼子，积极投身脱贫攻坚战，无数父子兵、夫妻档、兄弟连在一线践行初心，担当使命。

盐津县委通过精准培养、精准选拔、精准管理、精准关爱，锻造了一支勇于担当、对党忠诚、作风过硬、精干卓越、无私忘我的脱贫攻坚铁军，强有力的组织保障是他们尽锐出战的底气，严管和厚爱并举激励着他们勇往直前。脱贫攻坚以来，县委共提拔干部 355 人，其中一线提拔 254 人，占比 71.5%；平级交流干部 412 人，其中一线交流 295 人，占比 71.6%。

精准培养，育在“实”处

打好脱贫攻坚战，关键在人，在人的思想、能力、干劲，没有一支训练有素、能打胜仗的干部队伍，脱贫攻坚难以取得实效长效。因此，盐津县委坚持“干什么学什么”“缺什么补什么”的原则，为切实培养年轻干部吃苦耐劳的精神，积累一线工作经验，实行一线下派，让干部增强历练。脱贫攻坚战打响后，县委先后选派了40余名年轻干部到乡镇挂任乡镇长助理，选派86名优秀年轻副科级领导及极具发展潜力的年轻干部到村担任指挥长，从机关事业单位选派16名优秀干部到村任职，用机关沉下去、干部扎下去带动基层动起来、群众干起来，充分发挥示范引领作用，为脱贫攻坚护航，蓄力乡村振兴战略。

宰相必起于州郡，猛将必发于卒伍。乡镇领导干部如果没有参加过脱贫攻坚工作，对于他的职业生涯是不完整的。1989年出生的黄夏2018年被组织任命为兴隆乡仁富社区党总支书记助理，2019年担任兴隆乡乡长助理。长期在脱贫攻坚一线工作，经常加班加点，渐渐地她成了亲人朋友口中的“大龄剩女”，但是她从未有过怨言，她认为年轻干部就应该成长在一线，以事业为上，她感激组织对她的培养。参加工作的短短5年间，她实实在在地参与并见证了盐津县的脱贫攻坚工作，在扶贫工作中，她熟悉各项扶贫政策，精通扶贫系统业务，有效指导各村开展扶贫系统软件资料工作，是扶贫领域的骨干力量。2020年3月她被提拔担任普洱镇党委组织委员，凭借多年的一线工作经验，她经常为班子提供很好的参考意见，得到了领导、同事和群众的一致认可。

对像黄夏这样在基层扶贫一线埋头苦干、大胆负责、敢于碰硬、表现突出的干部，县委坚持成熟一个使用一个，把乡镇作为干部培养的主战场。脱贫攻坚战打响以来，县委注重选拔有乡镇工作经历的干部，其中83名乡镇公务员、3名村级指挥长、25名乡镇长助理、2名到重点岗位挂职锻炼的干部被提拔到副科级领导岗位上，3名挂职乡镇党委政法副书记被提拔为乡镇镇长、信访局局长，27名在乡镇任职的副科级领导干部被提拔为正科级，53名新提拔的县直机关干部到乡镇任职。

精准选拔，用在“难”处

习近平总书记强调，深度贫困地区，是脱贫攻坚的难中之难、坚中之坚，“打这样的仗，就要派最能打的人，各地要在这个问题上下大功夫”。

2016年12月，汪东被派到落雁乡天星村担任第一书记，在机关工作的他告别繁华，走进山区，他坦言第一次到天星村时，只有一个感受——荒凉，当时有过退缩的念头，但面对群众期盼的眼神，他下定决心，一定要干下去，也一定能干下去。1000多个日日夜夜，这里的山山水水和老百姓，早已融进了他的心，他是勇挑重担、苦干实拼、脱贫攻坚第一线的“主心骨”。通过努力，天星村于2019年实现贫困村脱贫出列。一线的工作实绩让他于2019年2月被组织提拔为盐津县文学艺术界联合会副主席，挂任落雁乡党委副书记、驻村扶贫工作队队长，提拔任职后，他仍然坚守在脱贫攻坚的第一线。

汪东只是全县工作在脱贫攻坚一线干部们的缩影，县委组织部突出在脱贫攻坚一线精准选任优秀干部的鲜明导向，进一步把新时代好干部标准落实到每一个环节。做足了干部选拔任用的分析研判功夫，把政治素质和专业能力作为干部选任的重要标准，把脱贫攻坚一线作为考察识别的“主战场”，突出政治标准，把具有脱贫攻坚一线工作经验的同志选拔到一线吃劲岗位，继续发挥所长，坚决杜绝了“唯票取人”“唯分取人”“唯年龄取人”。实践干部“一竿子插到底”、问题“一篓子带出来”、工作“一揽子向前推”“三个一”工作法，抽派县直部门60%精锐力量，2834名干部下沉 86 个村（社区），驻村抵户，查找问题，清零问题台账，确保打赢打好脱贫摘帽攻坚战。

坚持把基层一线作为培养锻炼干部的重要平台，鼓励引导广大干部在基层一线最前沿砥砺品质、提高本领、建功立业。践行市委“685”工程，对工作扎实、实绩突出的指挥长、第一书记、驻村队员及扶贫开发领导小组成员单位干部，优先提拔任用、交流重用。2019 年以来，共提拔干部 139 人，其中脱贫攻坚一线提拔 111 人，占比 80%。

精准管理，管在“严”处

“善禁者，先禁其身而后人。不善禁者，先禁人而后身。”脱贫攻坚干部处在基层一线，直接面对群众，一言一行都代表党和政府的形象，县委切实做到精准管理，使其成为党群干群关系的“润滑剂”“黏合液”。

面对脱贫攻坚这一难啃的“硬骨头”、难过的“独木桥”，个别干部出现了畏难心理和“不敢为、不愿为、不能为”的思想。对此，县委聚焦综合表现，通过谈心谈话、检查调研、工作研判等方式，及时掌握扶贫干部思想动态、工作状态和现实表现。同时，还出台了《盐津县脱贫攻坚追责办法》。2018 年 10 月，5 名同志因农危改工作推进不力被免职，县委的这一决定，一方面切实畅通绩优者上、绩差者下的干部有序流动渠道，另一方面体现了县委全力打造出一支干事创业、勇于担当的脱贫攻坚一线干部队伍的决心。同时，也为在其位不谋其职的“慵懒者”敲响警钟，让干部干好有动力，也让干部不干有压力，使得“能者上、庸者让、劣者下”成为一种常态。

以“永远在路上”的清醒和“坚决抓到底”的韧劲，集中整治形式主义、官僚主义问题，坚持问题导向，以解决不担当、不作为和弄虚作假问题为切入点，对驻村工作情况开展“蹲点式”监督检查，共发现问题77个。严肃查处扶贫领域腐败和作风问题，2019年，全县受理扶贫领域问题线索72件处理49人，通报曝光典型问题9批次15件次67人次。

精准关爱，爱在“细”处

干部是干事的基础，担当是成事的条件，关爱是最好的激励。为充分调动干部的积极性、主动性、创造性，决战决胜脱贫攻坚，全面建设“百姓富、产业优、生态美、社会稳”美好盐津，县委出台了《关于进一步关心关爱干部的实施意见》，开展了关心关爱驻村扶贫工作队队员十个一“连心”、脱贫攻坚“大谈心”等活动。切实做到政治上激励、工作上支持、精神上关心、待遇上保障、心理上关怀。

与此同时，县委紧扣“盐津脱贫攻坚怎么了·盐津脱贫攻坚怎么干”主题，针对国家、省、市脱贫攻坚成效考核反馈问题，尤其是干部队伍中“庸、懒、散、彷徨”等现象，让干部真正把自己摆进去，把思想摆进去，把职责摆进去，把工作摆进去，就如何坚决打赢打好脱贫攻坚战，真心交心，用心谈心，全面掌握全县干部对当前脱贫攻坚工作的思想动态和履职情况，帮助干部解决工作当中遇到的困扰和问题。疏通了干部心结，解决了干部所需，转变了干部作风，激发了干部活力，为脱贫攻坚大决战提供了强有力的队伍保障。

栉风沐雨岁月章回，春华秋实五度寒暑。在盐津干部身上，散发着信念的光芒，散发着拼搏的力量。盐津跨越发展的历程中，镌刻着他们挥洒青春的印记，铭记着他们无怨无悔的身影。唯其艰难才更显勇毅，唯其笃行才弥足珍贵。盐津各级党员干部正引领着全县6镇4乡39.2万人民撸起袖子加油干，甩开膀子勇向前，在决战决胜脱贫攻坚的道路上砥砺前行，以时代为题，以山水为卷，以“敢教日月换新天”的气魄，以“咬定青山不放松”的毅力，带领110588名贫困人口摘掉贫困帽，奔向全面小康，努力交出一份让全县人民满意的答卷。

（作者系中共盐津县委组织部干部股工作人员）

用心用情当好“五员”

钟红萍

自2018年11月5日被市里派驻庙坝镇大坝村担任督导员以来，我恪尽职守，一心做人民脱贫致富的奉献者和百姓身体健康、生命安全的守护者。

村里的后勤保障员

一开始我便加班加点把村委会的整幢楼打扫得干干净净，物件摆放得整整齐齐，“乡村环境整治，必须从村公所带头做好”。我经常带头处理卫生死角，带头打扫环境卫生。

大坝村没有自己的食堂，为了解决大家中午就餐问题，我便在自己不足8平方米的房间里临时支起锅碗瓢盆为大家做饭，解决了大家饥饱不定的吃饭问题。2019年4月，通过我多方努力争取，村委会食堂盖起来了。我的真情付出让村干部、驻村工作队看在眼里、装在心里。渐渐地，大坝村委会这座办公楼里发生了改变，大坝村的各项工作也发生了改变。

脱贫攻坚的先锋员

大坝村是深度贫困村，脱贫任务十分艰巨，一直从事机关工作的我没有一点退缩，工作上总是冲在最前面。

大坝村自然条件恶劣，山高路陡，到偏远地方入户要一两个小时才能走到。起初大家考虑到行路艰难和我年龄偏大、身体状况不佳，就劝我别去，每当这个时候，我就会回答他们：“我来就是啃硬骨头的，不入户实地了解情况，无法掌握村情、民情，就做不好督导工作，所以，再难我也要克服。”在下乡入户过程中，我曾摔过好几次跤，庆幸都只是些擦伤。

面对危房改造推进缓慢，材料运输困难，我及时商议调整工作方法，发动群众铺砂面石补修道路运输建材，当运输车辆陷入泥坑时，便组织大家拉的拉、推的推，拼尽力量使建材运达工地，通常是弄得满身泥，这样的情形常有发生。当看到一栋栋新房建成，贫困群众在党和政府的关心下住进了新房，我倍感欣慰。

危旧房拆除，矛盾尖锐复杂，作为督导员，我迎难而上，与村干部、驻村工作队积极商量对策，遇到棘手问题不退缩，耐心做足群众思想工作。几个月下来，我记下了很多工作日志，两本厚厚的笔记本被我写得满满的。“今天是 2019 年 5 月 27 日，随同挂片干部前往泡桐村民小组陈芝询家动员农危改，这是第四次来到他家中……通过再次的一番劝说和政策宣讲，户主终于支持农危改，心中的这块石头总算落下了。”这是我笔记本上的一段工作日志。通过“百日攻坚”，大坝村除部分保留的生产性用房外，其他的一户多宅、危旧房全部清零。

工作生活来回奔波的“运动员”

2019 年 10 月 18 日，我女儿身体突发不适，被紧急送往昆华医院，此时的我还在和拆迁队人员热火朝天地拆房子。当我赶到医院时已是第二天凌晨两点，女儿一头栽进我怀里放声痛哭，此时的我，满心酸楚。

2019 年 12 月 25 日深夜，正在写督导报告的我接到家里来电，83 岁的母亲因脑梗住进了医院，情况十分危急，焦急地询问完母亲的救治情况，我又投入到报告撰写工作中。凌晨 6 点多，我提交完报告后，立即驾车直奔医院，看到母亲被病魔折磨得满脸痛苦，无助地躺在医院，我内心充满了自责与愧疚。

2020 年 2 月 5 日，母亲因不慎从凳子上摔下来，左眼骨折住进医院，我得知后立即前往医院，待医生处理好母亲的伤情，安慰好母亲的情绪后，我又匆匆返回村里。

虽然我也很想陪伴在家人身边，尤其是在他们需要关心和照顾的时候，但是，考虑到不能因个人的事影响大局，我只能选择“舍小家顾大家”。

医疗义诊的“服务员”

驻村后，通过一个多月的入户走访，我全面了解了村里的各类病症，研究制定了一份义诊方案。经过多方对接和争取，2019 年国庆，市人民医院 20 余名专家一行进驻大坝村，对大坝、黄草村附近村民开展“健康义诊”活动，此次活动覆盖了 900 多人。75 岁的张文莲患腿疾多年，顽疾一直没有得到根治，义诊后她逢人便说：“经过义诊专家为我诊断开药后，现在我的病情况已经好转了很多，腿比以前更使得上劲了，真的是太感谢他们了。”

村民吴江银多年来备受胃病折磨，此次诊疗后大有好转，他特意跑来村上说：“感谢钟督导精心组织这么好的专家团队为我们看病，不然我这胃病都不知道什么时候才能好转。”

“组织医疗义诊把健康送到百姓家门口，让百姓不出村就能享受到高端的医疗诊疗服务，这是我一直以来的心愿。希望今后能有更多这样的医疗义诊活动，覆盖更多的基层百姓。”通过组织医疗义诊，我这位在医疗系统工作 30 多年的医务工作者，对“白衣天使”这一称谓有了更深刻的认识。

疫情防控的“业务员”

在严峻的疫情态势下，我最牵挂最揪心的是大坝村老百姓。返乡人员多、人员结构复杂、百姓科学防控意识薄弱……2020 年 1 月 28 日，我匆匆返回村里投入到村级防控会议、设卡点、人员排查、防控宣传等工作，推动着疫情防控工作有序开展。

“一罩难求”、人员短缺是最大短板。口罩紧缺，我就拿起针线，为全村一线的工作人员缝制口罩；人员不够，我就组织召开支部党员大会，安排党员在卡点排查人员，拉着大喇叭走村入户做宣传。我还带领村级医务人员入户为全村 17 户居家观察人员测量体温、宣传防疫知识，一天下来要忙 10 多个小时。为了不耽搁时间，我们出门随身携带保温瓶、泡面，饿了就吃上一盒泡面继续往山上人家赶，通常都是在晚上 7 点以后才返回村委会，接着又组织大家召开当天的疫情防控反馈会，并做好第二天各项工作的部署和安排，基本上到深夜才能休息。

（作者时任昭通市第一人民医院党委副书记）

不忘初心为百姓

骆德毅

2018 年 11 月，我在广东中山挂职期未满，便接到单位通知，要求火速返回，到盐津县盐井镇仁和村驻村督导脱贫攻坚。我收拾好行囊，第二天便奔赴一线驻村。

仁和村是盐津县第二大村，属深度贫困村，面积 37.1 平方公里，辖 64 个村民小组，2289 户 7593 人，其中建档立卡户 342 户 1782 人。

“驻村督导脱贫攻坚期间，我将围绕学习、战斗、鼓劲的要求，坚持问题导向、目标导向、成效导向，与村委会干部和驻村干部并肩战斗，坚决打赢脱贫攻坚这场硬仗。”驻村第一天见面会上，我便向大家作出庄严承诺。

卷起裤子走村入户　用脚步丈量贫情

要了解村情贫情，要影响帮扶干部与村干部，必须真真实实拿出干劲做出样子。驻村第一天，恰逢细雨绵绵，我便换上水桶靴，要求村干部带我到最边远的农户家中入户走访。下雨路很滑，我们深一脚、浅一脚，走访了 16 户贫困农户和贫困党员户。每到一户，我们都与群众细语交谈，深入了解“两不愁、三保障”情况，直到深夜才回到村委会，雨水汗水湿透衣服，泥浆污水沾满裤腿。就这样，无论下雨天晴，不畏山高坡陡，我通过三个多月遍访，基本摸清了仁和村贫困情况、脱贫工作现状、群众诉求需求，制订了详细的督导工作计划。我们采取分片召开村民小组组长会议、群众会议、帮扶干部谈心会等形式，为干部群众宣讲脱贫攻坚、易地搬迁、扫黑除恶等政策，消除群众对脱贫政策的误解，统一帮扶干部对打赢脱贫攻坚战的认识。

撸起袖子真督实导　用身影指挥实战

经过前期深入调研，我深知仁和村脱贫摘帽的重点是农危改欠账多、任务重；难点是上级项目支持少，村里有心无力；痛点是驻村工作队与村干部协调配合不够紧密。为统一大家思想，我主动找帮扶单位的领导和村干部沟通思想，形成共识；主动到县政府和镇政府汇报村情贫情，争取项目支持。重点争取协调支持农危改、易地搬迁、产业发展、村组路硬化、村庄环境整治等项目，研究落实具体方案，细化实施措施办法。对最难攻克的农危改堡垒，我督导采取网格化实施、项目化管理、清单式交办的模式，因地制宜，因户施策，挂图作战，绘好“时间表”、签订“任务书”，责任到人、时间到天，一件一件抓落实，一户一户抓推进，传统民居修缮加固工程获得县委县政府充分肯定。共实施农危改 421 户，拆除重建 301 户，修缮加固 120 户。对易迁配套蔬菜产业项目、村组道路建设，通过努力协调，得到县农业农村局项目支持，硬化村组道路 20 余公里，完成户间道 15 公里，受益群众达 3000 余人。对促进群众持续增收的产业发展问题，我带领村干部到四川学习，引进建设香麻椒基地 300 余亩，一年就看到成效，并整体转移给社区作为易迁群众后续产业项目。

真心实意为民排忧　倾注真情温暖百姓

为了赢得群众的信任，我主动到弱势农户家里唠家常，帮助解决实际困难；对最不讲理的农户摆事实、讲道理，向最有能力的群众寻点子，为村里谋发展。村里一位80多岁非建档立卡户老人，有三个儿子成家后又离异，他的儿子们常年在外务工，老人拖着两个小孙子生活在破烂的旧房里，生活十分艰难。我入户访谈后，立即督促镇村两级将该户纳入农危改，并积极动员他们家的年轻人回乡建房。从选址、贷款，协调建设物资直至建好搬入新居，我一直给予他们关心和帮助。为解决部分村民吃水难问题，我与缺水群众共同寻找水源，并多方协调争取支持，筹措管道饮水入户。“六一”儿童节，我积极协调联系爱心企业和爱心人士，为全村所有小学生购买了一套校服，并陪孩子们度过了愉快的节日。通过设身处地为群众办实事、解难题，半年下来，村民们跟我更亲近、对我更信任了，大家会主动跟我聊天，当面向我反映问题。

（作者时任昭通市委统战部党外知识分子服务中心主任）

强化监督执纪
为高质量打赢脱贫攻坚战保驾护航

——脱贫攻坚监督执纪工作纪实

汪红梅

脱贫攻坚战打响以来，盐津县纪检监察机关按照习近平总书记关于要把脱贫攻坚作为“十三五”期间头等大事和第一民生工程来抓的要求及县委脱贫攻坚战略决策、规划，制定出台了《盐津县“阳光扶贫、廉洁扶贫”三年行动工作方案》《盐津县加强扶贫领域监督执纪问责工作实施方案》，坚持以问题为导向，紧盯关键环节和重点部位，推动行业力量向一线下沉，纪检监察在一线执纪，严肃整治扶贫领域腐败和作风问题，坚决斩断伸向扶贫“奶酪”的黑手，以忠诚诠释责任，强化监督执纪，为全县高质量打赢脱贫攻坚战提供了坚强的纪律和作风保障。

聚焦监督检查，600余个问题在一线发现

“基层是党的各项脱贫攻坚政策落实的‘最后一公里’，我们必须要加大扶贫领域腐败和作风问题的监督检查力度。”县委常委、县纪委书记、县监委主任宗双林在盐津县扶贫领域监督执纪工作会上强调。

说干就干。县纪委监委立即组建监督检查组，进村入户开展扶贫领域

腐败和作风问题的监督检查。2017 年，县纪委监委联系乡镇的班子成员带队到 10 个乡镇开展专项监督检查，督促脱贫攻坚工作开展不力的 1 个乡镇党政班子进行 1 周的集中学习。2018 年严格按照扶贫领域监督执纪五项工作机制和县委《盐津县扶贫领域当前突出问题专项整治方案》《盐津县深入开展扶贫领域腐败问题和作风问题专项治理工作方案》的要求，采取每月督促检查一次的方式，强化对脱贫攻坚工作的监督检查。2019 年，深入 26 个易地搬迁安置点开展专项监督检查 3 次；在盐津县脱贫攻坚夏季攻势和百日攻坚期间，又组建 5 个监督检查组，开展监督检查 13 批次；还对 4 个乡镇 4 个单位 32 个村（社区）开展了脱贫攻坚专项巡察。

“大哥，您家都享受了哪些扶贫政策？”“你家享受了农危改政策，政府补贴了多少钱？”“享受这个项目的群众是如何确定的？落实情况公示了吗？”

“我们始终紧盯扶贫领域的腐败和作风问题，组织全县纪检监察干部深入到 10 个乡镇、86 个村（社区），以明察与暗访相结合的方式，着力查找扶贫领域腐败和作风问题，为全县脱贫攻坚提供坚强的纪律保障。”

县纪委监委党风政风监督室负责人介绍，自脱贫攻坚工作开展以来，县纪委监委不断创新监督执纪工作思路，主动履职担当，持续深入开展扶贫领域腐败和作风问题专项治理。在具体工作中，坚持创新载体，主动担当作为，认真落实扶贫领域监督执纪问责五项工作机制，充分运用云南省纪检监察机关畅通群众诉求五级联动平台和脱贫攻坚监督执纪问责五级联动平台，提升监督实效。

监督跟着项目走，沿着资金流向查。全县 10 个乡镇、86 个贫困村（社区）处处都能看到纪检监察干部围绕脱贫攻坚开展监督工作的身影。他们瞪大眼睛，拉长耳朵，通过专项巡察、专项检查，不定时间、不定路线、不要陪同，随机入点入户，面对面向群众了解扶贫政策落实情况，全面查找落实脱贫攻坚政策打折扣、搞变通，干部作风不实、以权谋私、优亲厚友、虚报冒领等问题。2017 年以来，县纪委监委监督发现并督促整改扶贫领域问题 600 余个。

斩断“扶贫黑手”，134 名干部被严肃追责问责

对敢向扶贫项目、扶贫资金伸黑手的严惩不贷，是县纪委监委向全县人民立下的“军令状”。“谁乱动扶贫‘奶酪’就处理谁，谁在扶贫政策上搞形式主义就问责谁！盐津县纪委监委紧盯“钱、人、事”，以严的纪律坚决整治扶贫领域腐败和作风问题。特别是 2019 年脱贫攻坚夏季攻势和百日攻坚期间，13 批次的监督检查，共提醒谈话 142 人、发出工作预警通知 14 份，因工作不力通报 35 名帮扶责任人，因作风不实通报批评 2 个村，因虚报工作进度，查处形式主义官僚主义问题线索 1 条，通报批评责任人 3 人，在脱贫攻坚最关键的时期，进一步传导了压力，压实了责任，推动了工作。

2017 年以来，纪委监委受理扶贫领域问题线索 237 件，办结 231 件，处理 134 人，其中给予党纪政务处分 38 人，问责 13 个单位 50 人，批评教育 46 人。

紧盯扶贫项目 44.88 万元资金被挽回纠正

有付出就有收获。纪检监察干部一个问题一个问题地核实，一笔资金一笔资金地清算，2017 年以来共追缴清退涉及扶贫领域违纪资金 44.88 万元，以看得见的成效提高了群众的获得感和满意度。

“现在纪检监察机关大力查处扶贫领域腐败和作风问题，老百姓都看在眼里，现在村上各项惠农资金的管理、使用、发放更加规范透明了。”滩头乡新田村支书胡芳说。

“我们将一如既往，对扶贫领域问题一查到底，让敢乱动扶贫‘奶酪’

者付出惨痛代价，通过对问题的查处，让扶贫资金真正用在刀刃上，让扶贫政策能够发挥最大作用，让基层干部队伍的作风进一步好转，让贫困群众的获得感进一步提升。”县纪委监委主要负责人宗双林说。

坚持盯人促事，驰而不息推进干部奋进担当

人是推进脱贫攻坚取得成效的决定因素，盯人促事，驰而不息推进干部奋进担当，便是摆在纪委监委面前的重要课题。一是紧盯干部存在的侥幸心理，把脉开方。特别是在精准扶贫的攻坚阶段，由于部分贫困户住地偏远，某项脱贫指标模棱两可等问题，少数干部出现了验收组找不到这户、不可能抽到这户、差不多了等侥幸心理，工作上马虎，环节不精细。针对这个情况立即牵头组织 9 个问题核实组，本着“不少一户，不落一人”的原则，对 2016 年脱贫的 6 个乡镇 3830 户 15600 人开展监督检查，对不达标准的下达整改通知单限期整改，让刚一露头的侥幸心理得到全面遏制，扶贫工作更加扎实，态度更加端正。二是着力消除扶贫干部的懈怠心理，严抓驻村工作队的散漫行为。针对帮扶干部出现的心理懈怠、驻村工作队队员不入村等问题，县纪委监委采取定期查岗、明察暗访等形式把干部稳定在村，并通过曝光的方式通报不在岗的干部，推动帮扶干部和单位真扶贫、真使劲，倒逼全县干部全心全意投入脱贫攻坚。

（作者时任盐津县纪委监委办公室主任）

第三编　精准施策

小康路上，一个都不能少

——脱贫攻坚动态管理工作纪实

何锡元

2013年11月，习近平总书记在湖南湘西考察时首次提出“精准扶贫”的概念。同年12月18日，中共中央办公厅、国务院办公厅印发《关于创新机制扎实推进农村扶贫开发工作的意见》，向各级党、政、军、团发出了精准扶贫的目标方向和措施办法，就此拉开了史无前例的中国脱贫攻坚精准扶贫序幕。

盐津县作为国家级贫困县，为贯彻落实习近平总书记关于“精准扶贫首先要打牢基础，做实做细建档立卡，实现动态管理”的重要指示，紧跟省、市部署，围绕“扶持谁”这一基础，及时启动精准识别系列工作。

初期，扶贫对象极不精准

建档立卡顶层设计：2014年4月20日，国务院扶贫办（以下简称“国扶办”）印发《扶贫开发建档立卡工作方案》，明确按照“县为单位、规模控制、分级负责、精准识别、动态管理”的原则，对贫困户、贫困村、贫困县、连片特困地区进行识别并通过电子信息建档立卡。

——初期规模：盐津县在上级指导下，组织乡村，以2013年农民人均纯收入2736元为标准，根据上级下达规模，共识别贫困人口91990人、贫困村55个、贫困乡镇6个，并将这些对象基础信息采集录入电子系统。受规模控制、时间紧迫、标准不统一、程序不规范等诸多因素制约，首次识别贫困人口极不精准。典型特征是不同程度出现拆户分户而没有整户识别、村与村之间转移指标规模、采集录入信息极不精准。

——规模核实修正：2015年年初，云南省安排进一步做好扶贫开发信息采集工作。盐津县组织乡村干部，于4月9日完成贫困人口建档立卡核实修正工作。核实结果：已录入2014年贫困户家庭成员增加的有58户70人，减少的有303户325人。从数字上看，本次核实工作仍然简单化、不彻底，贫困人口及其基础信息仍然处于不精准状态。

——挂包帮转走访：2015年8月13日，省委组织部发文要求：一是按照“将新农村建设工作队任免转为驻村扶贫工作队且每村不少于2—4人”的要求，8月20日前办理任免职工作；二是8月20日以前进一步完善各级公务员（干部）如实结对联系贫困户工作，为遍访工作提供准备；三是各级联席办要切实加强统筹协调，结合“三严三实”“忠诚干净担当”专题教育，下基层做好各项工作。盐津县以“三年脱贫，五年小康”为总体目标，制定出台了一整套关于驻村帮扶队员的考核管理办法，初步形成了“181”驻村扶贫工作队管理体系，即1个日常管理办法、8个考核办法和1个驻村工作制度，建立明确了工作列会、工作汇报、驻村工作、工作承诺及反馈、巡视督查、工作调研撰写民情、工作考核奖惩、考勤和请销假、队员召回、安全管理、建立档案台账等11项工作制度。根据脱贫攻坚干部结对联系贫困户要求，盐津县2850名干部一一结对到20853户贫困户，至此，盐津县脱贫攻坚特别是干部结对帮扶进入一个新阶段。

——首次动态管理：2015年9月17日，省扶贫办印发《云南省扶贫对象（贫困户）动态管理工作方案》，本次动态管理属于2014年度动态管理，称之为“第一次动态管理”，而且对象仅仅是建档立卡贫困户，也就不存在新识别纳入工作。目标是对贫困人口和脱贫进程要通过确定规范的退出标准和程序实行有效动态管理，要与建档立卡系统中的贫困人口衔接，落实到户、到人。方案明确坚持总量控制，控制数与统计数相一致；坚持脱贫标准，规范有序退出；坚持公开公正，数据准确完备；坚持创新识别，提高工作效率；坚持动态管理与遍访工作有机结合。从根本上看，本次动态管理只是对已录入电子系统贫困人口的脱贫达标情况，在规模计划指标内进行脱贫识别。盐津县按照上级要求，组织乡村干部，按照“一高三优先”（年度贫困户农村常住居民人均可支配收入高于或等于当年国家扶贫标准 2800 元，扶贫项目扶持到户优先、扶贫项目覆盖到户优先、涉农项目覆盖到户优先）的方法（标准），坚持规模控制、严格退出程序，于 10 月 10 日前完成本次动态管理。至此，盐津县 2014 年初次识别建档立卡贫困人口 91990 人，本次动态管理退出 11855 人，2014 年末贫困人口（未脱贫）数据即为 80135 人。

——回头看整改：2015 年 11 月 9 日，县扶贫开发领导小组印发了《盐津县扶贫攻坚建档立卡“回头看”实施方案》，总体要求是：坚持问题导向，统一标准、程序、要求和方法步骤，实事求是全面开展“回头看”，确保建档立卡结果客观真实、情况准确、信息全面，为深入实施精准扶贫找准“靶心”、提供依据、夯实基础。工作原则是：严格要求、重新识别，公开公正、严格程序，村内调整、规模控制。在工作方法上：参照省扶贫办“五看、五不录、六优先”，一是将四种情形识别为退出对象：1. 通过发展产业、务工等自身努力实现脱贫的；2. 通过实施基础设施建设、产业扶贫、社会帮扶等项目实现脱贫的；3.“五保”、孤儿、因病因残丧失劳动能力应由民政兜底的；4. 因其他各种原因，不属于建档立卡贫困户而进入识别范围的。二是识别纳入 3 种对象。1. 因灾返贫的；2. 因病、因残返贫的；3. 因其他各种原因属于贫困户而未进入建档立卡识别范围的。

——2015 年度动态管理：2016 年 2 月 16 日，云南省再次按照“规模控制”启动 2015 年度贫困对象动态管理。盐津县印发《关于开展 2015 年度扶贫对象动态管理工作的通知》。对建档立卡“回头看”、易地扶贫搬迁贫困户信息核准、扶贫对象规模控制、扶贫对象动态管理、信息采集及更新进行安排，明确脱贫标准为“八有四无一超一受益”。脱贫程序按照入户认定、村评议公示、乡镇审核公示、县审定公告进行。通过本次动态管理，盐津县清理不精准对象 1591 户 6377 人（同步识别 6377 人保证规模平衡），同时顺利完成了 2015 年度脱贫人口 14158 人的规模，减贫率 17.67%。至此，全县未脱贫人口数据从 2014 年末的 80135 人减少到 65977 人，贫困发生率 18.51%。

以上自 2015 年 9 月 17 日起至 2016 年 6 月止，精准扶贫工作进入一个新阶段。此期间，2014 年动态管理工作刚刚结束，紧接着开展 2015 年动态管理，还穿插着“回头看”“遍访”工作，国扶办陆春生同志后期总结讲话称：“通过此项工作，全国新识别、清退、返贫达数十万人，贫困对象系统管理也历经了万达系统、省办系统、国办系统的转换和迁移，同时几项工作交织在一起，当时全国上下一片混乱，工作质量仍然较低，精准度仍然不高。”

中期，扶贫对象较为精准

——贫困退出机制出台：2016 年 4 月 23 日，中央办公厅、国务院办公厅印发《关于建立贫困退出机制的意见》，要求坚持“实事求是、分级负责、规范操作、正向激励”四个原则；明确贫困人口、贫困村、贫困县退出标准和程序。2016 年 6 月 17 日，省委办公厅、省政府办公厅印发《云南省贫困退出机制实施方案》，该文称为云南省脱贫攻坚纲领性文件。文件明确了退出标准：贫困人口 6 项——收入、住房、教育、医疗、养老、项目覆盖；贫困村 9 项——贫困发生率、道路硬化、电、广播电视、宽带网络、饮水、卫生室、活动场所、教育；贫困县 5 项——贫困发生率、可支配收入、贫困村退出、政策项目资金精准到户、义务教育均衡发展。贫困人口的退出程序依次为：入户调查、村“两委”商议、村评议公示、乡镇核查公告、县审定销号；贫困村的退出程序依次为：村申请、乡镇审核、县审定公告；贫困县的退出程序依次为：县申请、市初审、省核查、批准退出。

——2016 年度动态管理：贫困人口动态调整（退出、返贫、新识别）。首次明确新识别不再进行规模控制，但脱贫人口仍然规模控制。由于涉及 2 个贫困乡镇脱贫和23个贫困村出列，为满足贫困发生率指标，大部分脱贫人口便集中到出列村，也就导致盐津县 59 个村 2016 年脱贫人口均为“零”。

——信息采集录入：收入计算周期首次调整为上年第四季度至本年前三季度，不再按照原自然年度计算。根据国家、省、市安排，在信息采集上分别完成国家 A 段、省 B 段、市 C 段信息采集，并分别录入国家平台、省平台、市平台。

——持续核查、评估、整改：先后对审计提出的城镇房产贫困户 57 户、涉公积金缴存贫困户 24 户、创办企业贫困户 19 户、已死未销贫困人口 274 人进行核查。11 月 15 日，根据市级明确，盐津的贫困乡出列计划调整为滩头乡，贫困村出列计划调整为 20 个，对照核查结果，贫困人口 15743 人达到脱贫标准，通过自然增减人口调整，当年动态管理后未脱贫人口为 50234 人。

总体看，2016 年度先后开展了 2015 年动态管理，建档立卡“回头看”，国家、省、市系统录入清洗，2016 年动态管理等系列工作，特别是 A 段、B 段、C 段信息的采集和录入，同一人口姓名、身份证号码等信息要同时填写到若干表册上，干部由此戏称“表哥表姐”。从数据看，虽然明确识别人口不再规模控制，但是贫困人口仍然处于规模范围内，在自查、各级检查考核中，仍然存在错退、错评、漏评现象及群众满意度不高的问题，相关系统数据信息错误率较高。2017 年 3 月 15 日，国家审计署审计发现贫困人口中身份证号码错误、人口重复、无户籍人员等问题依然较大程度存在。扶贫对象及其信息仅处于较为精准状态。

——建档立卡数据核准和补录：2017年5月2日，省扶贫办贯彻落实国开办司函〔2017〕83号文件要求，安排了建档立卡数据核准和补录工作，主要解决已脱贫人口不达标、姓名证件号错误、重复人口、识别不精准、信息错项漏项、贫困村乡村人口及贫困村基础信息核准等问题，同步安排资金项目管理信息录入和自然村信息录入。

——昭通市精准识别摸底调查：市扶贫办针对历年人口精准识别工作中的难点，率先在挂包村——彝良县红岩村开展精准识别调研工作，经市委、市政府决策同意，在全市按照“重头再来”的决心，启动要求最高、规模最大、范围最广的精准识别摸底调查工作。盐津县按照全市安排，于5月18日召开全县动员培训会议，迅速成立领导小组，集中业务人员办公。处级领导进一步下沉，抽调1100名工作队队员，对全县2602个村民小组81445户340450人进行了全方位的走访核查。经过长达3个月各部门各乡镇紧密协作、近2000名调查员和村组干部的共同努力，摸底调查工作各环节衔接紧密，共采集、核查、比对、录入到村信息142378条，到户信息6175600条；剔除错评人口932户2847人，新纳入漏评人口807户3170人，识别脱贫返贫人口423户1857人（其中2016年脱贫返贫201户953人），全县建档立卡贫困人口户数净增191户，人口净增6789人，未脱贫人口总量锁定为14486户58616人（含达标18503人）。同步核查出漏退4502户18503人（该部分人口在摸底调查期间虽然完善了退出程序，但无法在国办系统操作，最终于年末动态管理时才纳入2017年度脱贫户）。精准识别摸底调查工作取得预期的阶段性成果，为脱贫攻坚工作奠定了基础，特别是通过精准识别摸底调查，进一步提升了脱贫攻坚政策业务水平，营造了脱贫攻坚良好氛围，全县各级干部思想认识、工作作风进一步转变。2017年9月5日，省委第三方考评组——云师大到达盐津县，9月7日至12日先后深入花秋村、滩头村、艾田村、万和村、新华村、芭蕉村入户，对发现的艾田、万和等疑似漏评实现举证成功。

——2017年度贫困对象动态管理：2017年11月13日，盐津县印发

《2017年度扶贫对象动态管理及扶贫措施信息采集工作方案》，按照国家要求，一是对于应纳未纳的，按照程序识别纳入；二是对国家9月组织的交叉检查（贵州检查云南）提出的8个方面问题，举一反三整改，作为2017年年底数据。同步安排信息采集和脱贫出列工作，首次提出“凡存在饮水和住房安全未保障、易地扶贫搬迁户未入住、帮扶成效不显著等情况的贫困户不能退出”。11月下旬，盐津县聘请云师大团队师生20余人对盐津年度精准识别动态调整工作进行评估，采取有针对性抽样，实地进村入户4镇6乡20村729户农户，根据12月2日出具评估报告，漏评率、错退率仍然居高不下，群众满意度仍然较低，结合全省安排，盐津县当年脱贫人口从33015人调整为26195人，贫困人口下降到8545户33293人。当年出列村按原计划标注19个，贫困村由55个下降到25个。2018年4月，省级将9个贫困发生率高于3%的村（小寨、石笋、石缸、石门、长胜、银厂、三河、水银、水平）予以回退，最终导致2017年仅出列10个村。

末期，扶贫对象全面精准

——第二批贫困村认定：盐津县第一批省级认定贫困村55个，2016年出列20个，2017年出列10个。通过2018年1月系统监测，省办根据2017年8月情况统一标注盐津的建档立卡贫困村数量达到86个。

——调整充实脱贫攻坚指挥部和督战组：2018年1月28日，县级重新调整设置指挥部，形成“1办13组”。其中，县委常委、常务副县长廖顺东任动态管理组组长，何象奎任副组长，扶贫办、各乡镇主要领导任成员。负责统筹动态管理工作，牵头制订实施和管理户脱贫村出列县摘帽各项计划、指标，牵头管理国办、省办、市办信息系统数据，对户脱贫村出列县摘帽数据、程序、档案进行全过程监管，对接上级考核考评工作，负责动态管理档案、迎检工作。

——脱贫攻坚档案建设：2018年3月9日，县扶贫开发领导小组办公室结合历年，特别是2014年、2015年档案不规范，向昭通市提出请示，时任市扶贫办主任杨仕翰亲临盐津，就扶贫档案一系列工作进行精心指导。档案方面，杨主任提出：要坚持尊重历史、去伪存真，实事求是反映脱贫攻坚工作的理念予以完善，确实落实了工作、干了工作而档案不健全的，要坚持实事求是补充完善。同时还具体帮助梳理了2014年以来的工作历程，细化指出哪些工作应该具备档案资料以及其档案的表现形式。至此，全县上下非常纠结的档案工作得到方向性明确。

——以信息精准助推对象精准：2018年3月7日，全县启动指标逻辑不符、信息与实际不符、指标空缺等问题核实整改。3月22日，盐津县就贫困对象清、致贫原因清、帮扶责任清、帮扶措施清、投入产出清、退出规划计划清进行安排指导。指挥部同步增补县政协李远清副主席任脱贫攻坚指挥部副指挥长，抽调公安、纪委干部，在指挥部人员的参与下，深入全县2600个村民小组，对动态管理进行抽查和模拟第三方评估，查找问题，推进整改，全县动态管理工作形成内外结合、信息互通、问题共商的良好工作局面。4月13日，根据《盐津县2018年整县脱贫摘帽实施方案》，盐津县对照户脱贫、村出列、县摘帽标准，建立一月一监测工作机制，按月掌握全县脱贫摘帽进度及质量，逐步压缩短板，确保实现整县如期摘帽。至7月年中动态管理，全县整户清退646户2458人，家庭成员清退1410人，整户补录11户38人，家庭成员补录3643人，脱贫回退2户6人。共计从10.8万人中清退错评人口3708人，补录漏评人口3676人；人口自然增加1777人，人口自然减少1883人，新识别28户96人，返贫9人。清洗系统错误数据2万余条。

——村村清户户清行动：按照市级扣好精准扶贫第二粒“扣子”工作要求，盐津县为确保贫困对象精准、信息精准、致贫原因精准、帮扶措施精准、脱贫退出精准，实现国办系统信息、纸质档案信息与实际信息一致。

提出逐户梳理贫困对象、逐户梳理致贫原因、逐户梳理帮扶措施、逐项梳理到村到户到人项目、逐村梳理项目完善施工图、逐乡梳理项目完善路线图的村村清、户户清行动。

——乡镇间交叉模拟第三方评估：为切实检视脱贫攻坚质量和进程，查找短板问题和差距，冲刺摘帽目标。2018 年 8 月 21 日，盐津县组建以乡镇督战组副组长、乡镇扶贫办负责人、驻村第一书记为主要力量的 10 个评估组，自 8 月 20 日至 9 月 5 日开展乡镇间互不交叉的评估工作。共抽查有效户数 4092 户 18396 人，其中已脱贫户 1891 户 9007 人，预脱贫户 1223 户 4950 人，未脱贫 130 户 562 人，非卡户 847 户 3894 人。本次考核评估集中锻炼了各村第一书记，缓解了眼光视觉疲劳，拓展了这一核心群体看待脱贫摘帽的视野和标准；同时提升了各村面对疑似问题的举证力度和质量，为后续迎接评估积累了工作经验。

——2018 年度动态管理：10 月 5 日，盐津县在三中会堂召开第 23 次领导小组会议，会议内容以视频形式传达到乡村，10 月 5 日印发《盐津县 2018 年度扶贫对象动态管理工作方案》。至 11 月 10 日，全县自然增加 1477 人，自然减少 855 人，拟定正常退出户 7911 户 31427 人。整户清退 100 户 413 人，家庭成员清退 329 人；整户补录 32 户 98 人，家庭成员补录 1061 人；综合回退 85 人，新识别 72 户 290 人，返贫 10 户 44 人（虽历经几上几下反复核实确认，但这部分人口当年并未开放系统录入）。系统 11 月 25 日完成脱贫标注后，省级根据年初易迁对象意愿情况于 11 月 30 日晚回退脱贫人口 1321 户 5248 人，当年脱贫人口减少到 17015 人，出列村相应从 28 个减少为 22 个；12 月 30 日，省办再度将盐津的 22 个出列村回退 7 个（银厂、聚龙、小寨、及第、保隆、界牌、安乐）。至此，全县 2018 年末建档立卡人口 24429 户 108981 人，当年脱贫 4177 户 17015 人，未脱贫 4233 户 16439 人，贫困发生率 5.1%。当年出列贫困村 15 个，年末贫困村 41 个。整县摘帽被正式定位推迟一年。

——动态管理督查检查指导：2019 年 4 月 26 日，由脱贫攻坚指挥部副指挥长李远清担任组长，抽调人员组建动态管理督察队，紧紧围绕“三率一度”“一库一码一清单”和日常工作安排部署，融督查检查、业务指导、整改落实于一体，推进脱贫攻坚精细化、精准化管理，实现无错评、无漏评、无错退，国办系统信息、档案信息、明白卡和明白袋信息、户户清信息真实准确。

——脱贫人口“回头看”及项目信息完善：按照全国部署，盐津于2019年7月31日印发工作方案，以产业带贫机制强不强、就业是否持续稳定、饮用水是否达标安全、住房是否安全稳固、义务教育是否有辍学、基本医疗是否有保障、内生动力是否有效激发共7个任务清单进行“回头看”。工作中，8—10月持续开展大量项目信息录入和受益户关联，8月12日印发数据闭环专项工作方案并落实行业责任开展行业比对工作。

——百日攻坚大会战：2019年8月26日，市扶贫办主任杨仕翰调任盐津县委书记。8月30日，盐津县为全面解决“两不愁、三保障”突出问题，奋力冲刺脱贫摘帽最后攻坚期，出台《脱贫摘帽“百日攻坚大会战”工作方案》，明确在2019年9月1日至12月31日举全县之力打好打赢“两不愁、三保障”突出问题歼灭战，易地扶贫搬迁“搬得出、稳得住”攻坚战，产业培育高质量发展突击战，人居环境整治提升人海战，强化党建引领推动作风转变持久战，数据精准关联闭环信息战（一是持续强化动态管理；二是全力推进数据闭环；三是统筹开展系统录入；四是全面排查进退程序；五是逐步完善档案建设；六是不断完善明白袋资料；七是稳步推进云南“扶贫通”手机App运用；八是持续抓好考核、整改，直至问题全部清零）。

为保障工作取得实效，一是强化组织领导。按照“指挥靠前、力量下沉，将指挥部建在村级”的要求，县、乡两级不再设脱贫攻坚指挥部，专门成立以县委书记杨仕翰、县长郑磊任双组长，县委副书记撒兰忠、常务副县长廖顺东、副县长徐瑞兵任专职副组长，其他县处级领导任副组长，相关行业部门主要领导为成员的领导小组。下设问题整改、宣传报道、项目资金、住房安全、教育扶贫、饮水安全、健康扶贫、劳动就业、易地扶贫搬迁、产业发展、人居环境整治提升 11 个工作组并落实责任领导明确工作职责。同步建立县处级领导驻乡抵村工作机制。9 月 8 日，印发动态管理基础信息战工作方案，细化安排和指导“数据精准关联闭环信息战”工作。

——2019 年度动态管理：2019 年 10 月 7 日，盐津县立足年度动态管理，对监测工作、人口动态、帮扶措施、常住人口台账等进行提前准备。10 月 10 日，正式印发 2019 年度动态管理工作方案，除常规动态管理工作外，新增对非建档立卡农户人均纯收入低于 5000 元且有致贫风险的边缘户进行摸底，采集和录入相关信息；对历年脱贫户人均纯收入低于 5000 元且有返贫风险的产业支撑不足、就业不稳定、教育医疗负担重的农户进行摸底并标注（以下简称“两摸底”对象）。

——主要做法：一是强化领导。“百日攻坚大会战”期间，将数据信息战列入“六大战役”之一，并由县委副书记撒兰忠、常务副县长廖顺东、副县长徐瑞兵亲自指挥、亲自督导。二是强化培训。先后召开 3 次全面综合动态管理培训会、调度会，多次专题培训会，通过视频到村，累计参训 1 万余人次。三是强化保障。动态管理涉及领域较广，全县直接参与动态管理工作总人数超过 3600 人，其中挂包干部独立开展入户信息采集 3400 余人，信息录入工作人数 200 余人，县乡村各级投入经费达 100 余万元。

——动态调整结果：2019 年动态调整新识别 100 户 425 人，整户补录 34 户 133 人，脱贫返贫 7 户 34 人，整户清退 122 户 572 人，脱贫退出 3399 户 13866 人。截至 2019 年 11 月 30 日，国办系统建档立卡贫困人口 24324 户 110370 人，其中未脱贫 947 户 3272 人，贫困发生率为 1.02%。同步识别“两类对象”2398 户 10351 人，占全县 2013 年年底建档立卡贫困人口总规模的 10.5%，出列敦厚等 41 个贫困村，至此，全县 86 个贫困村已全部脱贫出列，为整县摘帽奠定了坚实基础。

——贫困退出复核：2019 年 11 月 1 日，盐津县印发《2019 年贫困退出复核工作方案》，由县委组织部组织推荐 214 名骨干，经培训测试后组建为两个大组协同推进复核工作，一是由县纪委监委牵头，选取 48 名骨干力量，对百日攻坚排名靠后的 32 个村开展核查；二是由县扶贫开发领导小组办公室负责，组织 152 名骨干按照异地回避、互不交叉的原则，以 14 个复核小组对其余 54 个村开展复核工作。共抽取建档立卡户 2541 户、非建档立卡户 2196 户开展入户复核。通过复核，全县已脱贫人口收入、住房、教育、医疗、饮水 5 项指标全达标。86 个贫困村（社区）贫困发生率、交通、电力、广播电视、宽带网络、医疗设施、活动场所 7 项指标已全部达标，按照县摘帽标准，达到退出条件。

——突出问题大排查整改：11 月 27 日，为确保顺利完成整县脱贫摘帽的目标任务，结合解决“两不愁、三保障”突出问题及脱贫人口“回头看”工作，对照贫困退出“571”标准，聚焦“三落实”“三保障”“三精准”，以乡镇为主体、以村为单元、以户为对象，深入推进“百日攻坚大会战”，自下而上全面开展精准排查，逐项补齐脱贫退出短板，以户户清支撑户脱贫，以户脱贫支撑村出列，以村出列确保县摘帽。一是结合村级档案、一户一档，核实清楚贫困户进入的时间和程序，解决好“如何进”的问题；二是结合项目资金关联受益情况和挂包责任信息，核实清楚“如何扶”的问题；三是结合脱贫前的致贫原因、脱贫措施，牢牢把握“两不愁、三保障指标”，核实清楚“如何退”的问题；四是对照村级施工图、巩固提升方案和贫困户巩固提升计划，解决好“如何巩固发展”的问题。

——实现整县摘帽：受新冠肺炎疫情影响，整县摘帽第三方评估工作相应推迟。4 月 19 日，由西南大学组织的第三方评估团队到达盐津，至 4 月 23 日，评估团队先后抽取大坝、万古、中堡、共和、新华、茨竹、中坪、花秋、保宁、万和、长沟、北甲、凤凰、银厂、三河、正沟、红碧、仁和、小洞、龙塘、核桃、蒿芝、黑喜、龙台共 24 个村入户评估，结果实现了“零漏评”“零错退”的目标，顺利实现整县摘帽。

——完成脱贫攻坚普查：2020 年 7 月 18 日，鲁甸普查组进驻盐津，截至 8 月 31 日，完成对盐津 24324 户 110276 人建档立卡户的普查登记工作。从访问情况看：入户访问本户成员 24109 户，占比 99.12%；代答 189

户，占比 0.78%；整户自然减少 24 户，失联 2 户。从访问方式看：电话访问 1959 户，占比 8.05%；面访（无翻译）22152 户，占比 91.07%；面访（有翻译）187 户，占比 0.77%。从登记结果看：全县建档立卡户“两不愁、三保障”已全面解决，共有 17258 户享受到教育帮扶政策，占比 70.95%；100% 享受健康扶贫政策；共解决住房问题 17391 户，占比 71.50%；供水入户率 99.06%；以工资性收入为主的家庭有 21175 户，占比 87.05%；享受就业帮扶 23877 户，占比 98.16%；享受残疾人帮扶 3876 户，占比 15.93%；享受生态扶贫政策 23205 户，占比 95.40%；产业覆盖率 100%。

——2020 年度动态管理。按照上级脱贫攻坚“最后一次动态管理”部署，盐津县于 9 月 30 日印发《盐津县 2020 年度扶贫对象动态管理工作实施方案》，各级挂联干部密集进村入户采集、录入信息，开展民主评议。其间，县委书记杨仕翰、县长郑磊亲自安排部署，县委副书记撒兰忠、县政府副县长徐瑞兵坚持深入基层一线发现问题、推进整改，坚持按照方案要求开展一周一调度，针对收入采集不到位实行一日一通报。11 月 15 日，如期完成信息采集录入和系统清洗，11 月 20 日，全县明白卡印制完毕。至此，盐津县脱贫攻坚收官之年建档立卡人口锁定为 24279 户 110588 人，脱贫不稳定户 1080 户 4742 人，边缘易致贫户 1489 户 6326 人。对照当年人均纯收入 4000 元和“两不愁、三保障”及饮水安全标准，贫困发生率由整县摘帽时的 1.02% 降为零，实现了消除绝对贫困的脱贫攻坚目标任务。

（作者时任盐津县扶贫办副主任）

精准识别，迈好扶贫第一步

——落雁乡精准识别工作纪实

何　东

精准识别是精准扶贫的前提，只有精准识别好建档立卡贫困户，我们才能更好地找到“穷根”，对症下药，开好药方，拔掉穷根。精准识别工作在长达 7 年的脱贫攻坚工作中起到着不可磨灭的基石作用，精准识别工作的推进，是离不开乡党委、政府的各项政策和改革措施的贯彻落实，是全体行走在脱贫一线的干部职工共同奋斗的成果。

采取“十个一”措施，确保摸底调查识别精准

完善一个方案。2017 年 5 月，根据《盐津县深入开展贫困人口精准识别摸底调查工作方案》，结合落雁乡实际，在组织领导上、时间节点上、工作措施上、制度保障上再细化，完善贫困人口精准识别摸底调查工作方案，用方案指导摸底工作，确保工作有序开展。学透一份文件，落雁乡组织扶贫办、派出所、城建所等相关业务部门对所有乡村两级干部、挂包单位派出的参与调查人员约 120 余人进行分门别类培训，逐项对表册进行讲解，对有疑问的现场解疑；通过乡集中培训会后，再次要求村和工作组组织人员进行业务培训，确保工作组人员吃透政策、领会文件精神，熟悉调查员业务技能。

压实一个责任，乡党委层层签订承诺书，形成党委书记抓总支书记和第一书记、联系村领导抓工作组长、工作组长抓摸底调查工作队队员的工作格局，一级抓一级，层层传导压力，压实责任。明确党委书记为第一责任人，全面统筹掌握工作情况；总支书记为摸底调查工作直接负责人，对全村摸底调查工作信息数据的真实性负总责；第一书记为摸底调查工作质量责任人，对表册逻辑关系、表册质量负总责，确保工作落实、确保数据真实。搞好一个示范，落雁乡以保隆村为试点，在 2017 年 5 月，将 72 名调查摸底骨干全部派到保隆村，分到具体农户，利用 4 天时间全面完成摸底调查。在试点中，调查摸底骨干一边工作，一边总结经验，通过理论学习与实践结合，工作队队员的业务能力大大提升，为全乡其他村（社区）全面开展入户摸底调查打下坚实基础。用好一份清单，工作中，通过对试点村的总结，将需要调查的事项、需要注意的问题、好的做法和经验逐项列出，形成摸底调查清单发放到调查人员手中，让调查人员结合政策、结合实际、对标对表，更加清晰明了地开展工作。把握一个时间，即严格把握“开展培训、入户调查、表册核查自查、评审公示、录入市级基本信息平台”的时间节点，并根据落雁乡情况确定落雁乡全面完成精准识别摸底调查的时间为“2017 年 6 月 12 日”，然后用一周时间再次交叉检查复核，确保了“2017 年 6 月 20 日全面完成摸底调查”的工作。建好一本台账，即通过入户调查，完善“一户一档”，要求各入户调查人员要严格按照方案要求，按时按质完成调查工作，并对摸底调查信息的真实、准确、完整性签字认可，对自己的入户调查结果承诺负全责，确保户户见面，确保表册反映内容与实际相符、逻辑相符，真实有效。拟写一份报告，将各村入户调查人员划区分片，并选出小组长负责把每天的工作开展情况、好的做法经验、存在问题进行汇总上报第一书记，再由第一书记汇总上报乡扶贫办和领导组，为下一步更好地开展工作提供指导依据。把好一个关口，即严把入户调查关和表册质量关，采取强弱搭配、两两互查、三级审核、清单告知整改的措施，确保“四个零误差”。由各联系村领导带队，每天晚上集中办公，集体研究、“人对人”相互自检核查表册；

在摸底调查结束后，乡成立交叉复核组，召开“精准识别摸底调查交叉检查复核会”，“村对村”相互交叉检查；在村级交叉检查复核完成后，乡党委再次抽调业务精干的工作人员对全乡摸底表册进行逐项检查核对，严把表册复核关口。用好一个督察，坚持把规矩和纪律挺在前面，充分运用好纪委监督执纪问责的主业，用“红名单”和“黑名单”督促干部，以“严”的精神、“实”的作风、“铁”的纪律作为精准识别摸底调查工作的坚强政治保障，确保干部入户调查实、工作作风实、表册台账实。

落实“五个认真”，确保四个指标归“零”

为确保调查数据精准有效，落雁乡自 2017 年 6 月下旬起，严格按照程序，细致开展村级自查、乡级自查，并在县级自查评审组的帮助下再次开展精准识别摸底“回头看”工作。同时，认真抓好培训，抓实贫困对象动态调整“一评一审一公示”和“三评四定”和信息录入相关工作，做到“应退尽退、应纳尽纳、应扶尽扶”，确保“错评率、漏评率、错退率、漏退率”4 个指标归“零”。认真开展贫情分析。结合已开展的贫困人口精准识别摸底调查“一评一审一公示”工作情况，动态管理工作队以村（居）民小组为单元开展贫情分析，对建档立卡贫困户、非建档立卡农户、2014—2016 年脱贫户进行细致的分析和研判，衡量本村贫困识别是否精准、是否公平、是否存在“富人戴穷帽”等现象，是否做到应纳尽纳、应退尽退；并据此确定建档立卡户、错退户、2014—2016 年返贫户、漏评户等重点核查范围，制定工作方案，完成精准识别进出对象的初步研判工作。认真开展调查复核。根据贫情分析的情况，各工作队对贫情分析过程中初步确定的建档立卡户、错退户、2014—2016 年返贫户、漏评户等重点核查对象进行调查复核，完善相关表册，并提交相关部门筛查比对。认真开展“三评四定”。由各村（社区）动态管理工作队严格按照“三评四定”程序，对涉及“四类”人员的146个村民小组，通过召开村“三委”内部评议会、党员评议和户主评议会、工作队和村“三委”初定会、村民代表大会议定会、乡贫困对象动态管理审定会，进行逐村、逐组、逐户分析研判、审定表决，并严格进行了公示，确保程序合法合规、四类人员审核评定真实有效。认真开展国办系统数据录入和贫困人口清洗工作。从各村（社区）及扶贫工作队中分别抽调3名业务精干人员，以村为单位，分成6个小组，实行“三三合作”（即1名负责数据录入、1名负责核对校正、1名负责监督），反复校对、全程监督，确保录入数据与调查信息完全一致，全乡于2017年9月全面完成国办系统数据录入和贫困人口清洗工作。认真面对群众答疑释嫌。在动态管理期间，充分发挥群众的知情权、参与权和监督权，在乡、村两级分别设置举报箱和举报电话，接受群众举报、投诉，及时对每一个环节中收到的举报、情况反映等，交纪委、扶贫办、督察组等进行逐一登记、核实甄别，并将相关资料完善归档，确保工作公开、透明、公正的阳光运作。群众对落雁乡“一评一审一公示”“三评四定”工作满意率达到了98%。

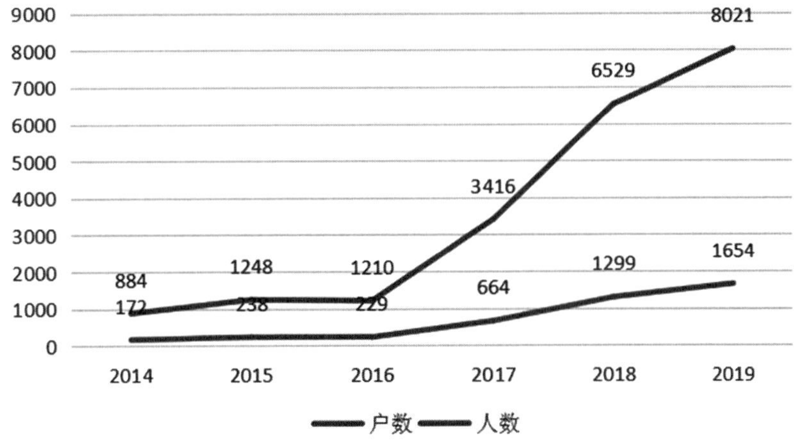

落雁乡历年累计脱贫户数和人数

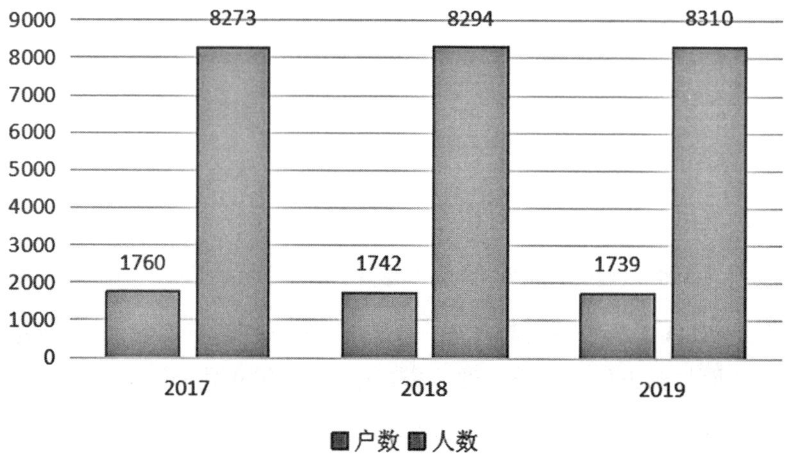

落雁乡 2017—2019 年贫困人口户数和人数

自 2017 年 9 月开展精准识别工作以来，落雁乡全面完成 5 村 1 社区、171 个村（居）民小组、6197 户 25717 人（其中系统标注贫困人口 1582 户 6711 人）入户走访工作，入户率达 100%。在 2016 年贫困人口 1582 户 6711 人的基础上，落雁乡通过“一评一审一公示”“三评四定”程序后，正常退出建档立卡贫困人口 281 户 1330 人，退出（剔除）识别不精准建档立卡贫困人口 54 户 194 人，新识别建档立卡贫困人口 81 户 391 人，2014—2016 年户脱贫返贫人口 11 户 56 人，原有建档立卡贫困户中漏统 933 人、错统 617 人。截至 2017 年 9 月，落雁乡国办系统贫困人口 1760 户 8273 人。其中脱贫户 427 户 2280 人，落雁乡现有贫困人口 1333 户 5993 人，贫困发生率由原来的 26.5% 下降为 23.32%。其中在住房保障方面，落雁乡有“四类”重点 D 级危房户 278 户（其中贫困户为 245 户），有意愿通过修缮加固的有 54 户（其中贫困户为 41 户），有意愿进行易地扶贫搬迁的有 96 户（其中贫困户为 92 户），有意愿拆除重建的有 128 户（建档立卡贫困户为 111 户），在兜底保障方面，落雁乡现有低保农户 1255 户 2355

人（其中建档立卡贫困户为 440 户 781 人）。通过此次“三评四定”工作核实，需兜底保障的有 92 户 193 人。在医疗保障方面：落雁乡有卫生院 1 个，有村卫生室 5 个，村门诊点 5 个，有医务人员 66 人，能满足全乡基本医疗保障。因病致贫的建档立卡贫困户为 184 户 807 人。就学保障方面：落雁乡有中学 1 所，小学 10 所，幼儿园 2 所（其中民办幼儿园 1 所），教师 214 名（其中初中教师 72 名，小学教师 136 名，幼儿园教师 6 名），全乡义务教育基本得到保障。目前，全乡义务教育阶段辍学学生为 47 人（其中建档立卡贫困户为 19 户）；因学致贫的建档立卡贫困户有 193 户 1049 人。

通过动态管理，截至 2019 年末，落雁乡共识别建档立卡贫困户 1739 户 8345 人，同时通过各项帮扶措施的实施，2014—2019 年累计脱贫 1654 户 8062 人，剩有未脱贫人口 85 户 283 人，贫困发生率为 1.06%，6 个贫困村实现全部出列。

“图难于其易，为大于其细。天下难事，必作于易；天下大事，必作于细。”落雁乡精准扶贫工作坚持对象精准，项目安排精准，资金使用精准，措施到户精准，因村派人精准，脱贫成效精准等“六个精准”。精准扶贫取得巨大成效，全乡已于 2020 年实现累计脱贫 1654 户 8062 人，剩有未脱贫人口 85 户 283 人，贫困发生率为 1.06%。在各级领导的亲切关怀和社会各界的大力支持下，落雁乡大地上唱响了一首首“精准扶贫”进行曲，展现出一幅幅“新农村、新产业，新发展”的美丽画卷。

（作者系落雁乡人民政府党政综合办公室工作人员）

修好民心路　架好民心桥

——盐津县交通设施建设纪实

李文勇

“雄关漫道真如铁，而今迈步从头越。”盐津，国家级贫困县，为加快推进交通基础设施建设，提升交通运输服务能力和服务水平，发挥交通在脱贫攻坚中的支撑作用和先导引领作用，全县广大党员干部和群众始终牢记习近平总书记的殷殷嘱托，以当仁不让、舍我其谁的责任担当，不获全胜、决不收兵的决然态度，把交通建设作为改善人民群众生产生活面貌的第一工程，实现了从高速公路“大动脉”到乡村路、村组路、产业路“毛细血管”的巨大变化，交出了一份亮丽的新时代盐津交通“答卷”，谱写了盐津交通建设的新篇章。

乘风踏浪，“破”路前行

盐津县位于云南省东北部，地处滇、川、黔、渝四省市腹心部位，是进川入滇的重要交通要道，素有“滇川门户”之称，境内重峦叠嶂、山势陡峭、沟壑纵横、地形地貌复杂，喀斯特地貌特征明显。多年来，受交通因素的制约，全县经济总量小、产业支撑弱、群众增收困难，交通也就成了全县经济社会发展的最大障碍。通畅的交通格局，是产业富民工业强县的前提，是项目带动的先导，是协调发展的引擎，是全面建成小康盐津的巨大支撑。盐津落后贫困的根源在交通，盐津崛起和腾飞的希望依托也在交通。

——援建高速路　为使盐津早日迈上经济发展的“快车道”，盐津县委、县政府按照省市相关工作的安排部署，积极做好在建串佛高速公路、水青高速公路的援建工作，成立了以县委副书记、县长郑磊为指挥长，相关分管副县长为副指挥长的援建指挥部。在项目建设、建设用工、征地拆迁以及水、电、路等方面提供最大援助。特别是 2020 年疫情期间，串佛高速公路、水青高速公路建设受到了严重的影响，援建指挥部按照县委、县政府的要求，及时制定了串佛高速公路、水青高速公路复工复产方案，及时消除了因疫情对串佛高速公路、水青高速公路建设带来的严重影响。2020 年 10 月 1 日，串佛高速公路建成实现通车，水青高速公路工程建设进展有序。其他公路援助方面，主动配合做好永筠高速公路、G247 盐津段、镇盐永铁路等前期工作。以水麻、串佛、水青高速为主骨架，普通国省道为基础，县、乡、村道路为支撑的公路网结构初具雏形，全县公路里程已达 5646.635 公里。

——建好乡村路　道路连着人心，道路通了，人心就通了。按照县委脱贫攻坚工作的总体部署，县交运局坚持以“精准扶贫、交通先行”为统揽，牢固树立交通工程就是第一民心工程的理念，充分发挥交通扶贫先行示范引领作用，以解决群众出行难为着力点，把建好乡村公路作为打赢脱贫攻坚战的先手棋和硬支撑，在“建”“管”“护”“营”四篇文章上下功夫，率先为农村住房、饮水、健康、教育、产业等行业扶贫提供了交通保障。“建”。认真对照贫困村退出标准和巩固要求，以群众反映特别强烈的“断头路、梗阻路、盲肠路”为重点，按照由点到面、轻重缓急的原则提质增效补齐短板，累计实施通乡油路及重要县乡道 62.9 公里，通建制村硬化道路 908 公里；完成生命安全防护工程（路网结构改造）计划 113 个，处置隐患里程 1576.9 公里，促增效补短板 91.062 公里；新建关河、白水江跨河大桥 12 座，改造完成大、中、小危桥及新建桥梁共计 34 座。圆满完成了交通扶贫达标任务，全县10个乡镇97个村（社区）实现行政村通硬化路100%全覆盖，为铺就全县脱贫致富康庄大道弥补了欠账、打好了基础。“管”。坚持“县道县管、乡道乡管、村道村管”的原则，研究制定《盐津县2019年农村公路管理年活动实施方案》，全面厘清部门、乡镇、村（社区）乡村公路管理权限和责任清单；全面推行“路长制”，以“路长制”实现“路常治”，将护林员、低保户、建档立卡贫困户等纳入公路管理队伍，构筑起了“县有路政员、乡有监管员、村有护路员”的公路管理网格；加强对乡村公路水沟、路肩、路面清扫，保持公路边沟通畅、路面干净、路容路貌整洁；联合公路路政、公安交警等部门，定期开展联合执法，强化农村道路交通安全隐患排查整治，严厉打击破坏、损坏、非法占用、非法利用乡村公路及其附属设施的违法行为，保障道路安全畅通。“护”。牢固树立“三分建、七分养”的公路养护意识，按照“节约高效、实事求是、保障水平”的原则，分年度制订道路养护计划，建立“分级负责、行业指导、部门协作、社会参与”的养护工作机制，对建成年限较早、易受水毁、山体滑坡等路段进行常态化养护，切实做到了“有路必养、养必到位”。“营”。围绕“人畅其行、货畅其流，客货联盟、交农携手、运邮结合”的总体思路，加快推进“路网、站网、车网”建设，完成乡镇客运站建设7个、客运招呼站47个，开通农村客运班线34条375辆，出租车100台，城乡客运通达率已达100%。实现城乡公交与农村客运无缝化衔接，极大地方便了群众安全便捷出行。

——打通村组路　以习近平总书记对“四好农村路”建设重要指示批示精神为引领，坚持把“四好农村路”建设作为增强群众获得感、幸福感，提升群众满意度的出发点和落脚点，以“四好农村路”建设，推动“村村通”向“户户通”延伸。根据省市“四好农村路”建设的相关要求，成功打造庙坝、牛寨两条试点公路，2018年和2019年全市“四好农村路”现场会连续两年在盐津召开；为加快“四好农村路”建设步伐，2019年5月27日召开全县交通扶贫暨“四好农村路”工作推进会议，下达了年内实施贫困村 50 户以上不搬迁，自然村通硬化公路 22.5 公里的硬任务；此外全县累计实施村组公路硬化 588.19 公里。

“晴通雨阻、人背马驮”是牛寨乡敦厚村以前的真实写照。现如今路通了、房子漂亮了、条件好了，群众迎着脱贫攻坚的春风，依托丰富的生态旅游资源，开起了“农家乐”，一些深山里的原生态农特产品均可线上线下在家销售，大多数建档立卡贫困户实现了一步脱贫、两步致富奔小康。

——修建产业路　庙坝镇红碧村东邻朝天马山，2006 年全村经济总收入 420.5 万元，农民人均纯收入 977 元，属于典型的贫困村。然而，在这样极为贫困的山区里，却有着 3.5 万亩的笋山资源因运输成本高而让许多竹笋收购商望而却步，山脚下的笋农为采购竹笋往往需要徒步 5 个小时以上。由于交通条件制约，3.5 万亩笋山资源因常年无人管护而被大量闲置，许多笋农不得不放弃了对竹笋的采购而外出务工。“农民要致富，修好公路种好竹”成了红碧村民的口头禅，村民对修好产业路的反映十分强烈。

随着脱贫攻坚工作的深入推进，红碧村的 3.5 万亩竹笋资源迎来了历史性发展机遇，在东西部资金支持下，县交运局帮助该村全面建成宽 1.5 米、总里程 11.5 公里的笋山营林生产管护道。产业路的建成投入使用，点燃了群众通过发展竹产业脱贫致富的希望，通过努力，红碧村完成新造竹林 4000 亩，低效笋用竹林改造 21380 亩，红碧村民几乎每家每户都种上了“摇钱竹”。2019 年，红碧村竹笋产量突破 3000 吨大关，经济收入达到 1860 万元，户均收入 3.1 万元。

“现在水泥路不但修到了家门口，而且还修到了笋山里，方便多了，笋子可以用三轮车、摩托车运出来了，不像以前只能一步一步地背出来，运输成本也比以前低多了。”红碧村村民王自华介绍道。

红碧村村民王术清也说道：“通过低效林改造，我家的笋山今年打的笋子比去年多了好多，收入也增加了。”

的确，产业路不只是民心路，同时也是打开群众增收致富的“金钥匙”，更是提升群众满意度的制胜法宝。

开启新章程，展望新未来

立足新起点，放眼新时代。“十四五”时期是我国由全面建成小康社会向基本实现社会主义现代化迈进的关键时期，也是盐津县建设高效、畅达交通体系的重要时期。我们将立足“十三五”交通发展实际，着眼长远，以实现交通运输服务基本公共服务均等化为目标，建好大通道、优化基础网，加快推进全县综合交通运输体系建设。

建好大通道。抢抓当前综合交通建设的机遇期和“窗口期”，全力做好渝昆高铁建设服务工作，以打造高铁美食小镇为抓手，高起点高标准规划建设盐津高铁站及配套设施；主动配合做好永筠高速公路、G247盐津段、镇盐永铁路等交通骨干项目前期工作；持续加大水青高速公路援建力度，力保早日实现项目建成通车。

优化基础网。全面落实“拓宽主干路、打通断头路、配套产业路”建设思路，加快推进老县城至水田新区公路、豆沙至水田公路等主干公路项目建设，启动农村公路危隧改造、“9·30”水毁交通基础设施恢复重建和水田新区客运站等项目建设，扎实做好“一事一议”村组路及产业路硬化，持续抓好“四好农村路”和“美丽公路”建设，努力构建外联内畅的交通体系。

（作者系盐津县交通运输局办公室工作人员）

农网升级改造　助力脱贫攻坚

——盐津县电力设施建设纪实

胡大斌

我们不受人注意，默默无闻；我们不畏严寒、酷热，攀上高耸的铁塔，钉在铁塔的某部位；我们是电力工人，平凡得像一颗颗螺丝钉；我们的平凡无声，却是点燃万家灯火的标兵。

这是我对盐津供电局电力人的诠释，他们为乡村发展送去“致富电”，点亮了广大群众的“幸福路”。他们的默默付出却是一路坎坷，在脱贫攻坚期间发生着多彩多样的扶贫小故事。

2015 年 11 月 27 日，习近平总书记在中央扶贫开发工作会议上发表重要讲话，全国脱贫攻坚战拉开帷幕。2016 年，中国南方电网公司积极响应党中央号召，制定《中国南方电网有限责任公司关于全力做好电力行业扶贫工作的通知》，电力行业扶贫工作正式进入快车道。在盐津一些贫困落后的乡村，存在电力基础设施配备不全、设施老旧、功能用电不稳定，功率小无法正常使用等情况，给村民的日常生活带来不便，成为脱贫攻坚路上必啃的“硬骨头”。

在精准扶贫政策的号召下，盐津供电局作为国有企业，必须自觉担起自身的社会责任，助力脱贫攻坚战。盐津供电局严格按照以打赢脱贫攻坚战的重要部署为总目标，在盐津县委、县政府和昭通供电局的领导下，不断优化盐津县电力网络结构，着力解决自然村通动力电、易地扶贫安置点用电、低电压等供电质量问题，全面提升盐津县的供电质量和供电可靠性，全力做好服务地方经济社会发展的电网建设“先行官”，为盐津县脱贫攻坚提供坚强的电力保障。

2015年，盐津供电局积极响应精准扶贫行业扶贫的首战，积极开展全县贫困村用电排查工作。为加快工作进度，把各个贫困村台区的排查工作落实到每一位基层一线员工，发动所有人员和力量，把各贫困村台区存在的所有问题排查出来，并以照片为佐证，把问题汇总起来，为贫困村电网改造工作做好准备。盐津供电局根据工作人员到现场勘查后的摸排情况和积极收集的用户诉求问题，决定率先解决尖端问题多的电力设施片区，投资1856.03万元建设2个批次电网项目，新建10千伏线路25.59公里，安装柱上断路器5台，配变安装33台，低压线路67.8公里，涉及6个乡镇、3个社区、16个村，不通动力电、用户低电压重过载、供电可靠性低、安全隐患和中压网架结构故障多等问题得到了有效落实。

面对全县复杂的山区地形及恶劣的环境，前方荆棘丛生，许多道路都是通而不畅，所有设施材料都只能靠肩挑、背扛，时值烈日炎炎的夏季，他们毅然顶着高温奋战在滚烫的热浪中，一路披荆斩棘，钢铁般的身躯，用一双双铁手运输着设备前进，只为确保线路建设尽快投入运行。穿着密不通风的电工服的高空作业人员，即使挥汗如雨，也依然坚守岗位，承受高温的“烤”验，为电力用户铸就了一把牢固的“遮阳伞”。他们与时间赛跑，迎难而上，攻下一个又一个的山头，竖起了一根又一根的电杆。

“小何，下雨了，山路滑，走慢些！”“好嘞，师傅！”小何刚爽快地回答完，却因下坡跑得太快，不慎扑撞在前面的老周身上，两人一道滚入了黄泥浆中，老刘急得喊道：“你俩没事吧？”小何与老周趴在地上，相互望着对方沾满黄泥的脸，露出洁白的牙齿相视一笑，回答道：“没事。”

随着大功率家用电器、农业机器的普及和产业发展，农村用电需求也进一步增加，部分农村电网已不能完全满足农民群众大功率用电和高质量用电需求，农网电网升级改造任务依然艰巨。

为了解决农村用电质量不高的难题，盐津县供电局积极争取上级支持，同时加大自由资金整合，积极实施农网升级改造。2020 年共投资 937.02 万元实施农网改造升级项目 2 个，单项个数 22 个，子项个数 22 个，新建改造 10 千伏线 24.219 公里，变台改造 21 台，400V 及以下线路 8.052 公里，解决 20 户报装用户，使山村贫困群众用电质量大大提高，群众不再为用电问题焦心。

"农网改造升级后，对于一直生活在村里的我们来说，打开电视随时都能了解到外面的世界，冬天取暖也不仅仅依靠柴火了。我办起了竹鼠养殖合作社，产业发展用电也能供得上，生产生活条件越来越好，干啥都方便。" 2017 年 3 月 18 日，花包村村民笑着说。

农网改造以前，应急灯和蜡烛是各家各户的必备品，衣食住行离不开电，但安全而又稳定的供用电却成为奢望。"村里用电不稳定，大功率电器带不起来，用电质量达不到要求，天天盼着进行改造。" 2017 年 9 月 26 日，兴隆村村民说道。

"以前电力不稳的时候，经常炒菜炒到一半没电了，饭也煮不熟，还不能与其他电器一起运行。现在好了，放心用电，我准备装修好房子再添置一批家用电器。" 2018 年 11 月 18 日，箐坝村村民李先生笑着说道。

脱贫攻坚五年来，盐津供电局全力以赴推进电力扶贫走深走实，共投入电力行业扶贫资金 4.873 亿元，实施农网改造升级项目 283 个，新建改造 10 千伏线路 483.76 公里，低压线路 1894.51 公里，改造升级 1352 个配电变压器台区，安装变压器 1186 台，完成易地搬迁配套电网项目 38 个，惠及搬迁户数 0.71 万户 3.1 万人；完成县级供电企业低电压治理项目 190 个。全面提升了贫困地区供电能力和用电质量，加强贫困地区电网建设及改造提升供电质量，实现了行政村、自然村通电率 100%，户通电率 100%，解决了全县 39.2 万余人的用电问题。通过实施农网改造升级，着力补齐农村电网设施的短板、弱项，重点解决了一批农村电网供电"卡脖子"、低电压等存量问题，城乡各类用电"同网同价"，农村电价大幅度降低，老百姓负担大幅度减轻。电网建设已达到国家新一轮农网改造要求——农村电网“两率一户”指标，农村供电可靠率97.67%、综合电压合格率99.05%，城市居民端电压合格率98.68%，农村居民端电压合格率97.68%。

在盐津这片热土上，电力人用钢铁般的脊梁和坚韧不拔的意志，用自己赤诚的心、粗壮的双手，为保质用电奉献了心血和汗水量，谱写了一曲曲时代赞歌，践行了“人民电业为人民”的企业宗旨；以勇于变革、乐于奉献的企业精神，打造了南方电网的品牌形象。

（作者系盐津供电局党建人事部工作人员）

尽锐出战齐攻坚　水润民生幸福来

——盐津县农村饮水安全工程建设纪实

付宗敏

从地里劳作了一天回到家中的柿子镇太平村村民杜清强，汗流浃背、气喘吁吁，他拧开水龙头，一股清澈的自来水哗哗流淌，“自从村里实施农村饮水工程后，我们再也不用为吃水发愁了，你看这个水，跟山泉水一样好，可以直接吃，干活热了吃上一口，安逸得很！”杜清强的欣喜之情溢于言表。在项目实施以前，杜清强居住的太平村杨柳凼村民小组方圆几公里都没有水源，22 户 108 名群众饮水十分困难，他家及周围邻居 10 户 62 人饮水就靠旁边的小水沟维持，雨水季节时，虽然水有点混浊，但毕竟还有的吃，可一到冬春季节，小水沟也断流了，村民就开始为水发愁，四处找水、挑水、背水，生产生活极其不方便，太平村村民对解决安全饮水的需求迫在眉睫。

用心用脑，精准施策惠民生

饮水难，用水难，不只是太平村面临的难题。在盐津，不少贫困村普遍存在无标准的安全卫生饮水工程、水源不足等问题，即使有工程也是年久失修，水源淤积、管网漏损严重，不仅水质差，还经常处于缺水状态。保障农村饮水安全，既是重要的民生工程，也是重大的政治任务。盐津县委、县政府高度重视农村饮水安全精准脱贫工作，严格按照云南省脱贫攻坚农村饮水安全评价细则的标准，着力破解以农村饮水安全为主的水利发展瓶颈，以实现有稳定水源、水处理设施、供水管网到户为目标，扎实开展农村饮水安全脱贫攻坚工作。县水务局始终把解决农村饮水安全问题作为水利扶贫的头等大事，局长李显军亲自挂帅，多次对饮水安全的总体谋划、力量摆布和进度时序作出针对性的安排。针对历次巡视、巡察、督查、考核及市督导员反馈等饮水安全问题，制定《盐津县水利扶贫“补短板”工程实施方案》《盐津县脱贫摘帽“百日攻坚大会战”饮水安全工作方案》等实施方案，建立饮水安全问题台账，拟定到户整改措施，确保饮水安全不漏一户、不落一人。

用情用力，克服困难解民忧

柿子镇太平村是饮水工程贫困村之一，该村最大的困难就是无水源。为了寻找水源，县水务局局长李显军带领技术骨干走遍当地山山水水，跨越柿子、中坪、三河、水银村，终于找到可用水源。主管全长 12.261 公里，这是盐津县“十一五”以来实施农村饮水安全工程规模最大、投资最多、难度最大、距离最远的单项工程，是典型的“跨境”调水工程，县水务局投入的人力、财力、物力史无前例。由于跨越的四个村涉及的非受益户较多，在施工中占用了他们的土地，部分群众不理解、不支持，阻工现象经常发生，县水务局、柿子镇人民政府会同各村安排专人多次到阻工农户家中做工作，耐心协调、细致沟通、宣讲政策，直到做通群众工作。部分施工路段属悬崖峭壁，连人都无法通行，但却是主管安装的必经之路。面对困难，水务局技术人员和施工单位沿管线逐段研究施工方案，制定安全措施，一点一段在悬崖峭壁上安装管道，他们几经周折、拼尽全力，完成了有史以来最艰难的施工路段。历经 4 个月的攻坚战斗，终于完成建设任务，比原定工期整整提前 2 个月。

该饮水工程的实施，建成取水枢纽 8 座，新建调节池 15 口，新建沉沙过滤池 3 口，维修 300 立方米调节池 1 口，维修 100 立方米调节池 3 口，配套供水管网 84.0075 公里。其中，输水管 34.4875 公里，配水管及入户管 49.52 公里，共投入资金 326.74 万元。工程投入运行后，彻底解决了太平村长期困扰群众的“吃水难”问题。有了充足的水源和水池，不仅解决了当地群众生活用水，还激发了群众发展种植业的信心和决心。2019 年，仅太平村杨柳凼村民小组便发展了 8 户柑橘大户，群众增收效益更加明显。

这只是脱贫攻坚期间盐津县实施水利精准扶贫、群众得实惠的一个缩影。2016 年以来，盐津县农村饮水安全巩固提升工程共投入资金 9699.22 万元，18.97 万人饮水安全得到巩固提升，其中建档立卡贫困人口 4.09 万人。建成集中式供水工程 711 处、分散式供水工程 921 处，集中供水率达 95%，自来水普及率 95%，实现了饮水安全全覆盖。在解决群众吃水困难的同时，县水务局还担负着提升群众饮水质量的使命，对水质不合格的水源点采取增加消毒处理设施、重新寻找合格水源等措施，目前全县已安装消毒设备 117 套，全县水质合格率达 86.38%，高于全国、全省平均合格率，实现了农村饮水水质全面达标。

用智用功，强化管理暖民心

“三分建七分管”，盐津县制定出台了《盐津县农村饮水安全工程运行管理办法》，明确了农村集中供水工程“三个责任”和“三个制度”。强势推进水表安装，明确除单家独户自行取水或“一户一水窖”不安装水表外，其余所有农村用水户实现水表安装全覆盖。按照一件工程组建一个用水管理小组的要求，全面落实饮水工作管护责任。以水费收取为重要抓手，建立健全工作激励和考核机制，增强用水户的水商品意识，逐步形成“以水养水”“节约用水”的良性管理模式，让饮水工程持续发挥效益，进一步巩固农村饮水安全脱贫成效，让饮水工程实实在在温暖民心。

五年来，盐津通过实施饮水安全工程建设，瞄准对象，精准发力，立足于补短板、破瓶颈、增后劲、促发展，着力解决农村群众饮水安全问题，千方百计察民情、惠民生、解民忧，通过全体水务人的共同努力，全县农村群众喝上了安全放心水，为群众脱贫增收奠定了坚实基础。

（作者系盐津县水务局办公室工作人员）

让党和政府的声音传遍千家万户

——盐津县广播电视“村村通”发展纪实

吴四昊

盐津是一个典型的农业大县、劳务输出大县，也是国家级扶贫开发重点县。全县有人口近40万人，其中农村人口33.5万人。地处偏远，山高路遥，限制了全县广播电视建设，阻挡了农村群众了解外界信息的脚步。特别是部分边远山区村民组，由于受地形和财力的限制，既看不到无线电视节目，又无力开通有线电视，群众渴望看上电视的需求相当迫切。通广播电视信号，成为全县农村群众的热切呼唤。

盐津县委、县政府始终把广播电视“村村通”建设工程作为德政工程、民心工程来抓，按照“巩固成果、扩大范围、提高质量、改善服务”的总体要求，完善农村广播电视基础设施建设，大力提高无线覆盖水平，逐步消除收听收看“盲区”，增加收听收看节目套数，丰富农村节目内容，建立健全“村村通”工作的长效机制，构建农村广播电视公共服务体系。辛勤的汗水，浇灌出丰硕的成果。到2020年，全面实现全县1573个20户以下已通电自然村和302个20户以上自然村通广播电视的目标。使全县广播电视综合覆盖率从“十五”末期的92%上升到99.9%。

科学谋划，分批推进广播电视“村村通”建设

盐津县广播电视“村村通”建设分为四个阶段进行。

第一个阶段（2009 年）：全县第一批广播电视“村村通”工程建设任务涉及 10 个乡镇 87 个行政村，1035 个自然村（村民小组）。工程于 2009 年 2 月启动，到 6 月 20 日全面结束，覆盖农户 14231 户，为“十一五”计划建设自然村任务数的 100%，农户数的 36%（计划建设农户数为 39528 户）。工程建设以县、乡（镇）、村为单位组织实施，以乡（镇）为单位集中整片推进，确保安排一个完成一个。

第二个阶段（2010 年）：完成了 15087 户建设任务，工程涉及全县 10 个乡镇，2384 个自然村（村民小组），覆盖农户 15087 户。

第三个阶段（2013 年）：完成了 16046 套补点更新建设任务。工程建设从 2013 年 4 月启动，至 7 月 20 日全面完成安装调试。

第四个阶段（2017 年）：完成了 15735 套补点更新建设任务。工程建设从 2017 年 3 月启动，至 12 月 20 日全面完成安装调试。

提质提标，有序推进广播电视无线覆盖建设

盐津县农村中央广播电视无线覆盖项目于 2007 年 5 月正式开工建设，历时 8 个月，于 2008 年 2 月中旬全面完成，2 月下旬完成机站检查验收和安装、调试。

随后又于 2010 年、2012 年、2015 年新建了普洱、中和、豆沙、柿子、牛寨、兴隆、滩头、庙坝、落雁 9 个乡镇无线发射台站。至此，全县所有乡镇都建成了广播电视无线发射台，并实现数字电视无线发射，更好地确保了全县广大人民群众免费收听收看广播电视节目。

玉汝于成，广播电视“村村通”工程建设赢得群众认可

盐津广播电视“村村通”建设，通过与各级各部门之间的密切协作和广播电视局干部职工的扎实工作，圆满完成了安装调试任务。通过上级考核验收，综合评价为优秀等次，群众满意度为99.9%，实现了政府放心、群众满意、质量优良的目标。

“村村通”项目建成后，群众通过直播卫星收听收看的广播电视节目套数多了，图像质量好、信息量大，售后服务有保障，受到了农村群众的普遍欢迎，满足了群众通过广播电视了解外界的热切期盼。普洱镇串丝村大岩苗族群众感慨地说：“我们祖祖辈辈住在大山里，一直期盼有一天能看上电视，今天梦想终于实现了！我们这里手机信号差，打个电话都要在坝子外面的树上挂着才有点信号，不可能像他们城里人那样安装网络机顶盒，这个‘小天锅’让我们看得到好多电视节目，一点都不花，还是免费的，实在太安逸了！多亏了政府关心哦！”

脱贫攻坚以来，县委、县政府还积极向上级争取，共获得了中央宣传部、中央文明办、国家新闻出版广电总局免费赠送电视机4218台，极大改善了贫困群众收看电视节目的困难，中和镇赵溪村贫困户吴启周是第一批“爱心电视”受赠者之一。说起当时的情景，他至今记忆犹新，并激动地说：“穷了一辈子，没想到，房子政府给我修好了，还送彩电给我，让我们农村人开了眼界，增长了见识，也让我的晚年生活更加丰富多彩啦。”

盐津广播电视事业成绩斐然，但盐津广电人不会止步不前，中央应急广播体系建设的号角已经吹响，相信在不久的将来，也会为党和人民交上一份满意的答卷，为推进盐津县域现代化治理作出应有贡献。

（作者系中共盐津县委宣传部广播电视管理股工作人员）

就业扶贫让群众钱袋子鼓起来

——盐津县就业扶贫纪实

吕 军

盐津县坚持把劳动力转移就业作为增加群众收入的重要手段，全县农村群众的务工收入占总收入的70%。通过有序化、社会化管理，彻底转变以前群众自发、无序、没有保障的外出务工，呈现出了有计划、有层次、有保障、有成效转移就业的喜人局面。

同时，根据农村劳动力就业意愿，通过政府、学校、企业多方合作，积极整合资源，开展定向培训、专项培训、职业培训、转移输出等培训，着力解决贫困劳动力因缺技术或技能水平不高而难以稳定就业的问题，确保实现“就业一人，脱贫一户”。

建平台，稳定就业

不断创新工作方法，积极搭建就业服务平台，深层次、多角度为贫困劳动力提供更多、更好、更适宜的就业岗位。

——搭建就业服务对接平台。成立就业创业服务站111个，聘用就业扶贫信息员124人，依托嘉兴云南商会，在昆流动党工委，东西协作在嘉兴、昆明、中山设立驻外劳务输出服务站 3 个，定期发布岗位信息，开展送岗入户服务 24.324 万个，举办招聘会 90 余场次。2016 年以来，全县累计转移就业 56 万人次。

——开发公益公服岗位兜底安置。整合财政资金，开发美丽乡村环境维护、河道巡管、山林管护、公路养护等乡村公共服务岗位，对大龄、残疾、劳动能力低下等极难转移的建档立卡贫困人口进行帮扶就业；集体公司生产性岗位解决用工 30000 余人次。

——全方位挖掘县内用工需求，鼓励县内重点工程、民营企业最大限度招用本地劳动力，特别是贫困劳动力就近就业。

——组建乡村劳务队就业一批。积极引导各种原因留在乡村的贫困劳动力抱团发展，动员致富带头人、乡土技能人才等带头组建贫困劳动力劳务队，在“五网”建设、美丽乡村、扶贫工程等项目施工中给予倾斜照顾，使一批因“照顾老人、教育小孩、家有重症病人”等原因无法外出的建档立卡劳动力实现转移就业。2018 年以来，村集体公司通过组建劳务队解决就业 1800 人，其中贫困劳动力 800 人。

——开发扶贫车间提供就近就业岗位。2019 年以来，依托县内农产品加工企业、规模化种养殖等产业，认定扶贫车间 16 个，累计吸纳劳动力就业 386 人。其中，建档立卡贫困劳动力 179 人；针对照顾家庭无法外出务工的，县委、县政府千方百计引进企业建设扶贫车间，凤竹制衣、滇粤手工竹编等 4 家企业在安置点建扶贫车间，全面投产后，提供就业岗位 200 多个。

——抓培训提升就业技能水平。全县以市场需求和实现就业为导向，以技能培训、农村实用技术培训等项目为载体，整合扶贫项目、东西部协作等专项资金，以转移就业为核心，实施分类培训。一是大力开展订单培训。积极对接县内外用工企业 30 余家，根据岗位需求和建档立卡贫困劳动力就业意愿开展订单、定岗、定向培训。二是紧扣产业实施培训。围绕产业发展，因地制宜开展农村实用技术培训和引导性培训，增强建档立卡贫困劳动力适应产业发展的能力。三是全面开展务工引导培训。按照“东西部协作为主，全方位输出相结合”的原则，县人社局、县团委、县妇联等单位联合，充分利用乡镇务工宣讲团、村级劳务服务工作站，深入村（社区）巡回宣讲，大力宣传优秀务工人员的务工经历故事以及务工维权等法律法规相关知识，引导在家劳动力有序转移输出。培训以建档立卡贫困劳动力、易地扶贫搬迁劳动力、农村“两后生”等为重点，辐射全县非卡劳动力，紧紧盯住“让有条件、有意愿的建档立卡劳动力实现 100% 参加培训”。2016 年以来，共计开展各类培训 20863 人次，其中建档立卡贫困劳动力累计 13563 人。

强管理，优化服务保障

——摸清底数，抓好宣传发动。县、乡、村三级对全县农村户籍人口进行全面摸底排查，逐户调查登记，实现了农村劳动力基本信息、参加培训情况、转移就业状态、务工收入、就业创业意愿等方面的动态监测。采取宣传发动、搭建平台、政策引领等措施，提高有组织转移输出程度，大力推动贫困群众有序转移就业、增收脱贫。通过电子横屏、出租车顶灯、张贴横幅标语，召开县、乡、村三级现场招聘会、务工座谈会、印制发放宣传推介手册、进村入户走访等方式进行地毯式无死角宣传，大力宣传就业扶贫政策措施和就业创业脱贫致富的先进人物、典型事例，消除“不想去”的思想和“不敢去”的顾虑，激发贫困劳动力内生动力。鼓励贫困劳动力，在其他务工人员亲缘、地缘关系带动下，主动外出务工，通过县场配置因素输出，变“要我脱贫”为“我要脱贫”。

——实行劳动力一月一报备。为精准摸清劳动力资源和转移就业情况，及时提供就业岗位和管理服务，为今后劳动力的社会化管理奠定基础，建立了农村劳动力务工报备制度，重点围绕务工地点、从事工种、务工时间等内容，以村民小组为单位，实行村民小组长对农村劳动力一月一报备。

——出台系列奖补政策。为鼓励贫困劳动力外出就业，提高组织化程度，盐津县出台了一系列劳务输出补贴政策。2018—2019年，整合东西部对口帮扶资金和中山市稳岗补助资金，制定激励政策，促进建档立卡劳动力外出务工，贫困劳动力到中山、东莞务工的给予稳岗补贴，对外出务工稳定就业6个月以上的贫困劳动力给予2000—3600元的稳岗补贴，最大限度激励、帮助建档立卡劳动力稳定转移就业。“交通费补助”：对自行乘坐交通工具到广东省内稳定务工满3个月及以上的贫困劳动力，给予每人一次性500元的交通补助。2020年，突如其来的新冠肺炎疫情影响农村劳动力外出就业，为帮助贫困劳动力缓解外出就业的经济压力，制定“外出务工奖补”政策：对外出务工且稳定就业满3个月及以上的贫困劳动力给予奖补，按照省外每人每年一次性奖补1000元，县外省内每人每年一次性奖补500元。“稳岗补贴”：对新增转移到广东省内稳定就业满3个月及以上且月工资达3000元及以上的贫困劳动力，给予一次性稳岗补贴3000元。“交通费补助”：对自行乘坐交通工具到广东省内稳定务工满3个月及以上的贫困劳动力，给予每人一次性500元的交通补助。

——落实援企稳岗政策。疫情期间，通过采取“点对点”宣传服务，部门间“左右”协同，突出稳岗政策免、减、延、返、退、补，送出降本、减负、援企、稳岗“大礼包”。已为企业减免养老保险460万元、退费61万元、延缴51.12万元，工伤保险免征42.13万元、退费3.03万元。延缴失业保险0.39万元、减免21.13万元、退费2.13万元、稳岗返还63.14万元。

——建立东西劳务协作机制。加大同中山、东莞企业劳务对接力度，两地互建劳务工作站，实现定人、定岗、定向输出，打造稳定、集中的劳务输出基地。按照“盐津所需、中山所能、协作共赢”的原则，全县15个村建立劳务服务工作站，对接岗位信息和组织输送工作。协同开展对口转移输出到东莞、中山乃至全国各地的优质企业。在中山设立劳务工作站，派驻2名专（兼）职人员负责务工人员接收、企业对接、劳动维权、心理疏导等服务工作；今年在浙江省建立驻外工作站 1 个，派驻 1 名工作人员常驻浙江开展工作，覆盖长三角，开展就业服务工作。同时，干部全过程陪同到输出地开展安置和稳岗工作。

——建立完善后续跟踪服务机制。为确保贫困群众“输得出、稳得住、能增收、促脱贫”，注重加强务工后续跟踪服务。一是强化服务务工人员。加强与输入地人社部门及劳务公司、用工企业的沟通协调，定期组织力量对务工人员进行走访慰问，灵活开展交心谈心、老乡会等活动，及时帮助解决工作生活中遇到的困难，切实帮助维护合法权益，不断提升外出务工群体转移就业的稳定性。二是强化服务留守群体。发挥基层党组织、工会、共青团、妇联等作用，做好“关爱留守人员”工作，采取邻里结对、志愿帮扶、亲情连线等方式，帮助外出务工人员家庭解决农忙缺工、突发事件应急等困难，解决外出务工人员后顾之忧。充分发挥乡村教师、留守妇女等群体作用，探索留守儿童“代理家长”模式，提供成长引领、学习引路、心理疏导等服务，引导孩子健康成长，让留守儿童有关爱、有温暖，让务工人员放心工作、安心就业。

（作者系盐津县人社局办公室工作人员）

大众创业　万众创新

——盐津县创业扶贫纪实

彭大军

盐津全力贯彻《关于推动创新创业高质量发展打造“双创”升级版的意见》等国家方针政策，结合实际创新发展创业扶贫蓝图，引导全县人民、返盐人士等积极参加融入创业的浪潮中。

探索联结模式，强化政策覆盖，根植盐津创业扶贫土壤

2014 年以来，盐津县先后推出农民专业合作社、“公司 + 支部 + 农户”模式、“企业 + 合作社 + 农户”的带贫益贫利益联结机制、积极探索“贫困户贷款 + 带资入股 + 利息分红”等运作模式；促成全县农业产业龙头企业 28 家，其中省级龙头企业 1 家，市级龙头企业 10 家。从事竹产业经营的龙头企业有 6 家，乌骨鸡企业 3 家。有贫困户加入的农民专业合作社 110 个，合作社社员 5489 户，占总贫困户数量的 22.6%。在 2019 年持续强化政策覆盖，坚持村集体经济带动与个人创收相结合，不断加大保障力度和范围，巩固群众收入和拓宽收入渠道。结合各村特点，因地制宜，以大米、花生、

乌鸡、猕猴桃等特色农业产业为抓手，促进集体经济全面发展，壮大集体经济；持续强化村集体经济利益联结，积极鼓励群众参与，带动贫困群众增收。2019 年，全县 94 个村（社区）集体组织全部实现创收，村均收入达 5.68 万元，43 个村（社区）超过 5 万元。制定出台《盐津县脱贫攻坚劳动就业全覆盖实施方案》和《盐津县扶贫小额信贷及贴息工作实施方案》、公示公告《盐津县就业扶贫政策指南》等一系列管理机制，以制度保障创业扶贫工作；利用扶贫干部走访入户等契机广泛宣传信贷政策，鼓励群众，特别是贫困户积极参与信贷，促进群众创业创收。五年来，全县累计注入扶贫小额信贷风险补偿金 4284 万元，放贷 3.64 亿元，贴息资金 3097.21 万元，覆盖建档立卡贫困户 7591 户。

激活“凤还巢”经济，鼓励返盐人士创业哺家乡

2016 年，盐津制定印发《盐津县“凤还巢”扶贫工程实施方案》全力打造“凤还巢”扶贫工程，并紧密推进返乡宣传、在外盐津籍成功人士摸底调查、系列招聘、创业培训、创业帮扶等相关工作，极大地鼓舞了在外盐津人士返乡创业，带动群众脱贫。通过一系列的努力，在 2016 年就取得可观的效果，“凤还巢”工程成功人士创业就发展至 99 家，至 2018 年引凤还巢，社会扶贫局面初步形成，“盐津凤还巢微信交流群”的建立，为他们解答政策、提出建议等服务工作，提高他们回乡创业和帮扶家乡的意愿。至 2020 年 9 月，“凤还巢”扶贫工程共引导了 185 名盐津籍在外成功人士返乡创办企业、合作社 120 个，回引投资共计 15413.4 万元，结对帮扶贫困户 2201 户，通过创业带动本地就业 6966 人、外出务工 816 人。

筑造创业基地，托起易迁群众致富梦

2019 年 3 月 31 日，盐津县水田新区易地扶贫搬迁安置点举行“乡愁一条街”铺面抽取仪式，将 44 个商铺以最优惠的条件提供给易迁群众，助力自主创业，走向致富路。在“乡愁一条街”铺面抽取活动中，共有 794 户易迁群众参加，现场抽取 44 个铺面，每个铺面以每月每平方米 7.5 元的最优惠价格出租给群众自主经营，鼓励易地搬迁安置点群众自主创业、稳定收入。

为扎实做好易地扶贫搬迁“后半篇文章”，强化党建引领作用，切实提升产业扶贫、就业扶贫和易地扶贫搬迁“三个组织化”水平，探索“4+2”社会治理模式，确保基础设施更完善、管理措施更规范、后续扶持更有效，实现易地扶贫搬迁群众“搬得出、稳得住、逐步能致富”目标。通过新建“乡愁一条街”“饮食一条街”两个创业基地，扶持引导有创业意愿的群众自主创业；按照“一人一策”的原则，通过培训引导，已有 82 名易迁群众通过农贸市场的铺面、摊位成功创业，新建的“乡愁一条街”“饮食一条街”两个创业基地共提供的 52 间创业铺面已投入运营，易迁点商铺解决就业 35 人。

加强东西协作创业指导，筑牢创业扶贫根基

根据《盐津县人民政府办公室关于印发〈盐津县 2020 年培训转移实施方案〉的通知》要求，结合团中央“青创 10 万 +”工作各项具体目标任务，按照云南省扶助 10 万名有志青年扎根深度贫困地区创业决胜收官工作指引，深入贯彻落实中央和省、市、县就业扶贫政策，扎实推进全县就业扶贫和东西部劳务协作工作，充分发挥培训转移就业工作在脱贫成果巩固提升、乡村振兴中的重要作用。

接续乡村振兴，持续发力创业扶贫

盐津县将接续乡村振兴，巩固发展创业扶贫成果。一是搭建新型模式。因地制宜推进“一乡一特、一村一品”，合理布局规划，按照“无规模不投入、无组织化不投入”的要求，探索松散型合作社管理模式，先行实现产业管理的组织化。全面注销取缔原有的不符合公司法规定的村集体经济公司，由村级产业专干负责，认真落实“双绑”要求，坚持走新型农业经营主体带动群众增收致富利益联结的路子，组建以专业合作社为主的村集体经济合作组织。二是注入金融产品。积极引导村干部和群众利用小额信贷、“养牛贷”“养牛险”和“养鸡贷”“养鸡险”等金融产品参与产业发展。

2020 年 5 月，盐津县 2020 年东西部扶贫协作青年创业致富带头人培训在水田新区开班，团县委书记李永凡、水田新区建管委招商发展办主任谭娟等 4 位同志及 50 余名参训学员参加了开班仪式。培训内容包括创业基本概念、如何面临创业挑战、增强创业能力、记账及电商直播带货等方面。此次创业培训，使大家的创业能力、技能水平得以提升，脱贫成效进一步巩固。

（作者系盐津县扶贫办社会扶贫股工作人员）

公益公服岗位　燃起生活希望

——落雁乡公益公服岗位就业纪实

马　香

在农村贫困劳动力就业帮扶中，公益性岗位发挥了“兜底线、救急难”的作用，促进了“有劳动力、无法外出、无业可扶”的建档立卡劳动力就近就地就业，实现了“就业一人，脱贫一户”目标。

就地就业，贫困群众不再背井离乡

放在以前，家住落雁乡龙塘村的罗云飞总是会在出门打工和照顾家庭之间犹豫徘徊：“出去吧，两个女儿年纪还小，没人照顾；不出去吧，一家人又都跟着受穷！”罗云飞的矛盾心理代表了一部分类似家庭的想法：一方面，他们并非不想脱贫，只是因为种种原因，并不能完全放开手脚去往外地打工；另一方面，落雁的经济实力毕竟落后，家门口并没有多少有实力的企业可以实现全员就业。现如今，伴随着公益公服岗政策的深入实施，上述矛盾情形正在得到缓解。在乡村干部向罗云飞宣传公益公服岗政策后他于2019年5月申请了公益性岗位，每个月有500块钱的补助，家中老人过世后，没有了医疗支出，公益性岗位的补助解决了他家的困难。国家政策越来越好，干部的关心和照顾激起了罗云飞的发展动力，在周围打起了零工，原本过得拮据的生活总算有了起色，他的脸上洋溢着喜悦！

通过构建农村劳动力转移就业网格化体系，实现劳务输出网格化管理，零就业家庭动态清零，实现了有劳动力家庭户均 1 人以上就业。目前落雁乡开发保洁、道路养护、河道管理等公益性岗位 113 个，帮助 113 户 113 人实现了稳定就业。

稳步推进，就业一人，脱贫一户

在县人社局的指导下，落雁乡根据自身实际科学开发扶贫公益岗，安排符合条件、有劳动能力的贫困劳动力就业。程序上由各村级指挥部筛选本村贫困人员资料，对初步人选进行公示，公示后将人员名单、基本资料上报。乡政府严格按照入岗条件审核人员年龄、工作能力、是否贫困人员等信息，拟定入岗人员。严格核实认定安置人员身份，确保依法依规安置符合条件人员，强化相关补贴资金监管。力争有劳动能力且符合条件的建档立卡劳动力，每户至少 1 人稳定就业，实现“就业一人，脱贫一户”的目标。同时，及时纠正查处安置不符合条件人员、优亲厚友、轮流坐庄、资金补贴一发了之、变相发钱等违法违规行为，坚决避免一村多岗、一人多岗等现象。

杨帮琴是盐津县落雁乡落雁村贾家坪农户，易地搬迁至落雁乡及第社区桦槁坪安置点。于 2013 年识别为建档立卡贫困户，主要收入是其丈夫贾书伟务工工资性收入和生产经营性收入，2019 年 5 月，贾书伟意外死亡，家中只剩杨帮琴一个劳动力，因需照顾家庭老小，无法外出务工，导致生活困难。经帮扶干部走访了解，将此情况及时上报村级指挥部，村级指挥部研判决定，为杨帮琴申报纳入公益岗位——村庄保洁员，现杨帮琴既能照顾家庭和务农，又能稳定就业，加之其他政策扶持，该户 2019 年年底顺利脱贫，稳步奔小康。

着眼长远，全力助推脱贫攻坚

按照“谁用人、谁管理、谁负责”的原则，采取属地管理的方法，建立岗位实名制、公示公告、考核考勤、解聘退出等多重管理制度，强化了公益岗入岗人员管理。明确工作职责和工作内容，完善规章制度，防止以钱养人不干事的现象发生。在人员管理及工作职责方面，由各村与公益岗聘用人员签订劳务合同，劳务合同实行一年一签。合同期满，如仍未脱贫且能够按合同要求完成工作任务的可续签。如已脱贫或不能按合同要求完成工作任务的，应按有关要求另行选聘。各岗位具体的工作职责和工作内容及服务标准由乡政府和各村共同制定。同时健全了岗位实名制、公示公告等多项制度，强化了管理，确保了公益岗位人员可控、使用规范，不仅实现就业增收，而且各村治安明显好转，村容村貌逐步改观，群众满意度明显提高。

（作者系落雁乡社会保障服务中心工作人员）

巩固脱贫成果　接续乡村振兴

——盐津县产业扶贫纪实

何元兵

王清银是柿子镇三河村的建档立卡贫困户，2017年政府实施行政村整村推进，他们家改造了8亩“半边红”李子，现在正是丰产期，每年销售能收入3万多元。对他来说，这片李子树就是“钱袋子”。

如今，越来越多的贫困户像王清银一样，通过发展特色产业，走上了增收致富的道路。

来到柿子镇三河村，这是盐津的36个深度贫困村之一。当下，无论是李子种植、中蜂养殖、乌骨鸡养殖，还是恒荣食品公司的面条加工厂，到处都是一派热火朝天的繁忙景象。站在高处眺望，一条条宽阔平坦的水泥路蜿蜒村中，一排排干净敞亮的农家院错落有致，再也不见从前房屋破败、道路坑洼的萧条景象……而这些，也只是盐津打赢脱贫攻坚战的一个缩影。

走遍全县，一个个贫困村实现华丽蜕变，一个个项目建设如火如荼……凭借产业政策栽下的“摇钱树”形成的“聚宝盆”，为往日贫瘠的土地注入了发展的生机，让越来越多的贫困群众甩掉了“贫困帽”，踏上了小康路。近年来，盐津因地制宜加快优势特色产业发展，促进贫困村、贫困户脱贫增收，取得了历史性突破。2020年，产业扶贫再出发，县委启动实施“肉牛、竹、乌骨鸡”三大富民产业发展战略，目的就是“巩固脱贫成果，接续乡村振兴”，全县优势产业将进入高速发展转折期。

建基地，持续壮大产业规模

2014—2017 年，盐津县实施行政村产业扶贫整村推进，主要扶持发展茶叶、核桃、花卉苗木、魔芋、乌骨鸡、生猪、冷水鱼等各类特色种养殖，投入财政专项扶贫资金 6940 万元，覆盖全县 10 个乡镇 47 个行政村。

2018 年，产业扶贫项目被纳入“盐津县脱贫攻坚项目库”管理，建设项目分成了特色种植业、特色养殖、村级集体经济组织、发展乡村旅游、电商扶贫、扶贫小额信贷、产业小型基础设施、扶贫车间、产业基地园区、其他等 10 个类别，主要扶持发展乌骨鸡、三角梅、紫薇花、猕猴桃、竹笋、茶叶、蚕桑、辣椒等特色产业，投入财政扶贫资金 1.35 亿元，覆盖全县所有行政村。

2019 年，县委补齐发展短板，继续实施以花卉苗木、果蔬、乌骨鸡、竹笋为主的特色产业项目，重点打造产业基地、建设产业道路以及农产品加工厂等，项目建设尤其注重以基础设施建设为主的产业基地，投入的财政资金达到了 1.14 亿元，覆盖全县所有行政村。

2020 年，县委启动乌骨鸡、肉牛、竹产业三大富民产业建设。其中，肉牛产业重点打造规模养殖场，竹产业以低效林改造和蜜源植物槐树种植为主，乌骨鸡产业重点扶持育种场、养殖场和屠宰厂建设，包含配套的基础设施建设，财政计划投入资金 2.3 亿元。

截至 2020 年 7 月，建成的种植业、养殖业、林草业、农产品加工业、特色手工业、休闲农业与乡村旅游等扶贫基地共 253 个。

普洱镇柏杨村建档立卡贫困户卓国聚，2018 年获得乌骨鸡基地建设资金 34.5 万元，修建圈舍 18 个，2019 年销售收入达到 40 余万元。盐津圆梦生态乌骨鸡种鸡养殖基地，通过土地流转、整合贫困户扶持资金与集体公司合作，走上了规模化、标准化、品牌化、高效化的发展道路。年初以来，该基地出栏商品乌骨鸡和鸡苗 18 万羽，带动周边 21 个村、800 余户贫困户。落雁乡状元米种植基地，共和村集体与龙塘村集体共同合作，“统一回收，统一加工，统一销售”，2019 年带动贫困户 1142 户，带动收入户均超过 2000 元。

扶龙头，引领主导产业全面发展

云南惠康美食品有限公司的法人严尚华非常幸运，因为他将获得财政带贫奖励 100 万元。今年 6 月，盐津县启动实施“涉农企业带贫奖励项目”，对 2020 年带动贫困户人均纯收入达到 4000 元的涉农企业，每带动一户奖励 1000 元，1000 户封顶。该公司 2016 年注册，主要从事竹笋的收购、加工和销售，2019 年销售收入超过 2000 万元，带动 1300 户贫困户收入达到脱贫标准。该公司收购的竹笋鲜品，主要销往重庆、成都等地，是盐津从事竹笋收购和销售的重点龙头企业。

绿源生态农业综合开发（盐津）有限公司，于 2019 年通过县委招商引资正式注册，由绿源生态农业投资（东莞）股份有限公司和深圳广深互联云计算有限公司共同投资建设。同年，该公司与盐津签订了《盐津县乌骨鸡全产业链闭环生态农业项目投资合作补充协议》，县政府随即投入涉农整合资金 1000 万元，与该企业共同建设年规模 600 万只的乌骨鸡屠宰加工厂，主要生产自加热乌骨鸡鸡汤、辣子鸡、口水鸡、冰鲜乌骨鸡等系列食品；2020 年，县政府再次投入 3125.28 万元，继续与该企业合作实施项目二期工程。

盐津县滇凤乌骨鸡种源技术开发有限公司，于 2019 年 12 月组建，在牛寨乡牛塘村建设乌骨鸡育种场，鸡舍厂房面积 8778 平方米，项目总投资 3886.3 万元。公司主要实施盐津乌骨鸡的选育、保种、疾病净化，每年可保障商品鸡苗供应 500 万—1000 万羽，育种场项目已于 2020 年 8 月 8 日正式投产。

《盐津县肉牛养殖产业发展实施意见（2020—2025）（试行）》提出，引进和培育带动力强的养殖、加工龙头企业，扶持发展养牛代养场、能繁母牛代养点，构建合理的产业链利益联结机制，做到不让一头肉牛游离于组织化之外，实现肉牛产业整体发展；《盐津县竹产业融合发展实施意见（试行）》提出，在扶持县内天竺园食品有限公司、林森食品有限公司、竹银华山野菜有限公司、云南惠康美食品有限公司、盐津伟能食品加工有限公司等经营主体对竹笋深加工销售的基础上，引进实力雄厚、技术过硬的龙头企业入驻盐津发展；《盐津县乌骨鸡产业发展实施意见（试行）》提出，培育壮大各类经营主体，组建育种、养殖和屠宰加工龙头企业，发挥企业和专业合作组织的引领作用，发展壮大产业规模和产业优势。截至目前，全县有农业产业龙头企业 28 家，其中省级龙头企业 1 家，市级龙头企业 10 家。从事竹产业经营的龙头企业有 6 家，乌骨鸡企业 3 家。有贫困户加入的农民专业合作社 110 个，带动 5489 户，占总贫困户数量的 22.6%。

强联结，不让一个贫困群众掉队

注重贫困户与经营主体的利益联结，发展产业必须以带动贫困户为前提条件，不能“富了老板穷老乡”。对有劳动力、有土地但缺资金、缺技术的贫困户，给予一定额度的资金帮扶或贷款贴息；对自身无劳动能力或脱贫能力差的贫困户，则采用托管的方式，通过龙头企业、村集体、合作社的带动实现脱贫增收。牛寨乡敦厚村周银彬一家三口，周银彬是二级残疾人，妻子患有精神病，4 岁女儿在读学前班，家中没有一个完整的劳动力，生活过得十分艰难，全家的收入就只有低保和特困供养金。不过，他们家今年多了一份“不劳而获”的收入：通过 2018 年盐津乌骨鸡保种选育项目、2018 年盐津县东西部扶贫协作项目、2018 年牛寨乡集体公司利益联结机制全覆盖乌骨鸡林下生态养殖项目 3 个资产收益扶贫项目，他们家得到了资产收益扶贫分红收入 1251 元。

资产收益扶贫是将财政扶贫资金投入项目建设产生资产，贫困户通过占有资产股份或资产出租而获得长效收益，这种扶贫方式主要针对自主创收能力差或丧失劳动力的贫困户。仅 2019 年，就有 1121 户获得资产收益扶贫分红收入，收入共 65.9 万元。2017 年，实施“一改三化无统一”，全县 94 个村（社区）挂牌组建了集体经济公司，完成了资源变资产、资金变股金、农民变股东的“三变”改革，实现了新型经营主体对带动贫困户产业发展的全覆盖，走“集体公司 + 龙头企业 + 贫困户”“集体公司 + 基地 + 贫困户”“集体公司 + 农民专业合作社 + 贫困户”的利益联结发展模式。到 2019 年年底，盐津县 94 个村（社区）实现集体经济收入全覆盖，全面消除“空壳村”，村均收入达到了 5.68 万元。落雁乡龙塘村集体，通过乌骨鸡养殖、有机状元米种植、蔬菜种植、猕猴桃基地建设等产业扶贫项目，两年内实现集体经济净收入 74 万元。2019 年，村集体将 54.132 万元用于全村 4384 名股民分红，按照集体分红和扶贫分红两个类别，4384 名股民人均分红 82 元，1538 名贫困人口人均分红 195 元。柿子镇水平村、水银村 2017 年实施行政村整村推进项目，村集体利用财政扶贫资金 90 万元购买了面条加工设备，与盐津县恒荣食品有限公司合作经营，公司每年向 2 个村集体分别支付设备租金 5 万元、4.4 万元。2018—2019 年，水平村集体向全村贫困户分红 12.63 万元，每户获得收入 300 元；水银村集体向贫困户分红，2018 年分红 4.396 万元，人均 56 元，2019 年分红 4.4 万元，人均 55 元。

2020 年，县委提出“不让一根竹子、一只鸡、一头牛游离于组织化之外”。结合省、市产业扶贫“双绑”要求，通过各种奖补政策引导，让广大贫困家庭都积极加入农业专业合作社，并以高标准工程为示范，带动产业基地提质扩面、农业企业扩大生产，逐步形成“企业 + 合作社 + 农户”的带贫益贫利益联结机制。同时，积极探索“贫困户贷款 + 带资入股 + 利息分红”等运作模式，鼓励支持贫困户利用小额贷款投资农业经营主体，通过保底分红增加无劳动能力贫困户的收入。

（作者系盐津县农业农村局产业办工作人员）

育好“黑凤凰” 腾飞在今朝

——盐津县乌骨鸡产业发展纪实

朱　平

“黑凤凰”指的是主要分布于盐津县的乌骨鸡，是该地区广大劳动人民群众在特有的自然生态环境中，经过长期自然选育和精心饲养而形成的地方珍禽品种，又被称作“乌蒙珍禽”。盐津县在农业产业结构调整中，将乌骨鸡产业作为主要产业来抓，并纳入盐津县“十三五”发展规划和每年的政府工作安排中进行重点建设，全面体现盐津“乌鸡之乡”特色。

正视乌鸡价值，展示优势资源

盐津乌骨鸡具有身材匀称，腿脚细长，头尾翘立，单冠直立，冠齿5—7个，主要有黑、白羽两个品系，黑羽色泽发亮，以皮、肉、骨、内脏均呈乌黑色为显著特征，被人们称为乌蒙山中的“黑凤凰”，肉质香嫩味美。历来有盐津乌骨鸡“肉香”之美誉，每逢吃鸡汤必尽，可谓人间一佳肴，具有较好的滋补、药用价值，被历代医家视为补虚劳之圣药，对妇女月经不调、血虚头晕、固宫安胎、产后体虚有良效；对男子体弱肾虚、恢复身体亦有效果。现代医学已表明，该鸡还有延年益寿、润肤美容之功效，有“食为肉之冠、药为肉之首”的美称，具有较高的营养价值。通过西南农大和云南省畜科院等科研机构的化验测定，盐津乌骨鸡具有高蛋白、高矿物元素、低脂肪的显著特点，属国内营养价值最高鸡种之一，被权威养鸡专家定为“云南绝无仅有、全国屈指可数、可与世界名鸡媲美”的乌骨鸡珍禽品种。

聘请专家团队，做强保种选育

为重塑乌骨鸡种源，提升盐津乌骨鸡源头品质，县委、县政府重点抓实保种选育。从 2018 年开始，在原滇凤种鸡场投入涉农整合资金 80 万元，扩建乌骨鸡选育场 2 个，建成乌骨鸡选育场 1680 平方米，饲养盐津乌骨鸡祖代种鸡 3600 套，其他父母代种鸡 1500 只，全年可提供优质种鸡苗 50 万羽。挂牌成立盐津乌骨鸡专家工作站，聘请中国家禽研究所地方品种办主任章双杰任工作站站长、云南省家畜家禽改良站种禽办主任孙利民等 4 名专家为技术顾问。为扩大盐津乌骨鸡种鸡养殖规模，在 2019 年 12 月组建了盐津县滇凤乌骨鸡种源技术开发有限公司，开展盐津乌骨鸡的保种选育工作，公司坐落于盐津县牛寨乡牛塘村，占地面积约 97.71 亩，项目总投资 3886.3 万元，鸡舍厂房面积 8778 平方米。公司于 2020 年 8 月 8 日建成投产，可饲养祖代种鸡 14400 只，父母代种鸡 10 万只，年提供商品鸡苗 1000 万羽以上的生产规模。项目覆盖贫困户 15788 户 62092 人，非贫困户 5000 户 16900 人因养鸡而受益，盐津乌骨鸡将成为盐津群众增收的主要来源。

加强示范引领，引进龙头驱动

盐津乌骨鸡按照统一鸡苗、统一饲料、统一技术、统一销售的“四统一”组织化管理模式，在2019年原有89个示范场458个生态放养鸡舍的基础上，结合农户易迁和养鸡农户的实际，引导农户利用闲置荒地、林地、果园林下生态养鸡，全县10个乡镇51个村（社区）2020年新建设了63个养殖示范场、672个示范场鸡舍；组建355个代养点，新建代养点鸡舍2131个。在基地的带动下，饲养数量迅速增加，现全县乌骨鸡饲养量已达210万只，产值达到1.8亿元以上。

通过招商引资，引进绿源公司作为盐津乌骨鸡产业加工龙头企业。公司坐落于盐津县牛寨乡新华村，占地面积65.5亩，全称是盐津县乌骨鸡全产业链闭环生态农业产业园，为盐津县东西部扶贫协作示范园区，项目总投资15560万元。项目建设后预计年屠宰乌骨鸡600万只，生产加工自热鸡汤罐头1200万罐，乌鸡小食品5000吨等系列深加工产品，解决乌骨鸡销售难问题。项目将覆盖养鸡贫困户5000户15900人，非贫困户15000户62100人。今年8月，全国著名民营企业东方希望集团打算介入盐津乌骨鸡产业，已经于9月8日与县政府签订了在盐津发展4000万只乌骨鸡的框架协议。

理顺政企关系，打通产业链条

盐津历届县委、县政府为持续、充分开发这一宝贵珍禽资源，在农业产业结构调整中，始终认为盐津乌骨鸡特色鲜明、优势突出，本届县委、县政府更是将其作为主要富民产业来抓。2019年出台了《盐津县乌骨鸡产业发展实施意见（试行）》，按照“抓两头带中间”的思路，以做优种源、做实基地、做大市场为主要任务，明确了相关环节政府扶持的奖补措施，旨在进一步补齐种源不优的短板，解决销售不畅的瓶颈难题，实现乌骨鸡全产业链发展，重塑盐津乌骨鸡品牌。一是专班推进。为强力推进乌骨鸡产业发展，成立了乌鸡产业发展专项组，由县政协主席严巨奎任组长，具体抓好发展规划、组织实施、项目资金的落实落地，形成了“一套班子、一班人马、一个政策、一笔资金、一抓到底”的良好局面。二是做优种源。2019年通过招商引资组建育种公司，对原有小、散、杂型育种场进行了整合，第一期年孵化600万羽，第二期建成后可提供2500万羽鸡苗的能力。有条件的养殖示范场可优先配套脱温场建设，各乡镇组建配套示范脱温场建设。三是做大市场。2019年引进深圳绿源公司，在牛寨乡新华村建设乌骨鸡屠宰加工厂、冷库和深加工厂，拟建每小时屠宰2600只、年屠宰乌骨鸡600万只、加工乌鸡自热鸡汤罐头达1200万罐生产能力。四是做实基地。全县按照生态养殖示范园、养殖示范场、养殖代养点的不同规模建设养殖场地152个，建养殖代养点700余个，用于饲养商品大鸡，可带动全县今年出栏商品大鸡220万只。通过3—5年时间，建成养殖示范场400个以上，场养殖（代养）点达1200个以上。五是服务体系。主要从专家团队、校县合作、企县合作、常规性疫病监测与防控等四个方面同步推进，主要任务是要解决种鸡选育、饲养规范、产品加工等环节的技术问题。六是组建协会。各龙头企业、专业合作社、育种场等相关联的经营主体组建盐津乌骨鸡产业发展协会，按照《盐津乌骨鸡团体标准》的规定，在鸡苗提供、饲养技术、饲料配方、规范管理等方面形成统一，逐步实现“不让一只鸡游离于组织化之外”的管理目标。七是资金投入。为切实保障种养加销各环节形成全产业链发展，县委、县政府下定决心，整合各类资源、资金和项目，从今年开始，每年投入不少于7000万元资金，持续投入3—5年，对育种场、屠宰加工厂和养殖场进行项目化支持。

重塑乌鸡品牌，强化宣传推介

盐津乌骨鸡已先后获得农业部“中国家禽品种资源名录”、农业部地理标志保护产品、工商总局地理标志证明商标、云南“六大名鸡”、昭通“十宝”等荣誉称号和证书。盐津乌骨鸡先后在中央电视台四、七、十频道《源味中国》《食材有道》《乡土》《发现中国》栏目中播出；云南电视台一频道《七彩飘香》中播出；《盐津乌骨鸡科学生态饲养技术》在中国科协网上进行刊载；拍摄完成了《云南黑凤凰、盐津乌骨鸡》形象宣传片；制作了《盐津乌骨鸡》宣传手册；树立高速公路“天下乌鸡王、盐津黑凤凰”户外大型广告；互联网如阿里、京东等大力宣传，进一步提高了盐津乌骨鸡的知名度；正在建设盐津乌骨鸡追溯溯源系统，为盐津乌骨鸡的外销戴上可查询的溯源追溯翅号和脚环。同时，积极组织推介盐津乌骨鸡产品参加昆明农博会、南博会、广东中山农产品推介会、北京农产品展销会等形式，大力宣传推介盐津乌骨鸡及其产品。

（作者时任盐津县政协办公室主任）

脱贫路上发“牛”财　致富路上走“牛”路

——盐津县肉牛产业发展纪实

龙　滨

“养好致富牛。”在盐津县绿水青山中，12个2400头存栏的肉牛养殖示范基地格外养眼，一排排整齐的圈舍，一头头壮实的肉牛，构成了一幅幅现代化大规模养殖新画卷。

科学决策走“牛路”

2019年，盐津县委、县政府把肉牛养殖确定为“三大富民产业”之一。由于传统式、粗放式、家庭式养殖，缺乏品种改良和科学饲养，盐津的肉牛养殖组织化、规模化程度低，现代化、专业化水平差，品牌效应带动弱、利益链接机制不完善，导致全县肉牛养殖一直没有形成产业链和规范的交易市场。为破解这一产业发展难题，盐津县委、县政府多次组织外出考察先进地区牛产业发展经验，召开脱贫产业发展专题研讨会议，广泛征集意见，并在2019年12月10日出台了《盐津县肉牛养殖产业发展实施意见（2020—2025）（试行）》，决定整合涉农资金2.94亿元作为肉牛产业发展扶持资金，以安格斯、云岭牛为主要品种，按照规模化、组织化、市场化、品牌化发展要求，立足于做大养殖规模、做强产业龙头、做精产品加工、强化生态环保、健全保障体系，将盐津县建成西南地区高端肉牛主产区，着力打造“盐津肉牛”品牌，支持发展村集体产业，带动贫困户受益。

立足资源重规划

盐津县山多地广，但由于近些年外出打工经济影响，群众大量外出务工，导致土地丢荒，很多的土地无人耕种。这种白白浪费的土地资源，让群众倍感痛心，但也无可奈何。在群众的失望中，县委、县政府决定变“荒”为宝，充分利用好土地资源，积极种植牧草。同时县委、县政府也认识到农民种植牧草解决了土地荒芜问题并增加了收入，牛产业也解决了牛饲料问题，牛粪发酵又可以变废为宝成为有机肥料。但种植牧草不能盲目发动群众，先规划好养牛规模和养殖场后，然后发动肉牛养殖场周边的群众种植牧草才能解决贫困群众增收的问题。为此，县委、县政府结合盐津实际和贫困状况，在全县规划布局200头规模的肉牛示范场12个，群众自建50头以上规模的肉牛代养场133个。此外，为了激发和撬动肉牛产业发展的新活力，县委还专门成立了肉牛产业领导小组，并先后制定出台了《盐津县2020年肉牛养殖奖补政策实施细则》《盐津县2020年肉牛养殖奖补方案》一系列优惠扶持政策。政策规定群众自建50头以上规模牛场补助，“见犊补母”“养牛贷”贴息、养殖保险、退耕还草及粮改饲等补助政策。农业信贷担保支持，有效破解了企业或农户在发展过程中的困难。农民每种一亩牧草，政府还给予200元的补贴。

科技服务发展

盐津县十分注重科技服务工作，在品种选择上求“优”，在饲养技术上求“严”，在饲草料加工上求“精”，在品种改良上求“高”，在管理服务上求“新”。通过与云南省草地动物科学研究院合作，使全县配套技术入户率达 90% 以上，良种化率达 95%。加强基层畜牧技术服务体系建设方面，积极培训农民技术骨干和规模养殖带头人。为提高防疫能力，该县招聘了 87 名村级动物防疫技术员，激发并保障了他们按规范开展动物防疫、检疫和畜产品检验工作的积极性。为养殖户及时解决了肉牛在繁育技术、饲草料种植加工技术、短期育肥技术等方面的问题，促进了全县畜牧产业的健康快速发展。

利益联结助增收

除了贫困户获得的收益外，盐津县探索出两种助农增收模式。1. 搭建“企业 + 村集体 + 农户”模式，由龙头企业与村集体签订购销协议，由村集体组织贫困户入股企业养殖；2. 搭建“党支部 + 集体经济组织（专业合作社）+ 卡户 + 职业养牛人”的合作发展模式，推行“统一肉牛品种、统一饲养标准、统一规范管理、统一疫病防治、统一产品销售”，实行肉牛养殖、销售一体化。集体经济组织（专业合作社）在党支部的组织引领下，建立健全管理制度、合作社章程、财务管理，聘请职业养牛人（养殖技术员）对养殖场进行养殖管理，由集体经济组织（专业合作社）支付保底工资 + 绩效奖励（解决养殖管理人员问题）。集体经济组织（专业合作社）吸纳卡户和农户为社员出资金认购犊牛、架子牛（解决购牛资金的问题），负责统一购牛、统一防疫、统一保险、统一饲养、统一销售。同时合作社优先与卡户签订牧草收购订单。同时明确了对集体经济组织（合作社）、职业养牛人（养殖技术员）、农户、建档立卡户在肉牛养殖中的职责。

利润分成：育肥牛，肉牛出栏时按以下方式分配利润。集体经济组织（合作社）收入占比 =（出栏肉牛体重 × 单价 – 认购金）×（出栏时肉牛体重 – 认购时肉牛体重）÷ 出栏时肉牛体重。农户、卡户收入占比 = 认购金 +（出栏肉牛体重 × 单价 – 认购成本）× 认购时肉牛体重 ÷ 出栏时肉牛体重；能繁母牛，按每头母牛 2 万元的认购金进行认购，每产一头犊牛给予卡户 2000 元分成，“见犊补母”补助由合作社享受。按照上述公式，无论代养的肉牛盈利还是死亡或亏本，代养场都得归还参与养殖户的本钱（认购金）。卡户的收入为：8000 +（1200 × 18 − 8000）× 400 ÷ 1200 = 12533，代养场的分成为 9066 元。

通过一系列举措的综合同步实施，盐津县发动群众种植牧草 28430 亩，推广粮改饲青贮玉米种植 500 亩；新建肉牛冻精改良服务中心一个，建成乡镇冻精改良站点 10 个，6 月初通过安格斯、云岭牛冻精与本地黄牛杂交，加速了良种牛的扩繁，良繁体系已初步形成；全县肉牛饲养量达到 15016 头，有肉牛养殖户 3324 户，其中合作社 2 个，50 头以上的规模养殖户 27 户；办理银行贷款 1120 户（其中贫困户贷款 442 户，办理贷款金额 218 万元）、贷款金额 7000 万元，覆盖 2880 户贫困户。目前全县肉牛存栏突破 1.5 万头，2020 年年底，全县肉牛饲养量力争达到 2.5 万头以上。实现贫困户收益全覆盖，形成了适合盐津县实际的“千家万户繁育、大场大户育肥”的发展模式，探索出了“小群体、大规模”的肉牛养殖助推脱贫致富的“牛”路子。

（作者时任盐津县农业农村局副局长）

种植小小竹　走上致富路

——盐津县竹产业发展纪实

徐成波

党的十八大以来，盐津县委、县政府始终秉承“绿水青山就是金山银山”的发展理念，坚持走生态优先、绿色发展、产业振兴之路，把竹产业作为全县一大富民产业全力推进，发展壮大，逐步成为支撑全县脱贫摘帽的重要产业。

立足资源优势　竹产业不断发展壮大

盐津县竹类资源丰富，起源古老，竹笋生产早在清末民初年间，就有筇竹笋干出口。20 世纪 80 年代生产的鲜笋罐头和咸笋畅销国内外。竹材破篾编织在盐津县有着悠久历史，清代时期运京铜篓即于盐津县境内取材编织供用，民国初年参加巴拿马竞赛得优质金奖，1981 年 6 月全国凉席质评中名列第 4。境内优质竹笋种类多，几乎四季皆有，早春有筇竹发笋，春夏间有毛竹、苦竹、水竹等品种发笋，夏秋间刺竹、黄皮竹发笋。据 1990 年二类资源普查统计，尚存竹类 11 属 33 种，主要有方竹（黄皮竹）、筇竹（罗汉竹）、毛竹（楠竹）、料慈竹（抻天慈）、水竹、苦竹、硬头黄、班竹、茨竹、刺竹等。

盐津多年来一直把竹产业作为全县产业发展的重要内容之一，在20世纪90年代初期就作出“盐津潜力在山，优势在林”的发展思路，并把竹笋产业定位为全县“五个五万亩”产业大力发展。到2013年，盐津县竹笋产量每年都在千吨以上，之后几年中，竹笋年产量均突破万吨大关，竹笋及竹产品远销长江流域、北上广深等地区。

坚持绿色发展 竹产业定位更加明确

2019年，是盐津竹产业迎来重大变革和转型升级的一年，为进一步加大竹产业发展力度，补齐短板，增加群众收入，筑牢全县脱贫攻坚产业发展根基。县委、县政府紧扣省委“三张牌”、市委“六大高原特色产业”的战略部署，把竹产业作为“六大产业”之一强势推进，同时，也将竹产业作为盐津“三大富民”产业之一来狠抓。

在8月成立了以县委书记杨仕翰、县长郑磊任双组长的“六大产业”发展领导小组，成立了以县委副书记撒兰忠任组长的竹产业融合发展专项组，印发了《盐津县竹产业融合发展实施意见（试行）》，确定竹产业发展的目标是：到2022年，全县新建标准化笋用竹产业基地53万亩，确保全县规模达100万亩以上（其中，材用竹10万亩，笋用竹90万亩）；完成低效竹林改造21.5万亩，槐树种植230万亩，养殖蜜蜂20万箱70万脾以上。竹产业覆盖主产区农户3万户（其中建档立卡贫困户1万户），户均实现产业收入1万元以上，打造“百亿元”产业。

狠抓规模种植　竹基地建设得以夯实

党的十八大以来，盐津县紧抓国家实施退耕还林、天保工程、生态治理等政策机遇，引导老百姓大规模种植笋用竹。特别是2019年10月县委十三届六次全会后，在全县范围内迅速掀起竹产业融合发展的热潮。县委县、政府提出“1200米以上海拔区域种植方竹，800—1200米海拔区域种植刺方竹”的发展思路，通过“四个一批”（新植一批：充分利用新一轮退耕还林、天保工程等林业工程项目大力发展竹产业；改造一批：充分利用林地资源，对低效残次林地进行竹苗补植，形成竹灌混交发展竹产业；更换一批：对现有用材林进行商品性采伐，对更新后的林地栽植竹子发展竹产业；选种一批：在800米海拔以下地区发展笋材两用竹子），大力推进竹种植和竹产业基地配套基础设施建设。

脱贫攻坚期间，竹基地扩面迅速，全县新植竹子37万亩，累计有竹林面积67万亩，其中5000亩以上连片竹基地12个，竹基地覆盖农户30000余户，其中建档立卡贫困户每年收入近万户；完成低效林改造21.5万亩，种植槐树58.86万株；建中心蜂场9个，养殖蜜蜂达900箱；建成产业路80公里、营林生产管护道120.38公里；在竹基地规划冷库建设41个，配套基础设施建设得以加强。经过不懈努力，全县“竹、槐、蜜、旅”融合发展格局初具雏形。

强化主体培育　竹产品科技支撑强劲

2013年，盐津境内仅有竹产业企业3家，年加工能力不足1000吨，企业小、散、弱问题突出，竹笋大多以原料销往四川、浙江等地。在党的十九大召开后，县委、县政府坚持“政府引导、企业主体、市场化运作”的产业发展模式，进一步优化招商引资环境，引进具有一定实力和经验的竹产业企业落地盐津。企业通过自身能力建设，产品加工能力不断提升，2019年，全县竹企业年加工量达4000吨，比2013年增长300%，如盐津竹银华山野菜有限公司加工的竹产品已经遍及全国各地乃至海外市场。同时，通过组建农民专业合作社，把农民专业合作社作为竹产业基层市场主体，统筹“种、管、采、销”四个重点环节工作，不让一棵竹子游离于组织之外。

为逐步消除“硫黄笋”“盐渍笋”，县委分管竹产业的领导多次牵头协调，与中国农业大学、国家果蔬加工工程技术研究中心交流协商，积极引进竹笋无硫保鲜技术，延长无硫保鲜实现，提升竹产品品质，突破竹产业发展瓶颈。同时，与西南林大多次对接，签订了校县合作协议，为竹产业发展提供科技支撑和技术指导。坚持以企业主体，推进竹产业链建设。按照“一区五园一配套”的规划布局，拟建集管理、储存、精深加工、生物制品、科技研发、商贸物流、休闲旅游为一体的现代竹产业生物科技园区，加快推动盐津竹产业高质量发展。

群众收益倍增　小小竹子跋出致富路

盐津小小竹子，已经成为群众脱贫致富路的重要产业之一。2019年全县竹笋产量达2万吨，年产值约2亿元，竹产业覆盖区农户户均实现年收入0.6万元至1万元，为整县脱贫出列奠定了坚实基础。如普洱镇正沟村依托原有5.2万亩筇竹资源，新建方竹基地3万余亩，除自然保护区、国有林外，户均占有竹资源量达40余亩，完全投产后户均每年可实现收入4万元左右，正沟村依托竹产业走出了一条靠山脱贫、靠山致富的产业发展之路。柿子镇岔河村建档立卡户吴弟顺，2013年建档立卡时人口2人，经济非常困难，经过几年种植竹子，到 2019 年，他家有竹林面积 90 亩，其中已投产竹林 60 亩，采笋收入 28000 元，顺利实现了脱贫。

截至 2020 年 9 月，全县投产竹林面积为 44 万亩，竹产业加工企业 5 家，竹产业专业合作社 26 个，竹发展速度较快，现有竹资源面积已位居昭通市前列。每逢春、秋采笋季节，走进竹产区，漫山遍野，一片葱绿，一根根丰硕的竹笋冒出地面，等待竹农采摘。林间小道上，来来往往的笋农忙着采笋运笋，脸上洋溢着丰收的喜悦，一车车往大山外运输的竹笋，承载着竹产区群众致富的希望。

（作者时任盐津县农业优势产业发展中心副主任）

发展茶叶产业　促进茶农增收

——盐津县茶叶产业发展纪实

龙　滨

盐津茶叶种植历史悠久，资源丰富，品质优良，据史料记载，明清时期盐津石缸茶被作为贡品送入宫廷饮用。20 世纪 60 年代初盐津被列为全国 107 个重点产茶县之一，属云南省最大的小叶茶生产基地县。80 年代末 90 年代初，全县茶园总面积达 9 万余亩，茶叶粗制加工厂 64 个，是全县农民收入的重要支柱产业。由于体制、机制等诸多方面的原因，盐津茶叶产业在 90 年代末期开始下滑，大部分茶厂相继倒闭，茶农收入逐年减少，导致茶园管理粗放、重采轻管现象十分严重，大部分茶园荒废，部分茶叶主产区域呈现挖茶种粮现象，全县茶叶一度无人问津。进入 21 世纪以来，盐津确立了以“生态立县、工业富县、农业稳县”三大发展战略，盐津茶叶产业再次枯木逢春，迎来了历史发展新机遇。为切实发挥农业产业发展对农民脱贫致富的重要作用，县委、县政府把茶叶产业发展纳入全县农业产业“十三五”发展规划，逐年加大投入，有效促进了全县茶叶产业实现恢复性发展，茶叶产业在助推农民增收脱贫致富方面发挥了重要作用。

开展标准化茶园建设，茶产业科技水平显著提高

自国家精准扶贫战略启动以来，为充分利用盐津茶园面积大、覆盖面广及广大农民有种植茶叶生产经验的资源和技术优势，县委、县政府积极整合涉农资金，按照产业扶贫利益联结全覆盖的发展要求，大力实施“党支部＋龙头企业（村集体公司）＋专业合作社＋贫困户”的发展运营模式，加强茶叶优良品种引进试验示范，科学筛选适合盐津地理气候发展的名特优新品种，狠抓科技培训，提高农民科技种茶水平，大力推广茶叶绿色高产高效集成栽培技术。通过转变发展方式、增加资金投入、突出主导产业和集中规模发展、强化科技培训和技术指导等一系列措施，在推进盐津小叶茶稳定发展的基础上，科学引进了龙井 43、黄金芽、福鼎大白、富选 9 号等名优茶新品种开展低产茶园改造，全县标准化茶园面积和茶园有效采摘面积逐年扩大，茶叶主产得到了迅速发展。标准化茶园丰产期鲜茶亩产量实现 200 公斤，亩产值实现 8000 元，比 2013 年平均亩产量和产值分别增 100 公斤和 4000 元，主产区单位面积产量和产值得到了大幅度提升。茶叶产业成了主产村贫困群众收入的主要来源，“一村一品”的现代农业产业发展模式在茶叶发展中日趋显现。据统计资料显示，截至 2019 年末，全县茶园总面积实现 75315 亩，比 2013 年增加 28950 亩，增长 62.44%，其中标准化茶园面积达到 42500 亩，比 2013 年增加 31200 亩，增长 276.11%。全县茶叶总产量实现 1952 吨，比 2013 年增加 622.2 吨，增长 46.79%；茶叶综合产值实现 22748.6 万元，比 2013 年增加 9822.6 万元，增长 75.99%。

培育龙头企业，茶叶生产组织化程度明显提升

盐津着力培育茶叶生产加工龙头企业，督促涉农部门积极申报项目资金，重点支持企业开展标准化基地建设、厂房建设和生产线提质改造、产

品研发等，培育出了盐津石门关茶叶有限公司、盐津茶叶有限责任公司、盐津茶坊庄园农业开发有限责任公司等集茶叶种植、加工、分级、包装、销售于一体的综合性茶叶生产龙头，全县茶叶生产专业合作社已有 19 家。与 2013 年前相比，全县茶叶生产、加工新型经营主体实现了从无到有的飞速发展，全县茶叶产业正向着“公司 + 专业合作社 + 基地 + 农户”的发展模式迈进，实现了“大龙带小龙联结千万家”利益联结发展新格局，产供销一体化发展格局已见雏形。同时，通过加快加工企业生产线提质改造，2019 年全县精深加工名优茶产量达 220 吨。

狠抓品牌创建，茶叶生产附加值显著提高

盐津县制定并下发了《盐津县脱贫攻坚农业产业发展实施办法（试行）》，对全县龙头企业、专业合作社、家庭农场、种植大户等新型经营主体在开展基地建设、产品研发、品牌创建、市场拓展等方面明确了一系列扶持、奖励政策，极大激发了企业大力开展科技创新和品牌创建工作的激情。自 2013 年以来，盐津石门关茶叶有限公司、盐津茶叶有限责任公司均获得云南省科技型中小企业认定和市级龙头企业称号；石门银针、石门龙井、石门碧云春、石门秀芽、苗岭碧芽 5 个茶叶产品获得绿色食品 A 级认定；2014 年，盐津茶叶有限责任公司生产的“苗岭碧芽”茶叶产品被评为“云南名牌农产品”，之后被农业部优势农产品开发服务中心纳入《2015 年度全国名特优新农产品目录》；2017 年 8 月，滩头乡坪头山茶园被省农业厅授予“秀美茶园”称号；盐津石门关茶叶有限公司的“石门关”商标、盐津茶叶有限责任公司的“云津”商标被认定为昭通市知名商标；盐津石门关茶叶有限公司在茶叶生产和加工方面获得两项发明专利，即石门银针绿茶的制作方法、茶叶种植的病虫害综合防治方法。同时，品牌创建活动也

让全县茶叶生产的产品质量和品牌效益得到了显著提高，广大消费者对盐津茶叶产品的认知度和购买量逐年提升。

加大产品宣传，拓宽茶产品销售渠道

盐津在茶产品的宣传推介方面做了大量工作，先后组织涉农企业参加中国（北京）国际优质农产品展示交易会、上海农产品交易博览会、昆明泛亚国际农业博览会、昆明进出口商品交易会等各类农产品大型宣传推介会议，向国际国内大型商家集中展示盐津农特产品。盐津石门关茶叶有限公司生产的“石门银针”茶叶产品在2015年第十一届昆明泛亚国际农业博览会上荣获金奖，在2018年10月获得第十四届中国昆明国际农业博览会“优质农产品”奖，在2018年12月获得第十九届中国绿色食品博览会金奖。连续举办了四届盐津农产品推介展销暨产业扶贫成果展示会，向全县及周边地区消费者宣传盐津农特产品。此外，还充分利用电商、微商等网络信息平台和实体销售网点宣传与销售盐津茶叶产品。

（作者时任盐津县农业农村局副局长）

探索产业新模式　龙头带动促增收

——牛寨乡“大产业＋新主体＋新平台”促产业发展纪实

郑　帅

2019年8月25日，牛寨乡敦厚村文化广场上人头攒动，个个低头数着手里的现金。他们手里数的到底是什么钱？原来是村集体发展产业正在举行务工工资和土地租金发放仪式。

牛寨乡在抓实产业发展上积极探索，严格按照“村村有特色、组组有看点、户户有支撑”的工作要求，围绕“产区变景区、田园变公园、产品变礼品”三变思路，紧扣“一村一品”产业布局，以乌骨鸡、肉牛、花卉、中药材、茶叶、果蔬为主，推动产业发展。全乡先后完成花卉种植3500亩、甜柿12000亩、猕猴桃8000亩、茶叶5500亩、中药材3000亩、蔬菜20000亩，建乌骨鸡示范场10个，散养鸡舍386个，50头规模以上的养牛圈舍49个，鉴定无公害农产品1个，注册商标5个。

三生三变，激发产业活力

土地入股地生钱。由于青壮年大量外出务工，农村土地大量闲置，牛寨乡从源头出手，让闲置的资源活了起来。牛塘村借鉴“塘约”经验，整村一体，按照“入股自愿、退股自由”的原则，群众以土地、山林等资源折价入股村集体，由村集体统一运营管理。按照 10 度以下每亩 300 元、10° —25° 每亩 200 元、25° 以上每亩 100 元进行分级估价，折算股份，实行股份每股 100 元，折算到户、按户持股。在收益分配上，土地流转金既是租金又是股金。把租金称为基本股，把股金称为利润股，基本股按年度兑现给村民，确保土地增值；而利润股则再分为集体股、社员股，利润分配按照 3 ： 7 执行。集体股主要用于公司扩大再生产、二次分红、管理业绩等；社员股归全体社员分红。牛塘村 512 户群众 3028 亩土地，按照 100 元 / 股折算为 4801 股，全部入股到村集体，2019 年最少的一户分得 978 元，最多的 4892 元。通过土地入股集中经营，提高了土地利用率，实现了土地资源变为有收益的资产，让“从土里刨食的庄稼汉”变为“在土里掘金的新农民”。

资金入股钱生钱。资金短缺是影响产业发展最直接、最关键因素。牛寨乡在利用好涉农资金的基础上，充分调动社会资金，发挥资金的聚合效应，推动了产业规模化发展。敦厚村集中了村民 1210 亩土地订单发展花卉苗木，村集体根据产业发展的资金需求和投入量，按照每股 600 元的定额，划定 700 股用于本村村民资金入股，既能缓解产业发展资金不足的困境，也能盘活村民手中闲置的资金。社会资金采用“一次入股，年年分红”的模式，五年为一周期，不列入公司的原始股，只参与每年公司纯利润的分红。2018 年，敦厚村实现首次分红，群众除土地、劳务等正常收益外，每股还分得 100 余元。资金入股，让群众的闲置资金变为股金，达到钱生钱的效果。

劳力入股力生钱。牛寨乡在产业发展，充分考虑农村剩余劳动力的问题，通过“村集体 + 龙头企业 + 农户”合作模式，破解了这一难题。万和村通过引进龙头企业，采取“村集体公司 + 企业 + 农户”三方深度合作，采取“1 : 3 : 6”模式〔村集体公司以管理和 1500 元 / 亩项目资金入股，占股 10%；企业以技术、种苗、水泥桩、拉线、农药、肥料、部分管理用具、市场对接及保底回收（低于市场价按保底价2元/斤）入股，占股30%；农户以土地和劳动力入股，占股60%〕，三方利用各自优势，实现了“利益共享、风险共担”的共生共赢，目前万和村已建成猕猴桃示范园300亩，带动发展猕猴桃6000亩，2019年，部分猕猴桃实现采摘。新华村以“3 ∶ 7 ∶ 90”模式（村集体公司负责土地、劳动力、管理等占股3%；企业负责技术指导、品牌创建、市场营销、保底回收等占股7%；农民以土地、劳动力和农药、肥料等入股集体公司，占股90%），引进企业合作发展甜柿12000亩，目前投产的300多亩甜柿按照4—10元/公斤出售，亩均收益1万元以上。

管销并重，做实致富产业

三联系抓管理。产业发展之初，发生了种植户“重建轻管、只建不管”的状况，虽然村集体竭尽全力，但效果依然不佳。为了破解这一难题，牛寨乡率先推行了“三联系、四联动”的党建网格化管理，即实行村级驻片干部联系党支部、支委联系党员、党员联系群众的“三联系”工作方式，再采取党员承诺推动、先进示范带动、严管促进后动、集体托管儆动的“四联动”推动产业管护，基本实现了产业变优、环境变美、社会变稳、民风变淳、基础变牢的“五联变”效果。“党建网格化管理”充分发挥了党员的先锋模范作用和党组织的战斗堡垒作用，产业管护和社会管理取得良好效果。

抓品牌重销售。产业发展，产销对接是关键，如果销售环节没做好，前面的生产就前功尽弃，后面的利益联结也无从谈起。占领市场，品质是基础，品牌是关键。合作公司经过多年发展，已经奋斗成比较专业的市场主体，一头连生产，一头连市场，利用自身线上线下销售渠道，与群众签订产品回购合同，在市场低迷时，保底回收。同时，依托牛寨富氧富硒的优势，推进“三品一标”建设，注册了“云硒”“邦兴”“云栀果”等自主品牌，400公顷甜柿获得有机食品认证。

抓示范促带动。一是打好“乌鸡牌”。多年的实践告诉我们，乌鸡品质的好坏决定乌鸡的未来。牛寨乡严格按照县委“抓两头带中间”的总体思路，争做乌鸡产业塔尖上的10%。滇凤保种选育场已完成五通一平基础设施建设，完成第一期六座鸡舍建设，第一座育雏鸡舍笼完成组装，第一批种鸡鸡苗正式投入养殖。紧紧抓住中间养鸡环节，采取政府补贴方式，建设10家示范场、55个代养点和鸡舍504个，积极推动群众散养。绿源屠宰加工项目屠宰厂房主体全部完成，正在进行装饰装修和地面塑胶；冻库和深加工地面工程基本结束。二是打好“肉牛牌”。强力推进石板溪肉牛养殖示范场、四村联动养殖小区（万和村、牛寨村、龙茶村、安乐社区）建设，牛寨村村集体肉牛养殖示范场已全面完成建设，49户大户建设牛舍已完工。草山种植面积3000亩，养牛贷款农户已申请120户，成功贷款86户，贷款644万元。三是打好“茶叶牌”。茶坊庄园结合龙茶村的实际，把庄园建设与龙茶的发展融为一体，按照“两区三极四组团”产业布局，流转农户荒地500亩种植茶叶示范园，带动龙茶村农户种茶2500余亩。企业负责茶叶种植技术培训，回收茶叶，每年可增加临时就业岗位3000人次，实现农户就近务工。已推出云黄、云上红、茶花蜜等茶叶产品及衍生品，注册了“云黄”商标。“云黄”黄金芽从2016年到2017年参加“蒙顶山杯”中国黄茶斗茶大赛获得金奖，2018年获得特别金奖。

牛寨乡不断探索创新新模式，推动产业转变升级。一是让沉睡资源活了起来。通过入股，盘活了闲置资源，土地、资金利用率得到提高，进一步激活各类生产要素潜能、充分将劳动能力从土地上转移出来，身强力壮的外出务工，其余劳动力实现就近务工。二是让增收渠道多了起来。土地入股得租金，按年支付；资金入股得股金，按股分红；劳动务工得薪金，多劳多得。做到了家家有资本，户户成股东，人人有股份，年年有分红。三是让关联产业强了起来。通过统一规划，实现产业“长短结合、以短养长”适度规模的发展，关联产业变强，基本实现“村村有特色、组组有亮点、户户有支撑”的目标。四是让美丽乡村活了起来。产业的发展有效整合各种资源，全力补齐水、电、路、房、网等基础设施短板，带动了外出群众返乡创业，带动了招商引资，带动了干部群众比学赶超。

（作者系牛寨乡人民政府党政综合办公室工作人员）

从“万水千山”到“近在咫尺”

——盐津县电商扶贫纪实

刘　普

盐津作为全国扶贫攻坚主战场之一，是云南省集中连片特殊贫困地区。虽生物资源丰富，品质优良，但由于受交通、信息、经济状况等因素制约，优质农产品“卖难”问题突出，“富庶的贫困”严重制约当地脱贫步伐。

面对如期脱贫和同步小康的双重任务，盐津这只“弱鸟”选择电子商务作为“快车道”路径，开始尝试让扶贫攻坚插上电子商务的翅膀，积极探索电子商务助推扶贫攻坚的新模式，推进扶贫攻坚和电子商务的深度融合。

2015年成立电商产业发展领导小组，积极推动盐津电商发展，2017年8月成功申报了国家电子商务进农村综合示范县项目，以此项目为助推手。一是强化电商精准扶贫体系。按照电商规划要求，将电商与“一精品、三有机”扶贫产业和贫困村集体经济精准对接，建立产品追溯体系，提升打造公共品牌，全力推动扶贫产业产品上行，把电商建设成为产业扶贫的重要平台载体。二是完善提升电商扶贫公共服务和物流配送体系。建成1个县级服务中心，10个乡级服务站，94个村级服务点，实现了全县电商公共服务全覆盖。建成10个乡镇物流配送站（包含豆沙、落雁2个标准化物流站）；现已物流配送到村，并引导企业间合作开展农村物流的业务，充分整合各类资源，进一步降低物流成本，减少群众支出。三是加强电商人才培训。以县级电子商务公共服务中心为教育基地开展电商培训，积极组织乡级电商服务站开展电商培训。

“我网店里的乌骨鸡、竹笋、腊肉、土蜂蜜等农特产品很受欢迎，现在足不出户，只要鼠标一点，月收入就有2万元左右。”盐津县豆沙镇下岗职工陈祥自豪地说。

在几年前，陈祥还只是一个普通的下岗职工，乘着全县发展电商的东风，他华丽转身，蜕变成了一位下岗创业先锋，仅2018年，陈祥通过淘宝、微信、众筹等销售渠道，销售额达160多万元。

就电子商务运营模式来看，刚好把盐津农特产品经营分散、品种多规模小、产业链短的劣势转化为优势，扬长避短，把有限的力量用在刀刃上，成为行之有效的脱贫路径，并探索出了符合盐津实际的电商扶贫之路。2017年，云南商务厅确定为电商扶贫试点县，实现了从试点到示范的成功跨越。

中和镇艾田社区小伙子陶友元，看到电商在家乡发展得如火如荼，毅然辞掉在浙江的工作，回乡开办网店售卖农特产品。近一年来，经过精心策划和运营，陶友元的网店销量大增，店铺信誉等级从0升到5钻，被消费者誉为“月饼童子”，月收入达到3万元以上。

2014年7月，钟梅返乡创业，搭建普洱镇第一家电子商务平台“大盐津商城”。2015年成立以“大盐津”为域名的微信公众号，同年荣获昭通市新媒体协“最佳团队奖”。2016年6月与阿里巴巴农村淘宝合作，荣获阿里巴巴盐津县销售最佳奖。2017年8月创办盐津捷诚传媒有限公司，从事电商与信息传媒工作。2018年建立“盐津特产荟”淘宝店线上乡下销售盐津特色农产品。几年来共销售产品近5000余万元。

通过电商平台，盐津特色农产品成功实现消费者、产品与市场的对接，一个个绿色、生态、有机的产品正成为市场、消费者的“宠儿”。

直播间内网购消费者的高呼“县长你最帅”，短短20分钟，网货产品1200多单就被客户“消灭”，盐津县范金辉副县长从容地笑了。“三步一个林青霞，五步一个张曼玉。”驻村扶贫总队长张进国介绍着盐津乌骨鸡（吃乌骨鸡的好处）。盐津乌骨鸡，获国家农产品地理标识产品。产于云南省昭通市盐津县，它集美味、保健、药用为一体。其汤清味香，肉质细嫩、风味独特、营养丰富，含人体所必需的7种氨基酸，具有较好的滋补、药用作用。该鸡还具有抗衰老、延年益寿、乌黑毛发、润肤美容之功效。因此，被人们誉为“食为肉之冠，药为肉之首”的美称，国庆节期间盐津乌骨鸡将进入国宴，属于云南省六大名鸡之首。

目前，全县已开发了适销产品800多类2000多种，建成网货供应平台10个，形成了盐津乌骨鸡、盐津腊肉、艾田月饼、盐津茶叶、庙坝白酒、兴隆粉条、落雁状元米、罗锅铲等知名网货品牌，引进培育了小花生、水库鱼、天麻、黄精、肉牛等一大批适合网销的农特产品，全县认证“三品一标”46个。

同时，以市场为导向，盐津为每个试点贫困村研究确定了适宜网络销售的主打农特产品，积极制定农产品生产加工地方标准，推进标准化生产。每个试点乡镇扶持发展一个特色农产品生产、加工、包装、销售的龙头企业；对试点乡村农业专合组织、土地流转企业和能人大户，以贷款贴息或以奖代补的方式进行扶持，促进农产品龙头企业、专合组织和能人大户与电商交易平台对接，与贫困户建立利益联结机制，吸引贫困户参与进来，实现多形式增收就业。

如今，盐津已初步形成了线上线下互动、农户客户直通、增收增智并重的电商扶贫格局，全县累计开办各类平台网店1700多家，微商微店960多家，累计实现网络销售近50亿元，带动就业人数3万多人，物流吞吐量从2015年的90万单提高到2019年的2300万单。“政府引导是关键、搭建平台是基础、配套服务是保障、产品质量是根本、微媒宣传是重要手段”的电商扶贫“盐津经验”得到进一步发展壮大。

（作者系盐津县工信局商务股工作人员）

彰显民生保障　全力促进脱贫

——盐津县社会兜底保障工作纪实

郎学权

近年来，盐津县坚持改革创新，增强服务能力，聚焦脱贫攻坚，聚焦特殊群体，聚焦群众关切，履行基本民生保障、基层社会治理、基本社会服务等职责，为决战决胜脱贫攻坚、全面建成小康社会发挥了积极作用。

推进“阳光低保”，实现兜底保障对象精准

为确保贫困人口“两不愁”问题得到有效解决，县民政部门与扶贫、人社、卫健、残联等部门开展数据比对，建档立卡贫困户中未脱贫、全户无劳力或弱劳力、重残重病、人均纯收入低于标准线的家庭，纳入农村低保范围。“无业可扶、无力脱贫”的低保对象确定为兜底保障对象，“有业可扶、有力脱贫但目前生活困难符合低保条件”的确定为一般保障对象。建档立卡贫困对象中的低保对象，通过就业创业或产业扶持人均收入超过低保保障标准的，按原享受的低保政策给予 6—12 个月的救助渐退期，做到脱贫不脱保，确保其能稳定脱贫，实现农村低保与贫困线“两线合一”。定期对低保对象家庭及其生活状况进行调查，根据低保对象家庭经济变化

情况适时调整保障类别或按程序予以退出，新识别符合条件的，及时按程序纳入低保范围，确保困难群众的收入、生活水平不降低。截至2020年7月，全县纳入农村低保对象21134户42898人，其中建档立卡贫困户10080户21586人，占保障对象的50.32%；特困供养对象2190户2299人，其中建档立卡贫困户887户958人，占供养对象的41.67%；城市低保对象5212户10252人，其中建档立卡贫困户2951户6723人，占保障对象的65.58%。

推进养老服务体系建设，提升养老服务质量

近年来，县民政部门抓住机遇、强势推进、整合有效资源，加大城乡社区养老服务设施、场所建设，扶持和鼓励社会力量兴办民办养老机构，形成以居家为基础、社区为依托、机构为补充、医养融合发展的养老服务体系，让弱势群体住有所居、老有所养、病有所医、老有所乐。整合资金4550余万元，先后建成普洱雷家岩敬老院、中和中心敬老院、牛寨敬老院、豆沙古镇敬老院4所农村敬老院。在院老人519名，特困供养488人，其中失能老人102人、半失能老人212人，失能、半失能中建档立卡户123人，从根本上解决了城乡特困老人“吃、穿、住、医”等困难。

2013年12月，盐津县通过招商引资，投资4000余万元，在盐井镇豆芽沟建成“鼎成老年公寓”；整合资金1240万元，新建、改扩建居家养老服务中心12个、农村互助养老服务站7个；加快推进省政府10件惠民实事养老服务项目（盐津县中心敬老院）建设，解决300名特困供养人员的安全住房和生活保障问题。目前，全县各类养老机构共有床位1785张，每千名老人拥有养老床位31.5张。同时，民政部门还建立了分散供养特困人员定期巡访制度，为失能、半失能特困人员家庭提供免费培训和照护指导，确保分散供养特困人员得到有效照护。

服务易迁扶贫群众，确保搬得来、稳得住

县民政部门积极配合政府做好服务易迁困难群众扶贫工作，加强集中安置点基层政权建设和社区治理，统筹规划建设居家养老服务中心、儿童之家等社会福利服务设施。在水田新区安置点组建团结社区，组建老年之家、儿童之家。在中和镇清河社区红布小区、落雁乡及第社区桦槁坪、兴隆乡仁富社区花斑沟、庙坝镇聚龙社区等4个安置点分别组建老年之家或居家养老服务中心，完善公共服务设施，服务易迁群众。设立办事机构，方便易迁群众办事。水田安置点临时党工委成立后，及时设立民政事务服务中心，派出2名正式工作人员和5名社工，协助团结社区受理并核实易迁群众的困难救助申请。同时重点关注易迁群众“两不愁”问题，把符合条件的易迁群众纳入城乡低保，保障其基本生活，确保“搬得出、稳得住、能致富”。截至2020年7月，全县易迁进城入镇的建档立卡户中，纳入城市低保2767户6426人，纳入农村低保1068户2314人，纳入特困供养201户220人，纳入孤儿及事实无人抚养儿童救助121人。同时，发挥好临时救助补短板的作用，对易地扶贫搬迁对象搬迁过渡期发生的突发性、临时性、紧迫性生活困难，及时给予临时救助，民政部门安排临时救助资金1500万元，临时救助5191人次1004.11万元，其中卡户2820人551.42万元。

强化基层建设，提升村、社区服务质量

本着“因地制宜，实事求是，合理规划，便于管理”的原则，盐津先后组建普洱镇大河社区、小河社区、跳桥社区等14个社区，目前全县社区达20个。采取“争取上级投入一点、县级配套一点、部门整合一点、社会资

金筹措一点”的办法，先后筹资1087.9万元，新建、改扩建社区办公用房16个（均在400平方米以上），把每个社区建成“管理有序、服务完善、环境优美、治安良好、人际关系和谐”的新型社区。新建村委会办公活动场所25个、改扩建15个（均在400平方米以上），按照党员活动、村民议事、便民服务、教育培训、文化娱乐“五位一体”功能定位，把村级活动场所建设成为村党组织、村民委员会服务群众的综合阵地。指导各村（社区）结合实际，进一步修订完善村规民约和居民公约，夯实农村基层组织建设，着力提升村（社区）治理水平。

落实关爱保护措施，促进孤残儿童健康成长

县民政部门利用国家对孤儿及事实无人抚养儿童基本生活补助标准提高的好政策，积极协调财政、卫健、教体、妇联等部门，分年龄、分教育阶段落实孤儿及事实无人抚养儿童的教育问题。截至2020年6月，全县有孤儿和事实无人抚养儿童792名。同时，建立健全“政府主导、家庭尽责、部门协同、全民关爱”的农村留守儿童关爱救助保护体系，县、乡（镇）、村（社区）建立完善强制报告、应急处置、评估帮扶、监护干预等救助保护机制，维护和保障留守儿童、困境儿童的各项权益。各部门形成各司其职、分工协作、齐抓共管、整体推进的良好工作格局。无人监护和父母无监护能力的农村留守儿童落实监护责任，100%签订委托照料监护协议，确保“平时有人照应、生病有人看护”。

推进殡葬改革，移风易俗树丧葬新风

县民政部门结合县情，推进殡葬改革。2010年12月，通过招商引资，总投资5.3亿元，先后建成九龙山公墓、九龙山殡仪馆、亲情祭拜中心。县委、县政府将全县10个乡（镇）的20个社区41个行政村19.5万人划为火化区范围，占全县总人口的51%。积极探索殡葬管理、投资运营方式，实行亲情祭拜中心—殡仪馆—九龙山公墓“一条龙”经营服务，由投资方投资、经营，由县民政局管理、执法。自2013年10月25日首例遗体在县九龙山殡仪馆实施火化以来，截至目前全县已火化遗体1300多具。组建殡葬管理机构，加大执法监督力度，全面清理辖区内“活人墓”，严肃查处打碑造墓、棺木制作销售等行为。先后落实殡葬惠民资金300万元，指导每个乡镇划定公益性公墓区，确保“三沿六区”范围内迁葬坟墓“迁有经费、葬有地方”。

（作者系盐津县民政局社会事务股工作人员）

群策群力，改善农村人居环境

——盐津县农村人居环境提升工作纪实

杨光明

贫困户脱贫不但要从物质上脱贫，还要从精神上脱贫，从精神面貌上脱贫，人居环境就是体现精神面貌的一个方面。盐津县为让贫困户实现物质精神双脱贫，在大力改善贫困户“两不愁、三保障”的同时，通过各种政策和措施改善农村人居环境。

制定方案，计划先行

2016 年 11 月，盐津县人民政府办公室印发了《盐津县进一步提升城乡人居环境五年行动计划（2016—2020 年）》，提出在城市开展“四治三改一拆两增”行动，在农村开展“七改三清”行动，并制定了详细的计划任务分解表；2018 年 11 月，中共盐津县委办公室、盐津县人民政府办公室印发了《盐津县农村人居环境整治三年行动实施细则（2018—2020 年）》，提出在继续深入推进城乡“四治三改一拆两增”、村庄“七改三清”五年行动计划的基础上，扎实推进 8 项重点任务；2018 年 11 月，盐津县人民政府办公室印发了《盐津县“厕所革命”三年行动实施方案（2018—2020 年）》，明确了 2020 年要达到的目标和每年应完成的任务，并作了详细分解。对人居环境作出具体安排的文件或方案还有《盐津县开展“百村示范、千村整治”行动全面实施乡村振兴战略实施方案》《盐津县落实“九项制度”强力推动农村人居环境提升的实施方案》《中共盐津县委办公室、盐津县人民政府办公室关于开展“清洁家园”行动的通知》等。

建立机构，有序推进

2016 年年底，根据《盐津县进一步提升城乡人居环境五年行动计划（2016—2020 年）》成立了由县委书记、县长任双组长的盐津县提升城乡人居环境行动领导小组，领导组下设两个督导组在县人大常委会和县政协，下设办公室在住建局，自此正式开启人居环境整治工作。因职能职责调整，2019 年 9 月，成立了由县委副书记任组长，政法委书记、政府分管副县长任副组长，各相关单位负责人为成员的盐津县农村人居环境整治工作领导小组，领导小组下设办公室和村庄规划、农村生活垃圾治理、农村生活污水治理、农村“厕所革命”等 4 个专项小组，农村人居环境整治正式从城乡人居环境中独立出来，明确了各行业部门职责。2020 年 3 月，成立了由县委书记、县长任双组长的落实“九项制度”强力推动农村人居环境提升工作领导小组（即盐津县农村人居环境整治工作领导小组），领导小组下设办公室（即盐津县农村人居环境整治工作领导小组办公室）在县委办督察股，由县委办分管督察工作的副主任兼任办公室主任。办公室从 4 月下旬正式运行，各乡镇也相继成立了领导小组及办公室，从此开启了农村人居环境整治工作新的篇章。

建设设施，打牢基础

2016年以来，全县共建易地扶贫搬迁安置点29个，搬迁安置7052户。完成无害化卫生户厕改建8456座，改建农村公厕86座，提质改造乡镇镇区公厕31座，建乡（镇）垃圾热解处理站9个，建垃圾房1320个，购买垃圾清运车73辆，建镇区污水处理厂1个，建村庄污水处理站27个，安装太阳能路灯6760盏，硬化村组道路1055.885公里，硬化户间道281.63公里。

网格管理，责任到人

2018年以来，盐津县结合脱贫攻坚工作，农村人居环境整治实行网格化管理，县乡两级党政一把手对本辖区内的农村人居环境整治负总责，分管领导具体抓，村级由脱贫攻坚指挥部指挥长负总责，村支书协助，各片由片区长（帮扶单位安排）负责，村上的驻片干部协助，村民小组实行第一小组长（帮扶单位从帮扶干部中指派，主要负责建档立卡户的家居环境卫生）和村民小组长（主要负责非建档立卡户的家居环境卫生）共同负责，帮扶干部负责各自挂包建档立卡户的家居环境卫生，村庄环境、路域环境、水域环境由公益性岗位和低保户在家劳动力组成的保洁队伍实行分段分片负责，人居环境整治实现了层层有人抓、事事有人管，真正做到了全覆盖、无死角。

发动群众，清洁家园

盐津县在人居环境整治工作中充分发挥农民主体作用，通过乡村干部、帮扶干部向农户大力宣传人居环境整治的目的和意义，在“七改三清”行动中、“三清一改一提升”的村庄清洁行动中、农村人居环境整治提升的人海战中、“清洁家园”行动中极大地调动了广大群众的积极性和主动性，特别是村组干部和农村党员在农村人居环境整治中起到了很好的带头作用，广大群众在这一过程中逐步实现了从“要我干”向“我要干”转变。2016年以来，共发动农民群众投工投劳20万余人次整治农村人居环境。

积极创新，各显神通

在农村人居环境整治中，各地大胆创新、各显其能，列举如下。

牛寨乡采取“1234”法开展农村环境整治。“1”就是打牢一个基础，即做好“拆危、建新、改旧”工作；“2”就是建好两个机制，即建立完善垃圾清运保洁收费机制和环境卫生评比机制；“3”就是用活三支队伍，即整合帮扶干部、村干部、党员三支队伍力量，实行网格化管理，责任到人、工作到户；“4”就是落实四个奖惩，即根据每月对环境卫生的检查评比结果，分别对帮扶干部、村干部、党员、农户给予相应的奖惩。

落雁乡念好“拆、建、管、评”四字诀，强势推进人居环境提升工作。落雁乡坚持做好“拆、建、管、评”四字诀，推动爱国卫生运动“五大行动”和农村人居环境整治提升。1. 拆旧危，展新貌；2. 建新村，换新颜；3. 管得好，见成效；4. 公开评，促提升。

牛寨乡牛塘村实行垃圾清运收费和积分奖惩制度，提升农村人居环境。垃圾清运费用实行按年收费，标准为一般农户60元、商店300元、农家乐600元，如农户办红白喜事每次加收100元，农户将垃圾放在指定的垃圾房中，由村集体公司聘请人员定期开展垃圾清运。设立爱心超市，对农户的家居环境卫生每月进行检查评比，评比获得评分，评分换算积分，积分兑换物品；对连续3次评比得“不卫生”农户执行“黑名单”“歇帮”制度，停止服务，必须连续两个月评分在8分以上方可恢复服务。

盐井镇花苞村实行包片负责和示范带动，提升农村人居环境。村上的驻片干部、村民小组长负责各自区域内村组道路、家居环境的整治、督促和检查评比；公益性岗位对村主干道、河道环境卫生实行分段负责；帮扶干部参与贫困户人居环境整治工作；选择条件较好的七里半、花包树、刘家沟等村民小组为示范点，进行重点打造，以带动其他村民小组；根据每月检查结果评选出一批卫生示范户，进行挂牌、宣传和奖励，以带动其他农户。

兴隆乡保宁村采取“六看”工作法，推进农村人居环境整治。为持续开展农村人居环境整治提升工作，保宁村创新推出“一看地面二看墙、三看家具四看床、五看厕所和厨房、六看院落脏不脏”的“六看”工作法，解决农村“脏、乱、差”突出问题，从零星治理到统筹推进，使农村家庭环境卫生整治工作实现规范化、制度化、长效化，不断改善农村人居环境，提高群众幸福指数。建立健全三大机制，从根源上解决全村环境卫生“如何管”的现实问题。

面貌提升，成效显著

通过几年的努力，盐津的农村人居环境有了明显改善，29个易迁安置点设施齐全、美丽宜居；40个特色示范型村庄各具特色、典型示范；315个干净整洁型村庄干净整洁、规范有序；公共厕所制度上墙、管理规范；村庄环境、路域环境、水域环境、家居环境整治有效、提升明显；农村“厕所革命”、农村生活垃圾治理、农村生活污水治理、村庄规划有序推进、成效明显；乡村公路普遍硬化、四通八达；村民环卫意识明显增强，精神面貌焕然一新。实现了干干净净脱贫困、整整洁洁迎小康的既定目标。

（作者系盐津县农村人居环境整治工作领导小组办公室工作人员）

精准帮扶显真情　危房改造暖人心

——盐津县农村危房改造工作纪实

汪文钐

盐津县地处乌蒙山核心地带，山高坡陡及特殊地质原因，自然灾害频发，全县贫困面大、贫困程度深，是集民族、山区、贫困“三位一体”的国家重点扶持贫困县。气候上，盐津属于亚热带与温带共存的季风立体气候，夏季炎热，冬季偏暖，雨量充沛，气候湿润。由于特殊的地理位置和气候等条件，盐津农村危房改造工作面临诸多困难：山高路陡，建房材料运输困难。盐津地处乌蒙山区，峰峦叠嶂，山势坡度大，且交通不便，造成农村危房改造材料运输困难；冬寒夏热，建房进度缓慢。由于特殊的气候环境，盐津气候湿润，降雨量大，这使得在改造，特别是新建房屋的过程中，建房进度推进缓慢；自筹能力不足，无法建房。每年初春之际，大部分青壮年劳动力便远赴沿海一带务工养家糊口，家里多为一些老弱病残，在建房时劳力不足，建房困难。

精准聚焦　攻克危房改造堡垒

在农村危房改造进程中，盐津始终把质量放在第一位，在推进农村危房改造进度的同时，始终抓好房子质量问题，在保证质量的前提下，加快进度，确保全县贫困人口住房安全。

在农村危房改造过程中，盐津始终坚持“危房不住人、住人无危房”的原则，应改尽改，确保每一户老百姓都居住在安全住房中。2019 年 5 月，组织帮扶干部和县乡村工作人员，对农户现居住住房一户不漏逐一排查，以房找人，以人找房，再次排查出房屋不安全的农户，对符合农村危房改造条件的，纳入农村危房改造，确保在危房改造的路上不让一户掉队。在房屋质量问题的把控上，通过现场培训、视频培训、实地指导等多种方式，对深度贫困地区各级工作人员及农村工匠进行政策技术培训，消除农村危房改造政策和技术盲区、误区。

在危房的鉴定上，采取委托第三方鉴定机构的方式，根据《云南省农村住房安全性鉴定技术导则》，对全县住房进行全面鉴定，对危房进行改造，安全住房挂牌上墙，建立县、乡、村三级工作台账，做到“一户不漏”。

坚持把实现贫困户住房安全有保障作为当前头等大事来抓，成立农村危房改造督察组，由县级领导担任组长，组成十个督察组，分别负责各自乡镇的农危改督察工作。制定农村危房改造 4 类对象实施方案、农村贫困人口住房安全有保障攻坚行动方案等，制定完善档案管理、挂牌督战、核查检查等一系列配套文件，不折不扣地把党中央和各级党委政府关于精准脱贫的要求落到实处，确保困难群众住房安全有保障。

圆梦小康　乔迁新居感党恩

自 2016 年来，全县共实施农村危房改造 17494 户，其中 2016 年 392 户，2017 年 3300 户，2018 年 3825 户，2019 年（含 2020 年提前实施）9977 户。

“以前下雨的时候怕得很，总是担心房子漏雨，现在政府把房子给我们加固过了，也换了瓦，下雨就不再担心房子漏雨了。”中和镇艾田村村民成长万这样说，成长万家享受了 2018 年的农村危房改造修缮加固政策，以前破败不规则的瓦屋面现在换成青色的琉璃瓦，入户院子干干净净，处处透露着欣欣向荣的生活气息。像成长万这样的农户在盐津随处可见，安全稳固的房子让一家人奔小康有了更多的动力。

柿子镇双草坝村民小组的村民赵忠群说，以前一家人住在祖祖辈辈留下来的土木房子里，时间长了很陈旧。赶上农村危房改造的好时机，政府补助了 3.2 万元，村上想办法帮忙筹借了 6000 多元先垫上，不仅修好了 80 多平方米的漂亮宽敞的房子，连过冬的铺盖也是政府帮忙送来的。

建起了新房，搬进了新居，村民赵竹莲的喜悦溢于言表，她说："家里没有大的收入来源，主要靠种庄稼、养猪来维持正常生活，而且老伴身体不好，生活很拮据，多年来一家四口一直挤在老房子里。都是靠政策，我家终于盖了新房，县里和村里的领导还经常来家里，问有什么困难。感谢党委政府，现在村前屋后的路通了，房子也建起来了，我们的日子越来越有盼头了。"

柿子镇岔河村委会党支部书记黄锐说，从 2017 年开始，岔河村把脱贫攻坚列为所有工作的重中之重，全村 450 多户，农村危房改造就实施了 274 户，占全村一半以上，重建工作大大改变了村风村貌。黄锐认为，在潜移默化的工作中，岔河村有了几个方面的变化，群众从开始的不理解到支持认可，实实在在的帮扶拉近了干群关系；土房茅草房变成了砖混新房，这个三山两沟的地方焕然一新；群众从烧秸秆柴草到用上电磁炉、电饭煲，生活习惯改变了；从以前的人畜混居到现在的规范划分，卫生条件也变了。

（作者系盐津县住建局村镇股工作人员）

拆危拆旧彰显盐津魄力
改善环境助力脱贫攻坚

——盐津县拆危拆旧工作纪实

郭　斌

拆危拆旧是保障安全住房的有力支撑，是打赢脱贫攻坚战的重要保障，是实现乡村振兴的重要前提，更是建设小康社会的必然选择。脱贫攻坚伊始，走进各村，随处可见残垣断壁以及破败不堪的老旧房，林林总总夹杂在住房周边，与漂亮的安全住房显得格格不入，尤为扎眼，既影响村容村貌又存在安全隐患。要全面打赢脱贫攻坚战，提升人居环境，消除农村安全隐患，拆危拆旧势在必行。

高位推动　常抓不懈显魄力

开展脱贫攻坚以来，盐津县委、县政府就把拆危拆旧作为一项长久工作，常抓不懈，成立了由县委领导任组长和副组长，各职能部门、各乡镇主要领导为成员的领导小组，以住建部门负责督查、指导、协调、督促，其他职能部门配合，各乡镇具体实施的拆危拆旧机制，为拆危拆旧奠定了组织保障，彰显了不清零不罢休的魄力。在 2019 年“百日攻坚”期间，将危旧房拆除推向前所未有的高度。

勇于担当　深入一线表决心

盐津县地形复杂、地势陡峭，村民念旧思想严重。在推进过程中，各种各样的问题层出不穷，钉子户、常年外出户、难缠户、未享受政策农户等一系列的困难和问题接踵而至，再加上很多只能靠人工拆除，拆除难度非常大。

面对很多棘手的问题，政府不松懈，牵头部门不畏惧，深入一线，最终攻克了一个又一个的难题。县住建局作为拆危拆旧牵头部门，勇于担当，2018 年夏季抽调执法大队 30 余人，顶着炎炎烈日，脖子上皮肤晒脱一层又一层，每日浸泡在汗水之中，集中帮助落雁乡拆除难缠户、钉子户。2020 年抽调执法大队 10 人，帮助盐井镇拆除难缠户、钉子户。同时，县住建局抽调综合执法大队 10 人组成拆危拆旧督促指导组，不分天晴下雨，不论春夏秋冬，对全县 10 个乡镇开展督促指导工作，对拆除有困难的，积极出谋划策，提供帮助，累计召开问题探讨会 30 余次，有效解决了拆危拆旧中出现的困难和问题。

走进群众　做细工作获支持

“现在我们村面临几个拆除难题，一是部分农户路途非常遥远，不通公路，人工单边至少走三个小时；二是易迁户两头住，不愿意拆除旧房，不然就是讲条件，工作非常难。”中和镇艾田村村主任袁诗金这样说。

中和镇艾田村改建下沟建档立卡户杨力光户，于 2018 年享受农危改政策，异地新建住房，由于老人存在念旧思想，原老旧房一直不同意拆除。县住建局职工韩瑾同志，作为该户帮扶责任人，长期坚持入户做工作，瘦弱的身影经常出现在那条泥泞的道路上，前后经历50余次思想工作，鞋子走烂了两双，终于获得支持，于2019年将该户原老旧房拆除。

自2015年以来，盐津县已累计拆除危旧房17833户，保障了人民群众生命财产安全。全县拆危拆旧拆除，巩固了脱贫攻坚成效，锻炼了干部作风，夯实了群众基础，拆出了亮洁美、拆出了文明新风，拆除了陈规陋习、拆除了农村“危险源”，拆出了广大人民群众对美好生活的向往。

（作者系盐津县住建局综合执法大队工作人员）

搬出大山　筑梦小康

——盐津县易地扶贫搬迁工作纪实

李长江

盐津县自然资源承载能力弱、地质灾害易发频发、公共服务设施落后、基础设施建造成本高。为全力破解“一方水土养不起养一方人”困局，盐津县紧紧聚焦“六类区域”贫困人口，发扬“搬不动大山就搬房，搬不动江河就搬人”的新时代愚公精神，把易地扶贫搬迁作为消除绝对贫困、推动城镇化、舒缓生态压力、留足发展空间的重大机遇和脱贫攻坚首场硬仗，以滚石上山的劲头和勇气，在崇山峻岭中展开了一场全民参与的易地扶贫攻坚战。

聚焦六类区域，精准锁定搬迁对象

盐津县聚焦六类区域贫困户人口，因地制宜、反复论证，合理划定搬迁区域，深入开展政策宣传，精准锁定搬迁对象，切实为易地扶贫搬迁扣牢了“第一颗扣子”。

（一）因地制宜，细化标准。结合盐津实际，盐津严格按照易地扶贫搬迁迁出区选择条件要求，在反复论证的基础上，对“地处深山，高寒偏远，交通不便，饱受泥石流、山体滑坡等自然灾害威胁，生产生活条件极度恶劣”等六类区域进行了细化，进一步明确区域、落实地块，最大限度地保证搬迁区域和搬迁对象准确性。

（二）高位推动，精准识别。坚持“群众自愿、应搬尽搬”原则，成立以县委书记、县长为双组长的易地搬迁对象摸底调查精准识别工作领导小组，抽派由挂包乡镇处级领导、挂包单位、乡镇、驻村工作队和村（社区）“三委”等共1100余名干部深入2602个村民小组，按照“不放过一个山头、不放弃一户人家、不遗漏一个程序”的全覆盖要求，逐村逐户摸底排查，精准锁定搬迁群众7052户31204人，其中建档立卡贫困人口6396户28774人，占全县总贫困人口的26%。

（三）强化宣传，引导搬迁。认真践行市委“133”工作思路，坚持以人民为中心，以群众工作为主线，在精准锁定搬迁对象的同时，县、乡、村三级干部不厌其烦地深入迁出区逐户逐人进行政策宣传和思想动员，帮助群众算好搬迁账、经济账、未来账，耐心细致地向群众解答“搬哪里、如何搬、搬后生计如何办”等问题，彻底消除搬迁群众的思想顾虑，自愿签订“一申请三协议”，切实做到自愿搬迁、主动搬迁。

科学规划布局，精心组织搬迁入住

充分考虑全县地质环境和资源禀赋，将易地扶贫搬迁安置与新型城镇化、农业现代化有机结合，通过采取“进县城、进集镇、进现有村庄和建设新村”的安置方式，科学编制搬迁规划，配套完善功能设施，用心、用情、用力帮助易迁群众搬新家、住新房。

（一）合理规划，科学布局。规划过程中，始终遵循城乡统筹、布局优化、集约用地、规模适度的原则，依托交通便利、基础设施及公共服务设施较好的行政村、集镇、工业园区和县城等优势区域，科学规划选址建设 29 个易地扶贫搬迁集中安置点。其中，县城安置点 1 个，乡镇安置点 6 个，中心村安置点 17 个，建新村安置点 5 个；城镇化安置比例 71.5%，集中安置比例达 98.96%，有效改善搬迁群众生产生活条件。

（二）强化配套，完善功能。按照“规模适宜、功能合理、经济安全、环境整洁、宜居宜业”和“缺什么补什么”的原则，结合省委、省政府“50 个有”工作目标，充分整合利用现有资源，配套完善安置点市政道路、医疗卫生、学校、商业网点等基础设施及公共服务设施，有效放大基础设施项目的集约效应、公共服务的组合效应和社会化服务的规模效应。按照“八个一”的要求，全县配套建设完成小学 2 所、幼儿园 2 所、卫生室 6 个、活动室 14 个、便民超市 10 个、文化广场 22 个，公厕 16 个、集中垃圾处理设施 28 个、养殖小区 8 个等设施。

（三）精心组织，有序搬家。坚持以“政策清、就业清、产业清、配套清、家底清”等“五清”工作为抓手，通过实践干部“一竿子插到底”、问题“一篓子带出来”、工作“一揽子向前推”“三个一”工作法，全县 36 名处级领导、86 名部门“一把手”和 2843 名干部全部驻村抵户，逐户落实包保责任人，与搬迁群众共商搬迁时间、财产清点、家物处置、打包封装、家具采购、物资运送等搬迁事宜，让群众搬得放心、搬得舒心，搬出幸福感。其中，作为全县搬迁人口最多的水田新区安置点，各乡镇通过采取以村、组为单位，集中组织、统一搬家等方式，仅用不到两个月时间共搬迁入住 2885 户 13253 人，搬迁入住率 93.95%。目前，易迁到水田新区安置点的群众已全部搬迁入住。

强化服务支撑，持续推进后续扶持

完善搬迁后续扶持政策，深入推进搬迁群众“搬得出”的同时，把安置点的管理服务作为搬迁群众“稳得住”的前提和保障，同步考虑易迁群众搬迁后的后续发展，积极引导搬迁群众从“输血”向“造血”蜕变。

（一）坚持党建引领，不断完善管理服务水平。按照“迁入地有人管，迁出地有人帮”原则，全面推行“社区党总支 + 片区长 + 楼栋长 + 党员 + 住户”五级网格化服务管理体系，共设立临时党工委（临时管委会）1 个、党支部 22 个、管委会 30 个，推选楼片长 268 名。同时，以水田新区安置点为试点，全面推行“11258”管理模式（即打造党建工作、群团工作和服务群众“一体化”管理格局；健全了楼栋长管理制度、社区居民公约等一套制度；强化社区与乡镇工作组双向联动管理；建强 1 个党总支战斗堡垒；构建了“社区党总支 + 片区长 + 楼栋长 + 党员 + 住户”的五级网格化服务体系；提供党组织服务、公共服务、文化教育服务、社会保障服务、医疗健康服务、就业创业服务、矛盾纠纷调解服务、公共设施维护保障服务八项服务），全面提升安置点社会化管理水平。同时，围绕“自强、诚信、感恩”教育，积极开展丰富多彩的文体活动，培育搬迁群众社会主义核心价值观，构建“管理有序、运转高效、服务完善、治安良好、保障有力、环境优美、文明祥和”的社区氛围，让搬迁群众尽快融入新环境、开启新生活。

（二）强化产业支撑，积极推进产业发展结构重组。按照全县产业规划布局，在迁出区，通过采取退耕还林、还草等政策，全面盘活迁出区“三块地”资源，积极鼓励企业、合作社、种养大户发展农业产业，并与搬迁群众建立紧密的利益联结机制，保障搬迁群众稳定持续增收。目前，19.01 万亩的“三块地”资源，已完成竹笋种植 4.33 万亩、牧草种植 1.51 万亩、肉牛养殖 1946 亩、乌鸡养殖 1263 亩、其他产业用途 2.13 万亩。在迁入区，充分利用安置点低层商铺、独立厂房等积极推动安置点扶贫车间建设，加大招商引资力度，积极引进电子元器、服装加工等劳动密集型企业，最大限度满足易迁劳动力就地就近就业。

（三）强化就业帮扶，切实保障易迁群众经济收入。在充分利用劳动力网格化管理模式，全面摸清易迁劳动力就业情况的基础上，不断强化劳动技能培训，并在安置点设立就业服务站，及时为易迁劳动力提供优质、有效的就业岗位信息，最大限度地提高易迁劳动力转移就业率；优先将安置点商铺、摊位出租给搬迁群众，并充分落实租金、资金等方面的优惠政策，引导搬迁群众自主创业。同时，积极开辟保洁员、环卫工等公益岗位，解决无就业技能的大龄劳动力就业问题，确保易地劳动力实现充分就业。如水田新区安置点通过引导自主创业解决就业 194 人，通过设置保洁、保安、楼栋长等公益岗位解决就业 339 个。目前，全县易地搬迁劳动力 1.81 万人，已转移就业 1.65 万人，转移就业率达 91.16%。

通过四年的不懈努力，身处“六类地区”的 6396 个建档立卡贫困家庭 28774 人已搬出了大山、住上了新房，正通过自身的努力全速开启崭新的生活模式，彻底解决了“一方水土养不起一方人”的困局，初步实现了城乡人口分布格局重构、产业发展结构重组、山区自然生态环境重塑的整体推进，易地扶贫搬迁的综合效应正叠加释放。

（作者时任盐津县发改局副局长、搬迁安置局局长）

不忘初心　矢志育人

——盐津县“办人民满意教育”纪实

方永华

自实施精准扶贫以来，盐津县以办人民满意教育为目标，转变传统教育模式，推进义务教育均衡发展，以促进教育公平为重点，以提升教育质量为核心，大力实施教育扶贫工作，初步建立起较高质量、更加公平、更有活力、更具特色的现代教育体系。

“……有‘中国梦’，我的梦才有生长的土壤；我的梦则聚成‘中国梦’坚实的底盘。”“要有梦想去期待，要用努力去付出，要去爱和你一路走过来的每个人。”“把握新时代……用力活着，才有分量；向前奔跑，才能抵达。”“既仰望天空，又脚踏实地，将个人理想融入民族复兴的伟大理想。”“大写的青春里不能缺少大写的家国情怀，要把自己的小我融入祖国和人民的大我，与时代同步伐，与人民共命运。”这是2016—2020年每年高考前夕，盐津县教育体育局局长廖代江写给莘莘学子的公开信。近几年，盐津县教育教学质量持续保持稳步提升，综合上线率、本科上线率均超过云南省平均水平。

“优先发展”夯实教育基

“要把教育事业作为长远民生、富民兴县的基础性工程优先发展，为县域经济发展提供强有力的智力支撑和人才保障。”这是盐津县委、县政府对盐津教育工作的要求。优先发展，在盐津从来不是一句口号。近年来，盐津县在全力打造生态农业大县、新型工业强县、全域旅游示范县的同时，深入实施“科教兴县”战略，深化教育综合改革，大力实施素质教育，全面落实城乡免费义务教育政策，形成了党以重教为先、政以兴教为本、民以支教为荣、师以从教为乐的良好氛围，育人环境不断优化，教育教学质量稳步提升，“两基”成果不断巩固提高，高中教育办学规模不断扩大，各级各类教育取得长足发展。《盐津县教育发展“十三五”规划》等纲领性文件为全县教育事业的发展提供了政策保障和支撑。盐津县政府坚持实行教育工作目标责任制，把教育工作目标责任纳入乡镇主要领导干部考核内容。各乡镇党委、政府把教育工作纳入重要议事日程，纳入本乡镇经济与社会发展规划，重视程度可见一斑。盐津县实行县级领导和各职能部门挂钩联系学校制度，县领导分片挂钩，亲自挂帅，深入基层解决教育教学中的热点难点问题。县人大和县政协定期对政府教育工作进行专项督查，督促学校依法治校、规范办学，形成了良好的办学氛围，为教育事业的健康发展提供了有力支撑。

为了实现城乡教育均衡发展，在基础差、底子薄、财政十分困难的情况下，盐津县千方百计增加教育投入，努力改善办学条件。2011 年至 2015 年，盐津县先后实施了校舍安全工程、农村薄弱学校改造工程、农村义务教育薄弱学校改造计划工程、学前教育工程等，共投入资金 34794.4 万元，新建或改扩建校舍面积 165084 平方米，排除危房 22931 平方米（其中 B 级 3146 平方米、C 级 4901 平方米、D 级 14884 平方米），改善了 134 所薄弱学校教育环境，全县教育基础设施得到了极大的改善。2015 年，盐津县地方一般预算收入 15175 万元，一般预算总支出 192999 万元，严重赤字财政。

尽管财政收入“捉襟见肘”，但盐津亦未放松在教育方面的投入。仅2014年，全县教育总支出高达4.8亿元，占全县财政总支出的24.5%。此外，县财政每年还拿出300万元补助农村边远山区教师，每年拿出300万元对优秀校长、先进教师、优秀班主任、优秀教育工作者等进行奖励。

配齐教育教学设备，以信息化破解农村教育均衡发展难题，亦是盐津县求解教育公平的一件大事。“十二五”期间，全县共投入资金3923.18万元，配备多媒体教室787间，图书35.16万册，实验室仪器143套，推动现代信息技术和“两室”在中小学教育教学工作中的应用，缩小了城乡教育教学差距，促进了全县义务教育均衡协调科学发展。

2019—2020学年，盐津县拥有各级各类学校247所；有各级各类在校生62783人。小学适龄儿童入学率99.9%，普通初中毛入学率100.7%，高中阶段毛入学率为84.56%；“十三五”期间，义务教育阶段学校完成新建校舍154925平方米，完成投资33406.51万元；乡村幼儿园完成新建校舍2935平方米，完成投资430.13万元；高中阶段完成新建校舍7997平方米，完成投资1644万元。通过资源整合，盐津县小学生均校园面积19.94平方米，生均校舍面积8.53平方米；初级中学生均校园面积14.36平方米，生均校舍面积7.94平方米；高中学校生均校园面积13.17平方米，生均校舍面积10.51平方米。全县计算机小学每100名学生有9.48台，初级中学每100名学生有10.21台，高级中学每100名学生有9.9台，逐步形成了体系全、基础实、发展快、效益好、结构优、质量高的良好教育格局。

“内涵发展”添彩教育生态

2013年年底，盐津县召开全县学校内涵发展工作启动会，制定了全县学校内涵发展项目三年目标，成立“盐津县学校内涵发展工作领导组”和

“内涵办”，从顶层设计到校长、专家培训，再到课堂转变的检阅“一竿子插到底”。

盐津县教育部门多方筹措，一次性为市项目办确定的26所项目学校配齐配足了多媒体设备，确保了设备班班有、信息班班通。建立鼓励机制，对内涵发展工作开展得好的村级完小进行奖励，大大提高了学校对推进内涵发展工作的积极性，增强了开展内涵发展工作的信心和决心。盐津县采取“外访内培、纵向学习、横向交流”的形式，先后派出校长、教学副校长、教导主任、骨干教师400余人次分别到上海、山东、宁波、武汉、昆明等地访学，邀请省内外专家学者到盐津开展校本课程专题培训，引领示范作用显著。

“我们开展内涵教育的目的，就是要让教育立足于生命原点，关注学生高层次思维能力的培养，助力学生成长为最好的自己，让教育教学焕发出无限的生命活力，从而滋养出美丽和谐的教育生态。”教育局局长廖代江说，学校内涵发展是教育改革的灵魂，是百年大计得以顺利实施的基础性工程。

让学前“玩”起来，让小学“慢”下来，让初中“宽”起来，让高中“活”起来，为此，盐津县推出了一系列内涵教育改革举措，打造学生的成长生态。一方面，通过与省内知名学校展开合作，结对帮扶，以片区教研、优质学校为载体，打造“一师一优课、一课一名师”，准确定位学校办学目标，指导学校有效建模、用模、推模；另一方面，与县总工会、文广旅局等部门联合举办书画展、中小学生运动会，举办学生才艺展示、“园丁杯”教师篮球运动会等，促进教师专业素质提升和学生全面发展。

“孩子们的心声，是对教育最好的解读。以前，老师们只关心自己讲课的水平，现在更重视如何激发孩子们的学习兴趣。”教育局局长廖代江说，“做一个幸福的老师，立足点是教好书育好人，让学生感受学习和生活的幸福。唯有学生幸福，做教师的才幸福。我们应常常反思自己的教育，是否在引导与帮助学生在生活中发现意义与充满意义？自己的教育教学是否给学生带来快乐？”

学深为师，德高为范。学是师之骨，德为师之魂。盐津县狠抓师德师风建设，呼吁全体教职员工要“做一个幸福的老师”。每年，盐津都要举办青年教师课堂教学竞赛、说课活动、送教下乡活动；积极开展校本教研和教育教学理论的研究，抓实教师培训和学校内涵发展工作；始终把职业道德、世界观、人生观、价值观作为教师队伍建设的头等大事来抓，不定期开展师德师风大讨论和师德师风大检查活动，规范教师的教育教学行为；严格执行教师八条纪律，积极开展“争先创优”和“优秀师德标兵”“优秀教师”“优秀班主任”“优秀学科带头人”等表彰活动。近年来，全县组织教师参加云南省农村骨干教师培训、国培计划、教师晋级履职培训、学校内涵发展工作等专题培训，共培训教师12235余人次，在职教师每年参加培训比例69.9%。

截至目前，盐津县实际推行内涵发展学校124所，各级各类学校的课堂和校本课程开发都有了质的变革。高中课堂上，高效课堂、问题教学、目标教学等新课堂模式方兴未艾；初中课堂上，孩子们的个性在展示中得到张扬，潜能在激情中得到迸发，智慧在碰撞中得到升华；小学课堂上，学习任务是一次次争取展示自我的机会。全县中小学“大课间”活动全面展开，武术操、竹竿舞、跳绳、呼啦圈、礼仪舞、中国少年说、感恩教育等形式多样，特色彰显，亮点纷呈，是贫困山区落实教育改革措施的优秀践行者。

“教育扶贫”擦亮民生底色

“扶贫重在扶‘智’和扶‘志’，教育扶贫是斩断贫困代际传递的‘杀手锏’。”教育局长廖代江认为，精准扶贫要教给贫困群众谋生和发家致富的本领，这样才会让贫困群众受益，做到物质与精神持续健康发展。扶贫先扶智，治贫先治愚，已成社会共识。教育好一个贫困孩子，就有可能彻底改变一个家族的贫困命运。现实生活中，因为教育走出农村成功改变了自己命运、改变了整个家庭贫困境遇的例子并不鲜见。

为了不让家庭贫困的学生输在教育起跑线上，盐津县不断改善贫困地区教学条件和质量的同时，对贫困家庭学生进行建档立卡、动态管理，加大教育资源向贫困乡村倾斜，不断缩小城乡学校办学差距，促使教育更加公平。几年来，盐津县委、县政府下发了关于教育扶贫的系列政策文件和方案，为盐津县有力推进教育扶贫工作提供了制度保障。

为确保无学生因贫困而失学，盐津县通过国家“两免一补”、农村独生子女“一优三免”、民政补助、“希望工程”“春蕾计划”“苗圃行动”、住校生生活补助、助学奖励基金、义务教育免费上学等形式，帮助农村家庭困难学生重返校园。统计显示，2011—2015 年，全县用于扶持贫困学生的各种教育款项达 49314 万元，提供小学免费课本 38.5 万套、初级中学免费课本 19.6 万套，58 万名学生从中受益。对义务教育阶段贫困家庭生活补助 35.4 万人次，补助经费共计 1.53 亿元。

按照盐津县委的脱贫摘帽计划，截至 2019 年年底，自 2014 年以来滚动识别建档立卡的 86 个贫困村 24324 个贫困户 110370 人全部脱贫，全县脱贫、出列、摘帽。抛开恶劣自然条件、产业发展滞后等致贫因素，盐津的贫困，根本上还是“素质型贫困”，造成人口素质不高、观念落后、技能缺乏。

对此，县教体局认为，教育扶贫要打“职教牌”，培养有知识、懂管理、会经营的新型农民，让他们薄技在身，脱贫致富。

扩大职业教育办学规模、城乡教育资源深度整合，开设实用“吃香”的骨干专业，信息化打开山里娃的“大视界”，在骨干教师的调配上重点向偏远地区薄弱学校倾斜……围绕教育扶贫中的薄弱环节，盐津县密集启动了一系列“靶向治疗”措施，取得立竿见影的成效。譬如，开设幼教、护理、机电、计算机、电子技术等相对稳定又各具特色的骨干专业；实施跨区域联合办学，与昭通市职业技术学校、昭通农校、云南经贸外事职业学院、北京商鲲教育控股集团等联合办学，不断拓宽办学渠道，提升毕业生就业竞争力；利用对口帮扶单位东华大学的优势，投资3.5亿元着手新建水田高级职业中学，逐步开展产教融合、校企合作、校校合作，承接就业再就业、劳务输出或农村实用技能培训，提升劳动人口素质和技能。

立赶超之志，鼓奋进之气，通过不断努力，盐津县走出了一条集社会效益、质量效益和品牌效益为一体的现代教育之路。如今，该县各种测试成绩创历史最好水平，全县初中学业水平考试在全市均处于中上水平，所有学校排名均在全市100名之内。全县拥有“省级文明学校”3所、市级文明学校12所、县级文明学校56所。全县119所完全小学通过县级评估，其中庙坝、柿子、豆沙、普洱中心完小被评为“昭通市现代教育示范学校”，其余学校评定为合格学校。12所中学通过市级评估，其中盐津县二中、盐津县三中、庙坝中学、串丝中学、豆沙中学被评为“昭通市现代教育示范学校”。

（作者时任盐津县教体局教育股股长）

植根泥土散芬芳　扶贫路上自铿锵

——盐津县文化下乡助力脱贫攻坚纪实

姜　瀛

脱贫攻坚以来，盐津县高举精神扶贫大旗，坚持“扶贫、扶志、扶智”三位一体的扶贫模式，着力构建“以乡镇乡村文化服务中心为龙头，以行政村综合文化服务中心为阵地，以农村文化社团为骨干”的文化服务网络体系，充分发挥精神支撑和文化滋养作用，不断激发贫困群众脱贫致富的内生动力，呈现出村组拂新风、人人争脱贫、发展日日新的良好势头。

筑牢基础　补齐短板

盐津县位于云南省东北部，地处滇、川、黔、渝四省市腹心地带，是中原进入云南的要道，更是古南方丝绸之路的重要组成部分，素有“咽喉西蜀，锁钥南滇”之称。多年来，受财政收入制约，全县公共文化服务基础设施建设严重受限，尤其是村级文化设施严重不足，贫困群众获取信息、政策、知识渠道单一，依法享有公共文化权益难以保障。

2015 年以来，盐津县紧扣中央战略部署，加快推进基层公共文化设施建设，强基础、补短板，建成村级文化活动场所 116 个、文化惠民示范村

2个、云上乡愁书院1个、郁文书院1个、独立的乡镇乡村文化服务中心8个、农家书屋83个、电影院1个，配发全县各行政村、社区广场舞音箱140只，配发乡镇演出设备4套，为全县1个图书总馆、10个分馆购置价值50万元的图书一批，覆盖城、乡、村的三级公共文化服务设施基础网络逐步完善，为助力脱贫攻坚打下了坚实的基础。

开展服务　助力脱贫

——送电影下乡。通过电影宣传科学理论和先进文化，在传播社会主义精神文明、弘扬社会主义核心价值观等方面发挥了重要的作用。2015年以来，盐津县农村公益电影放映坚持围绕重大主题宣传，结合重要时间节点，满足群众观影需求，深入全县各行政村、社区放映农村公益电影2288场次，用上山下乡的“辛苦指数”提升了全县广大群众的“幸福指数”，用强健有力的步伐踏出了一条具有盐津特色的公共文化服务新路径。

——送戏下乡。将“送戏下乡”作为文化惠民的重大举措，高度重视，拨付专款，采取政府购买社会服务的形式将文化精神食粮送到群众家门口及田间地头，把党的文化惠民政策和对广大老百姓的关心关爱送到他们的心坎里。既宣传了党的方针政策，又丰富了农村群众的文化生活，活跃和繁荣了乡村文艺舞台，为广大农民群众送上了一份精美的“文化大餐”。

“送戏下乡来到我们村，让我们在家门口就能看到这么精彩的表演，党的政策越来越好了，我们的生活也越来越好了。在党的领导下，我们的明天会更好！”串丝村村民吴庆雄高兴地说。“十三五”期间，盐津县五尺道文化演艺有限公司共送戏下乡演出300余场次，观众达15万人次。10个乡镇文化服务中心组织业余文艺团队共开展演出360余场次，观众达18万人次。

——送图书下乡。近年来，盐津县深入贯彻落实《公共图书馆法》，继续完善网络体系，强化配套设施建设，健全服务功能，以县级公共图书馆总分馆建设为抓手，整合县乡村阅读资源，依托流动图书服务车，持续搞好图书下乡，举办各种公益读书活动，打通图书阅读服务群众的“最后一公里”，提升群众获得感和幸福感。2015 年以来，全县开展送书下乡活动 15 场次，开展全民阅读活动 5 场次，全民阅读征文活动 5 次，有力推进了图书事业深入发展。

“现在，在家门口就能看到养殖肉牛的书籍，这对我来说解决了很多困难，对我养牛的帮助非常大！”豆沙银厂村肉牛养殖户周永平高兴地说。

——送服务下乡。近年来，盐津县高度重视“以文化人、以文育人”的文化引领作用，致力于让贫困群众在知识、精神层面先“富”起来。一是组织开展“三区”文化人才专项计划。严格按照中组部等 5 部门《关于印发〈边远贫困地区、边疆民族地区和革命老区人才支持计划文化工作者专项实施方案〉的通知》要求，科学整合全县文化资源，坚持“四个结合”“三个注重”的原则（“四个结合”：选派工作与长短期项目服务相结合、内部调配与外部支援相结合、精准扶贫与专项工作相结合、文化惠民与各项活动相结合；“三个注重”：注重基层文化干部培养、注重新配备人员培养、注重业务骨干培养），确保了专项工作有序、有效、深入推进。2015 年以来，共选派三区文化人才工作者 45 名到乡到村开展文化服务活动，成立业余文艺团队 82 支，夯实基层文化工作基础和骨干力量。二是开展文化服务活动。全县文化工作者及志愿者在县级文化主管部门的组织下，始终坚持扎根群众、服务群众的宗旨，践行从群众中来、到群众中去的工作方针，积极开展形式多样的文化下乡活动，进一步满足了群众日益增长的精神文化生活需求。脱贫攻坚以来，开展书法、美术、摄影作品展 6 场次，讲座培训 32 次，送写春联逾 1 万副。

（作者系盐津县文旅局办公室工作人员）

多措并举，让贫困群众看病不再忧心

——盐津县健康扶贫纪实

何　焱

盐津县切实落实基本医疗保障便民惠民措施、加强医疗服务能力建设、提升公共卫生服务能力、落实各项保障措施，努力实现常见病、多发病、慢病能够在县域内医疗机构获得及时救治，得了大病、重病基本生活有保障。

落实“三重保障”，着力解决“看得起病”问题

——全面参加基本医保、大病保险，实现应保尽保。紧扣“两不愁，三保障”要求，对照脱贫出列摘帽指标，坚持目标标准，紧紧围绕建档立卡贫困人口100%参加基本医疗保险这一“户脱贫”硬指标，切实开展参保全覆盖工作。按照全省医保扶贫总攻战以及县脱贫攻坚挂牌督战要求，定期与扶贫办获取贫困人口数据，通过横向比对、纵向比对，切实解决贫困人口参保底数不精准的问题，实现医保系统贫困人口数与扶贫部门管理人口数一致。2017年资助建档立卡贫困人口参加城乡居民医疗保险人数为8554人，由省、市、县级财政资助150元/人，资助金额为128.31万元。2018年参加城乡居民医疗保险个人缴费标准为180元/人。2018年6月30日前

盐津县建档立卡贫困人口为108775人，其中81人参加职工医保和12人死亡，最终参加盐津县城乡居民医疗保险的建档立卡贫困人口为108682人，参保金额共计1956.28万元。其中省、市、县三级财政按比例资助参保保费1909.84万元，建档立卡户与其他代缴人员重叠由民政、计生代缴2580人46.44万元。县级财政资助2018年6月30日后新识别但未参保建档立卡户2941人52.93万元。2018年全县共资助参加城乡居民医疗保险的建档立卡贫困人口为111623人，资助金额2009.21万元。2019年，建档立卡贫困人口参加城乡居民基本医疗保险个人缴费部分由各级财政定额资助180元，个人自缴40元。根据建档立卡贫困人口本县参加城乡居民基本医疗保险数据108695人，参保金额共计2391.29万元。其中，财政定额资助建档立卡贫困人口108676人，省、市、县三级财政按比例投入参保资助资金1956.17万元；建档立卡户与其他代缴人员重叠由卫健局全额代缴了19人0.42万元（220元/人），民政局、退役军人事务局差额代缴1405人5.62万元（40元/人）；个人自缴429.08万元。其中，省级财政资助代缴资金841.49万元，市、县级财政资助代缴资金1114.68万元（暂从医疗救助资金中垫付）。目前，财政定额资助省、市、县级财政资助1956.17万元已完成上解。

——建档立卡贫困人口就医落实情况。2017年全县建档立卡贫困人口住院就诊人次1.05万人次，总费用5482.33万元，基本医疗统筹报销4287.4万元，大病报销296.27万元，医疗救助360.41万元，兜底保障76.51万元，四重保障共计报销5020.59万元，实际报销比例为91.58%。2018年全县建档立卡贫困人口门诊就诊人次为34.5万人次，总费用1780.99万元，基本医疗统筹报销1143.85万元。住院就诊人次2.94万人次，总费用10094.06万元，基本医疗统筹报销7131.38万元，大病报销681.39万元，医疗救助666.11万元，兜底保障284.67万元，四重保障共计报销8763.55万元，实际报销比例为86.82%。2019年全县建档立卡贫困人口门诊就诊人次为39.13万人次，总费用2129.07万元，基本医疗统筹报销1341.69万元。住院就诊人次3.1万人次，总费用10766.3万元，基本医疗统筹报销7247.56万元，大病报销 850.91 万元，医疗救助 871.31 万元，兜底保障 457.27 万元，四重保障共计报销 9427.05 万元，实际报销比例为 87.56%。截至 2020 年 6 月，建档立卡贫困人口住院受益 1.4 万人次，通过健康扶贫“三重保障”政策共计补偿费用 4523.9 万元，实际报销比例 88.78%。

改善医疗条件，着力解决“就近看病”问题

2012—2013 年，医疗卫生建设项目累计投资 1850 万元；2017—2019 年期间，全县共争取医疗卫生建设项目 57 个，总建设规模 52380 平方米，总投资 2.1474 亿元，资金投入增加了 10 倍。全县着力推广中医药服务。自 2016 年前全县无一家中医馆，到目前全县 10 个乡镇卫生院均设置中医馆，中医馆建设覆盖乡镇达 100%。贫困村“医疗设施”达标情况。全县 86 个贫困村（社区）中有 8 个社区在乡镇卫生院所在地，按照上级文件规定的“每个建制村建有村卫生室并达到基本标准（乡镇卫生院所在地建制村可不设村卫生室）”，这 8 个社区可不设卫生室，其余 78 个行政村均已达标准化建设要求。其中自 2016 年来广东扶贫协作资金新建卫生室 18 个，医疗机构自筹资金新建卫生室 12 个。贫困乡镇“医疗设施”达标情况：全县 10 个乡镇卫生院均已达标。贫困县“医疗设施”达标情况：县人民医院已达二级甲等医院标准。通过对医疗设施建设，有效改善了群众的就近就医条件。

抓实“三个一批”，着力解决“看得好病”问题

2017 年，按照盐卫计联发《关于印发〈盐津县农村贫困人口大病专项救治工作方案〉的通知》规定，成立盐津县大病救治专家组，确定大病定

点救治医院（县人民医院、县中医医院），采取“病人不动、专家动”的服务模式，对36种大病患者实施集中救治。把2017年以来建档立卡贫困人口中患有36种大病和长期慢性病的患者，作为大病集中救治、家庭医生签约服务、重病兜底保障的重点对象，施行分类救治。通过明确大病患者的定点医院、诊疗方案，加强医疗质量管理和健康服务，截至目前，全县36种大病患者2009人均已得到救治，并严格落实“一人一档一方案”。

选优配强乡、村两级家庭医生签约服务团队，规范预约诊疗、转诊治疗、常见多发病种上门随访、慢性病长处方用药等服务。2017年为建档立卡贫困人口签约106102人，实现签约全覆盖。2018年为建档立卡贫困人口签约108775人，实现签约全覆盖。2019年为建档立卡贫困人口签约35721人，其中卡户中四类慢病（高血压、糖尿病、肺结核、严重精神障碍）共6396人，在家6107人，已全部签约，履约率100%。2020年为建档立卡贫困人口签约58233人，其中建档立卡户中四类慢病（高血压、糖尿病、肺结核、严重精神障碍）共7549人，在家7549人，已全部签约，履约率100%。建立健全“政府统筹保障＋医保倾斜救助”的重病兜底保障机制，将符合条件的贫困人口全部纳入救助范围。

优化惠民服务，着力解决“方便看病”问题

改善医疗服务。全县25个定点医疗机构设立健康扶贫“一站式”综合服务窗口，建档立卡贫困人口在县内定点医疗机构住院时，持社会保障卡、有效身份证件办理入院手续，并与医疗机构签订先诊疗后付费协议，无须缴纳住院押金，直接住院治疗。对确有困难，出院时无法一次性结清自付费用的建档立卡贫困患者，医疗机构可与其签订先诊疗后付费延期（分期）还款协议，为其办理出院手续。建档立卡贫困人口结算医疗费用时，定点

医疗机构通过信息系统计算出基本医保、大病保险、医疗救助和兜底保障等政策措施报销补偿金额后，对各类报销补偿资金统一进行垫付，按照有关规定实行“一站式”即时结报，患者只需缴清个人自付费用。按照相关文件明确各级定点医药机构对建档立卡贫困患者住院坚持使用基本医保目录内安全有效、经济适宜的诊疗技术和药品、医用耗材，严格控制医疗总费用和患者自付费用。

加强队伍建设，着力解决“谁来看病”问题

——加强基层卫生人才队伍建设。加大卫生技术人才招聘力度，特别是做好紧缺优秀人才的招聘。自 2017 年以来共招聘紧缺优秀人才 5 名，其中影像学研究生 1 名，实现了盐津高端医技人才引进零突破；全科医生安置录用 3 人，农村订单定向医学生招录 50 人，其中安置 8 人到各乡镇卫生院。

——进一步加强与中山市的扶贫协作，建立完善医疗机构“请进来”“送出去”培养机制，突出人才培养。自 2017 年中山市人民医院已派驻三批常驻专家到县人民医院任副院长，派驻 9 名医务人员到县人民医院挂职交流一个月；盐津共派出 45 名医务人员到中山市人民医院中长期进修学习，其中推荐三批次 24 名乡镇卫生院医务人员到中山市人民医院跟班学习。全面推行提升基层卫生人员学历教育工作，落实基层学历提升补助政策，乡村医生中专学历提升共 48 人，均已落实补助政策。自 2014 年来，共计完成 50 名农村订单定向免费医学生招录任务。2018—2020 年组织 429 人参加全国护士执业、卫生专业技术资格考试。

强化健康保障，着力解决“尽量少生病”问题

开展健康促进与教育。从宣传教育、健康巡讲、慢性病防控、全民健身、素养监测等方面综合施策，努力提升全民健康水平。持续巩固“创卫”“生态县”创建成果，2019年创建省级卫生县城，预计在2020年创立国家级卫生县城。重点疾病管理水平不断提升。截至2019年，适龄儿童国家免疫规划疫苗报告接种率达到98.87%；肿瘤随访登记报告覆盖率达到90%；突发传染病疫情及时处置率达到100%；死因监测乡级覆盖率达到100%；卡户肺结核规范管理率100%；卡户重性精神障碍规范管理率97.92%；卡户高血压患者规范管理率97.88%；卡户糖尿病规范管理率96.97%。妇女儿童健康水平不断提高。孕产妇死亡率0/10万，婴儿死亡率4.9‰。强化基本公共卫生服务。2012年，累计建立居民健康档案27.56万人，建档率70.70%。2020年累计建立居民健康档案35.26万人，同步增加了7.7万人。

通过以上政策及改革措施的落实，自2017年以来，全县因病致贫返贫人口从2016年年底的2094户8584人减少至2020年5月的1560户6617人，因病致贫率从8.2%下降至6.42%，有效遏制了因病致贫返贫现象发生。

（作者系盐津县卫健局健康扶贫办工作人员）

医保惠民暖人心　不让“病根”变“穷根”

——盐津县医保扶贫减负典型事例

彭　兴

盐津县坚持以人民为中心的思想，始终把医疗扶贫工作作为助力全县脱贫攻坚大局的重大任务来抓，让老百姓看得上病、看得起病、看得好病，是全县干部职工无数个日日夜夜心中的牵挂。

陈朝云家住盐津县庙坝乡小寨村民委员会长伍间小组，2013 年因病纳入建档立卡贫困户，2017 年脱贫。因患食管恶性肿瘤疾病，于 2020 年 3 月 23 日至 4 月 14 日在昆明医科大学第三附属医院住院治疗。因未按规范转诊转院程序住院就医，产生医疗费用总计 74343.64 元，其中个人自付承担 48446.52 元，政策报销 25897.12 元。根据《关于做好危急重症审核认定工作的通知》精神，确保转诊转院政策落地见效，避免对未规范转诊转院贫困户患者不分析、不研判、一刀切，盐津县医疗保障局通过对未规范转诊转院贫困患者的分析研判，点对点电话联系患者本人，引导其提交病历、结算单等资料到乡镇医保经办机构申报危急重症审核认定。经审核认定陈朝云符合危急重症，按照规范转诊转院报销比例予以待遇回补，最终实现“四重保障”，陈朝云个人仅仅支付 7434.4 元，政策内实际报销比例达 90%，确保其充分合理享受到医保政策，最大限度地减轻了陈朝云就医负担。“原来我都绝望了，如果不是县乡村干部的帮助，帮助我渡过了这次难关，我们家就真的要垮了。”面对镜头，陈朝云感激地说。何晓东家住落雁乡共和村柏杨坪村民小组，2013年纳入建档立卡贫困户，2017年脱贫，家庭人口9人，2016年就读于四川省泸州市合江少岷职业技术学校医疗器械安装维护专业。2018年正月，何晓东返校学习，初期因身体出现头痛、眼花，前往四川省泸州市合江县医院、泸州市医学院进行住院检查，初步诊断为颅内血管畸形，后因身体持续性出现强烈不适，先后辗转在四川省泸州市医学院、重庆陆军特色医学中心、四川省华西医院、西南医科大学附属医院、中国人民解放军第三军医大学大坪医院住院检查治疗，2018年11月在重庆陆军特色医学中心被诊为中枢神经淋巴瘤，随后在重庆陆军特色医学中心进行开颅手术，术后化疗保养至今，身体恢复良好，无不适症状。何晓东在家中排行老二，上面还有一个哥哥已成家，下面还有一个弟弟和两个在读书的妹妹，家庭经济来源主要来自年迈的父亲和母亲外出在工地上做小工维持家庭支出，家庭情况十分困难。自何晓东生病后，几乎掏空了老父老母和哥哥弟弟的所有积蓄，在住院治病的漫长过程中，家人和其本人几度陷入绝望。2019年5月，其因病住院治疗医疗费用已达到33万余元。为了解其住院就医及报销情况，盐津县医疗保障局开展入户核实，进行政策宣传，引导其规范就医，保障其充分享受云南省健康扶贫倾斜政策，确保待遇落实。2018年至今，何晓东先后共计住院治疗16次，累计产生医疗费用总计661240元，“四重保障”累计报销640643.73元，其中基本医疗报销239517.14元，大病保险报销303514.85元，医疗救助25385.22元，兜底保障72226.51元，实际报销比例96.89%。与病魔生死较量过后的何晓东，面对镜头，重生后的笑容格外耀眼，开心地说着以后的愿望，“我以后还要出去挣钱哩，还要找女朋友哩”“这次是真心的感谢，感谢我生在一个伟大的时代，感谢党，感谢你们干部，谢谢了，谢谢了。”

让老百姓看得上病、看得起病、看得好病，是县医保局全体干部职守望初心、不负人民不负党的真实体现。自2017年以来，累计完成建档立卡贫困人口资助参保230455人，资金达4128.37万元，全县建档立卡贫困人口基本医疗保险实现应参尽参、应保尽保。2019年年底，健康扶贫政策累计受益 42.30 万人次，报销 11232.47 万元。其中，门诊受益 38.89 万人次 1282.80 万元、慢特病门诊受益 0.23 万人次 91.60 万元，住院“四重保障”受益 3.18 万人次 9858.07 万元。实际报销比例 87.57%，政策范围内报销比例 92.45%。其中，基本医疗保险受益 3.18 万人次 7575.19 万元，大病保险受益 0.56 万人次 905.75 万元、医疗救助受益 2.42 万人次 897.51 万元，兜底保障受益 1.83 万人次 479.62 万元，所有建档立卡户都享受到了医保政策落实带来的好处。

（作者时任盐津县医保局医疗保障服务中心主任）

尽锐出战“摘穷帽”　细致务实“拔穷根”
把初心使命镌刻在决战脱贫攻坚的战场上

——盐津县决战脱贫攻坚工作经验纪实

杨仕翰

盐津县是全市10个贫困县（区）之一，有贫困村86个，建档立卡贫困人口24279户110588人。截至2018年年底，尚有41个贫困村未出列，4233户16437人未脱贫，贫困程度深，脱贫任务仍然十分艰巨。2019年围绕“以经得起省检、国检、普查的更高要求，高质量地脱贫摘帽”目标，以细之又细、实之又实的措施，举县发力展开了一场轰轰烈烈的脱贫摘帽“百日攻坚大会战”，全力以赴把初心使命镌刻在决战脱贫攻坚的战场上。

脱贫攻坚工作矛盾与问题交织，
脱贫摘帽时间紧、压力大，面临五大矛盾

——时间紧迫与任务繁重之间的矛盾。至2019年8月，距离脱贫攻坚大考时间越来越短，省检、国检、普查迫在眉睫，但认真对照脱贫摘帽目标任务，还存在“两不愁、三保障”底数不清、易地扶贫搬迁未完全入住、“三块地”处置机制未健全、农村安全住房尚未完全保障、拆危拆旧任务艰巨、饮水安全管理机制不健全、控辍保学劝返不力、务工组织化程度低、

扶贫产业支撑不足等问题，如期脱贫摘帽任务十分艰巨。

——2018年未能如期脱贫背负压力与必须高质量脱贫摘帽之间的矛盾。盐津县原定2018年脱贫摘帽，因工作统筹协调推进把控不够精准，“两不愁、三保障”问题没有全部解决，未能如期实现脱贫摘帽目标，对此，全县各级干部很大程度上背负了巨大的思想压力和心理包袱，一些干部出现了“苦了、累了没有得到认可”、攻坚动力不足、攻坚激情减退的厌战懈怠情绪，成为脱贫攻坚路上的“拦路虎”。而盐津县2019年不仅要脱贫摘帽，还要实现“高标准、高质量地经得起省检、国检、普查”的目标，全县广大干部群众的思想和意志都面临着极大考验。

——分片包干作战体系与干部有限精力之间的矛盾。原有的县、乡、村三级脱贫攻坚指挥体系，采取驻村干部分片区全包干、负责整个片区脱贫攻坚“两不愁、三保障”指标达标的工作机制，加之大多派出的驻村干部都不是涉及“两不愁、三保障”的部门专干，专项业务素质不高，只有边学边干，干部的大量精力分散在开会研判上，而业务部门大多以文件来指导工作，导致研判结果不专业、不精准，干部甚至盲目乐观、自我感觉良好，没有深层准确分析问题的严重性，破解困难和问题的能力与劲头不足，出现了松劲歇脚的现象。

——资金投向与补短板项目匹配程度不高之间的矛盾。一方面，2018年，脱贫攻坚任务艰巨与各项刚性支出增长相互交织，财政收支矛盾越显突出，财政运行十分艰难，在全省排名129位（倒数第一）。另一方面，成立的“七大指挥部”“八家平台公司”和安排的资金投向未精准聚焦脱贫攻坚，规划的旅游项目前景美好但与盐津经济社会发展能力不相匹配，建设的花乡酒谷、山水花园、万亩主题公园等景区项目更是盐津经济社会发展的“抢跑项目”，种植的三角梅、紫薇等花卉苗木因管护不好、质量不高、销路不畅，效益没有得到充分发挥，导致产业发展支撑不足。

——扶贫领域信访问题不断增多与群众工作做得不深、不实、不细之间的矛盾。一方面，大多数干部常年的机关做派、上传下达，把做群众工作的传统丢了，导致政策宣传不到位，干部干、群众看，政府埋单、群众“不买账”的情况时有发生。甚至少数建档立卡贫困户享受了政策还到处发牢骚，没有得到群众的情感认同。另一方面，由于教育引导不到位，“争当贫困户”“贫困特权”“想占便宜”的思想和行为屡见不鲜，涉及扶贫领域，尤其是住房、低保等政策信访问题屡办不止，群众的内生动力不足，在做实做细群众工作方面还有差距。

突出“三个聚焦”，实践“三个一”工作法，以细之又细、实之又实的措施发起脱贫攻坚总攻

面对严峻的脱贫摘帽形势，盐津坚持以习近平新时代中国特色社会主义思想为指引，深入贯彻落实市委四届五次全会精神，开展了脱贫摘帽“百日攻坚大会战”，以“不忘初心，牢记使命”主题教育为契机，实践干部“一竿子插到底”、问题“一篓子带出来”、工作“一揽子向前推”“三个一”工作法，通过36名处级干部、86名部门一把手以及2834名干部驻村抵户，沉到一线、发现问题、解决问题，推动盐津农村发展大跨越。

——践行“133”工作思路，落实“三个一”工作法，做实群众思想工作。“三个一”工作法的核心内涵是“133”工作思路的盐津实践。干部“一竿子插到底”，就是坚持以人民为中心、以群众工作为主线，用脚步去丈量党群之间的距离，收集民情、了解民意、把握实情；问题“一篓子带出来”，就是抓住精准、统筹、务实三个关键，以发现问题的真实性和解决问题的时效性为工作考核标准，把“两不愁、三保障”等影响贫困退出的突出问题以及群众最盼、最急、最忧、最怨的诉求，精准地、全部地暴露出来，按照工作的轻重缓急，统筹调度工作力量，全面清零脱贫隐患；工作“一揽子向前推”，就是坚持以脱贫攻坚统领经济社会发展全局，统筹推进

软弱涣散党组织整顿、信访维稳、扫黑除恶、地灾点避让、群众自治等重点工作，换取群众的思想认同、工作认同、情感认同。坚持以心交心换心赢得群众思想认同。2834名干部下沉不是简单地走一走、问一问，而是深入群众家中和群众交朋友，广泛听取意见和建议，全面摸准“两不愁、三保障”突出问题以及群众反映强烈和急需解决的热点、难点问题；同时，全面强化政策宣传，以心交心换心，让每一户贫困户知道自己该做什么、干部在做什么，让每一户非卡户明白他们也能享受到产业扶持政策、公共基础设施建设形成的整体带动、整体受益，在脱贫攻坚中与群众达成共识、凝聚合力，赢得了群众的思想认同。坚持公开、公平、公正赢得群众工作认同。坚持让群众主动参与、全程参与到脱贫攻坚工作的所有环节，按照“全、真、细、长（常）”的要求，全覆盖开展村务全透明公开工程，将每一项政策、每一项支出、每一件工作公开公示给群众，把易迁、农危改、低保、医疗养老保险、拆危拆旧等涉及群众最切身利益的问题和政策享受，通过群众会、坝坝会、张布公告等方式向社会公示，充分调动群众的积极性、主动性，发动群众互相监督、互相评比，赢得群众的工作认同。坚持重在平时积累赢得群众情感认同。群众工作不是突击一下就能做好的，人心向背也不是一夜之间就能形成的。“百日攻坚大会战”结束后，原挂包干部将持续开展入户走访回访，住到群众家中，宣讲法律法规、卫生常识、安全知识，教育引导群众叠被子、洗碗抹桌子、扫院子等生活小节，引导群众操家理务，逐步培养群众养成良好生活习惯，增强群众感恩意识，赢得群众情感认同。

——践行“双统领”“双保障”“双推进”，实践“三个一”工作法，让易迁群众搬出获得感、幸福感、安全感。干部“一竿子插到底”后发现，易迁工作中最核心的就是要解决“怎么搬”“怎么做”“怎么管”的问题。组织难。水田新区安置点是全市8个万人安置点之一，要在两个月的时间内有序搬迁3068户14136人，难度可想而知。搬“心”难。部分群众故土难离，舍不得离开自己祖辈生活的地方，搬迁后生活方式难以转变、生产方式脱节，对搬迁后靠什么生活充满迷茫，以及搬迁后养殖的畜禽和种植的庄稼如何办等主客观问题交织，导致部分群众搬迁意愿不稳。帮扶难。安置区的搬迁群众来自不同地方，文化程度、生活习惯等各不相同，情感和文化的差异，导致部分搬迁群众搬迁后不适应、难融入，这成了不少搬迁群众的心理障碍。啃下硬骨头，关键还得靠干部。坚持以“搬心”促搬家，让群众搬出获得感。干部下沉收集问题的过程也是动员搬迁入住的过程，通过组织集中观看安置点视频、发放宣传册等方式，与群众算好搬迁账、经济账、未来账，选定好搬迁日子，统一组织搬迁运输车辆，积极帮助群众处置盘活家禽等生产生活物资，解开了群众心结，激发了群众搬迁热情。群众搬迁入住后，干部挨家挨户嘘寒问暖、收集困难，引导爱心企业为搬迁群众捐赠家居用品、生活电器等，通过调整公益公服岗位、扶贫车间就近就业、外出务工三个途径解决易迁未就业问题，切实减轻群众搬迁负担。建立乡愁一条街，使传统文化资源跟随群众一道“进城”，抚慰了群众“乡愁”。搭建感恩大舞台，围绕“自强、诚信、感恩”教育，持续开展文艺演出、现场培训、入户宣传、感恩超市积分评比等系列活动，让易迁群众尽快融入新环境、开启新生活，提升群众获得感。坚持以创业促就业，让群众搬出幸福感。坚持把“一部分人先创业，再带动一部分人后就业”作为解决不便外出务工劳动力就业问题的重要辅助手段，充分整合农贸市场、商铺等资源，全力打造“乡愁一条街”“饮食一条街”两个创业基地，通过开展创业培训指导、提供创业扶持、能人带动示范等方式，不断帮助创业者解决创业中的困难，激发搬迁群众自身发展动力，构建了安置点的商业业态，满足了餐饮、理发等群众生产生活服务需要，实现创业带动就业的目标。截至目前，共提供农贸市场免费摊位 60 个、创业铺面 52 间，已有 82 名易迁群众成功创业，带动就业 229 人，其中易迁群众 194 人。坚持以“党建”促管理，让群众搬出安全感。按照“迁入地有人管，迁出地有人帮”的原则，全力打造“楼宇党建”，构建“社区党总支 + 片区长 + 楼栋长 + 党员 + 住户”的五级网格化服务体系，建设安置点警务室、就业指导中心，强化社区与乡镇工作组双向联动管理，完善社区党群服务中心职能，组织搬迁群众熟悉城市居家基本常识，开展卫生、治安、防火、防盗、防骗等知识培训，做好社会保障政策转移接续，为迁入群众办理好户籍迁移、养老保险转接、用水、用电、就业等问题，让迁入群众住得安心、舒心。

——践行“四句话”要求，落实“三个一”工作法，全面清零不安全住房。严格对照“结构稳固、遮风避雨”标准，围绕“以房找人，以户找房，危房不住人，住人不危房”“四句话”要求，2834名干部沉下去，摸清了底数、找准了问题、建立了档案。从两个方面选择突破口，着力解决建的问题，突出解决拆的问题。着力解决“建”的问题。持续督开工、促竣工、催入住。探索将废弃校舍修缮加固，整合易迁户安全旧房作为村集体机动用房等方式，用以解决暂无能力自建房屋和常年外出突然返乡无房居住农户的临时性居住问题。认定的不安全住房4983户，全部竣工。坚持把消除“阴阳瓦”“补丁瓦”作为解决“感官危房”的主要抓手，按照“分步实施、分类推进、分片改造”的原则，全面摸排瓦屋面6926户，全部改造完工。高度重视120毫米墙整改问题，积极组织省、市、县13家专业施工单位，下派到各乡镇、村，强化宣传引导、技术指导、问题整改和督查督导，全面完成120毫米墙问题整改，坚决杜绝新增120毫米墙影响脱贫出列。突出“拆”的问题。由乡镇统一组织拆迁队伍，对享受过政策的农村危旧房，坚决予以拆除；对“一户多宅”危旧房屋坚决予以拆除并纳入复垦复绿，对“一户多宅”但房屋安全稳固且经济价值较高的予以保留，待乡村振兴时逐步消化；对“一户一宅”但常年外出人员的危旧房，积极动员群众，由乡镇帮助拆除，保留宅基地，多次做工作也不愿拆除的及时挂牌处理。“百日攻坚战大会战”以来累计拆除危旧房7406户，平均每天拆除104户。

——践行“自强诚信感恩”，实践“三个一”工作法，构建农村劳动力管理网格化体系。根据排查分析，盐津农村群众的务工收入占总收入的70%，但在干部走访的过程中发现，农村劳动力底数一直不清不楚，部分群众不愿透露真实的工资情况，对外出务工人员缺乏有效的监管措施，导致对一些常年外出群众什么时候返回弄不清楚，造成了极大的人口管理被动。盐津建立的劳动力村民小组长报备制度，实质是农村网格化管理的一种实现方式，不仅是在脱贫攻坚期间掌握群众务工收入情况，防止漏评错退，更是为乡村振兴期间实现农村人口现代化治理奠定坚实的基础。通过报备统计，全县农村劳动力19.69万人，共转移就业16.67万人，就业率84.66%。其中，贫困劳动力6.5万人，转移就业5.38万人，就业率82.77%。坚持以网格化管理激发群众自强脱贫的信心。经过报备，全县农村劳动力务工动向、就业趋势、技能需求、收入等更加清晰，为更加准确地分析研判劳动力就业情况提供了基础依据。通过对未就业和零就业的有针对性地采取劳动力技能培训、落实稳岗补贴、调整公益公服岗位、就近就业、外出务工等途径，确保全县有劳动力的贫困户家庭至少有1人就业，有效地增强了群众自力更生的能力，激发了群众自强脱贫的信心。坚持以网格化管理营造诚信光荣的浓厚氛围。根据务工收入、务工地点、务工时间等不同，实施差别化稳岗补贴政策，有效解决了部分群众有意隐瞒收入给脱贫攻坚精准施策带来的困难，群众务工有收入还能得补贴，激励了群众报备的主动性和积极性，更重要的是进一步增强了群众的诚信意识，有利于乡村诚信体系建设。坚持以网格化引导群众树牢感恩意识。借助驻村干部进组入户走访，宣传政策、双向发力，面对面与群众拉家常，进一步拉近了干群关系。对外出劳动力，尤其是对全户外出的农户，通过电话、微信沟通等形式进行信息采集，让他们第一时间了解掌握政策，帮助解决困难和问题，使远在他乡的盐津人真实感受到脱贫攻坚的浓厚氛围和享受更多的惠民政策，切实增强了群众的归属感和感恩之情。劳动力报备只是农村网格化管理体系建设的一个方面，具体工作中，盐津坚持以脱贫攻坚为统领，以所有农村户籍人口为对象，以农村“五清”工作为抓手，建立健全常住人口管理、劳动力村民小组长报备、水资源和水利设施运营管理、大病人员跟踪管理、控辍保学联控联保等“五大”机制，找到了一条提升村级组织活力和改善农村基层的社会治理新路。

——践行“三个全覆盖”，落实“三个一”工作法，做精“六大产业”。坚持把“百日攻坚大会战”与“不忘初心，牢记使命”主题教育相结合，通过干部下沉检视问题，找准了县贫民困的根源，在于产业发展基础薄弱、缺乏后劲，规模小、覆盖面窄、群众参与度低，标准化、品牌化、组织化程度低；问题的核心是产业发展缺乏组织化，“三个全覆盖”几乎为零，产业发展主要靠个别大户或群众各吹各打、散养散种；同时，点多面广的建设和“只会花钱、不会赚钱”的政府经营模式，进一步加剧了财政负担，造成财政收入逐年下滑，滑到全省倒数第一，出现从“拆东墙补西墙”到“无墙可拆”的困局。有鉴于此，盐津痛定思痛，切实增强加快产业发展的紧迫感和忧患意识，认真落实市委良种良法、高度组织化、基层党组织主导的农民专业合作社“三个全覆盖”要求，立足盐津特色和优势，以市场为导向，重塑布局了1000万羽乌骨鸡、10万头肉牛、100万亩竹笋“三个十亿元”富民产业，以及氯碱化工、工业硅、煤矿“一个百亿元两个十亿元”工业富县产业。牢固树立“一步登顶”理念。认真学习借鉴昭通苹果发展模式，争做“金字塔塔尖”上的10%，高度重视“盐津乌鸡”品种提纯选育，肉牛养殖以安格斯、云岭牛两种品种为主，竹产业以方竹种植为主。“三大产业”从品种选育开始建立溯源体系，坚持以生态理念为引领，采取最生态的种养殖模式，把追求产业和产品品质作为主攻方向，最大限度地争取投入的增值。坚持高度组织化的原则。坚持走种养结合循环经济生态养殖之路，积极与云南省草地动物科学研究院等科研单位合作，走产学研一体的发展道路，从根本上改变传统的饲养方式。按照将“猪、牛、羊、鸡”搬出村庄的要求，采取人畜分离、畜禽集中圈养的模式，结合土地利用规划和环境保护要求，在山林中布局乌骨鸡代养点，集中连片规划种植畜草。在种植区附近规划肉牛代养点，在竹林中间种刺槐培植蜜源，发展养蜂产业，延伸发展蜂蜜、旅游等上下游产业。虽说是富民“三大产业”，但实际上形成了富民“五大产业”，为乡村振兴奠定了坚实基础。接续乡村振兴。产业兴旺是乡村振兴的重要基础，是解决农村一切问题的前提。盐津牢固树立一步登顶意识的发展理念和高度组织化的发展原则，用现代管理科学来管理农业，用现代市场体系来经营农业，力争通过三年努力，实现乌骨鸡、肉牛、竹笋“三大富民产业”产值分别超10亿元；氯碱化工产值100亿元，工业硅、煤矿等产值超10亿元；财政收入翻4倍，让群众有好的就业、高的收入，激活农村的生机和活力，人畜分离更加优化了生态环境这个农村最大优势和宝贵财富，为乡村振兴奠定了强大的物质基础。。

——践行初心使命，实践“三个一”工作法，助推干部作风大转变。对标政治上靠得住、工作上有本事、作风上过得硬、人民群众信得过“四句话”的好干部标准，以“不忘初心，牢记使命”主题教育为抓手，把整治形式主义、官僚主义贯穿“百日攻坚大会战”全过程，认真对照“四个敢不敢、善不善”，全面检视干部队伍中存在的盲目乐观、被动应付，组织观念、纪律意识淡薄，群众工作方式方法简单粗暴等问题，零容忍、严惩处、强保障，以监督考核倒逼政策、责任、工作“三落实”。全面压实责任。坚持把发现问题的真实性和解决问题的实效性作为巡察的根本标准，组建以县纪委监委为主，县委、县政府督察部门全过程参与的督察力量，随着工作的深入，逐步增加督查力量。2019年9月26—28日的交叉核实抽调了889名干部参与，从严选拔200名干部开展巡村和抽查核实工作，用最严格的督查确保了脱贫成效真实。百日攻坚大会战以来，县纪委监委提醒谈话44人，发出工作预警通知9份，因作风不实通报批评2个村。受理扶贫领域问题线索13件，办结18件，立案2人，党纪政务处分2人。关心关爱干部。坚持在脱贫攻坚一线选人用人的原则，在2834名下派干部中，培养选拔有能力、有担当的干部进行重用，畅通脱贫攻坚一线干部成长“快车道”。全力以赴做好工作队、村级脱贫攻坚指挥部等前沿阵地“战斗人员”的安全和后勤保障工作，解除干部后顾之忧。提升干部能力。通过脱贫攻坚一线培养锻炼，使干部适应农村工作环境，积累农村和群众工作经验，磨炼了党性，增进了群众感情，掌握农村和群众工作方法和技巧，在“急、难、险、重”任务中，增强驾驭复杂局面和处理疑难问题的能力，丰富工作阅历，提高了农村和群众工作能力。随着干部工作能力的提升，干部打好打赢脱贫攻坚大决战的信心和决心更加坚定，干部素质和作风得到了提高。

（作者时任中共盐津县委书记）

凝心聚力，打好控辍保学“组合拳”

——盐津县“百日攻坚大会战”控辍保学工作纪实

邓　溪

自脱贫攻坚战以来，盐津县认真贯彻落实党的十九大关于“坚决打赢脱贫攻坚战”的战略部署，紧扣“义务教育有保障”及坚持精准扶贫精准脱贫基本方略，全面落实“发展教育脱贫一批”各项任务。特别是2019年8月28日全市“控辍保学工作”专题会议召开以来，盐津县整合全县力量，拽死控辍保学“牛鼻子”，突出“四个一”，在工作举措上狠抓“五强化”，取得阶段性成效。

顶层设计“四个一”

“凡事预则立，不预则废。”盐津县十分重视谋划与部署，科学做好顶层设计，突出“四个一”。

——明确一个目标。要求每一个帮扶干部、每一名教师都必须明确迎检目标，即户脱贫验收标准“义务教育阶段适龄儿童少年无因贫辍学失学”。

——组建一个机构。成立县乡村“三级”领导组。县级教育扶贫领导组由县委副书记任组长，分管副县长任副组长，相关部门及各乡镇政府主要领导为成员，设立办公室在县教体局。乡镇教育扶贫领导组由乡镇分管领导任组长，中心校、中学校长任双副组长，设立办公室在中心校。依托“百日攻坚大会战”驻村力量将工作重心下沉到村，各村（社区）脱贫攻坚指挥部下设教育扶贫领导组，驻村专干任组长，村小教师和驻村力量为成员。按照“两查四对”要求逐户逐人摸底排查，教育扶贫专干参加村级脱贫攻坚指挥部每日研判（乡镇教育扶贫组统筹没有驻村力量的社区开展各项教育扶贫工作）和共同上报数据、佐证就学和劝返辍学生。同时，中心校和中学分别设置了教育扶贫专干，落实义务教育控辍保学“双线、六长、六包”责任机制，将辍学生劝返责任包保压实到人，形成了“三位一体”层层合力发力的工作机构，建立了信息协调和共享机制，做到控辍与保学并重，为全县教育扶贫工作有序扎实开展提供了坚强的组织保障。

——搭建一个平台。为统筹指挥好控辍保学工作，县教育扶贫领导组办公室通过微信平台创建了“盐津县百日攻坚大会战教育扶贫群”，要求全县10个乡镇86个行政村（社区）的教育扶贫组组长、副组长和没有驻村力量的社区教育扶贫责任人必须入群，确保日常工作信息畅通，对各村反馈的问题统一解释、统一回复，为推进全县控辍保学工作发挥了重要的指导作用。

——紧盯一本台账。控辍保学最核心的工作就是盘清家底，即辖区适龄户籍名册，盐津县紧盯辖区户籍，明确“适龄”界定，囊括所有户籍（建档立卡户和非建档立卡户），历时1个多月摸清《盐津县6—16周岁户籍适龄儿童少年人口信息台账》，做到了家底清、情况明、数据准、逻辑合。

工作举措“五强化”

——强化责任机制。压实责任，进一步强化控辍保学“双线六长六包”责任制，特别对最后需要劝返的A类对象，实行“四帮一”重点劝返责任制；印发《盐津县百日攻坚大会战控辍保学工作方案》《关于进一步加强“百日攻坚大会战”教育扶贫工作的通知》等指导性文件，进一步明确了领导组成员单位职责，形成部门联动、齐抓共管、合力控辍的工作格局。强化数据精准，重点要求乡镇上报的数据必须由其教育扶贫领导组组长审核签字盖章后方可上报，确保数据的精准闭环。同时县教体局、县纪委、县巡查组和组织部等几条线进行督查，压实保学责任。分类指导，从县到乡到村层层传导压力，领导带头示范，所有业务人员和帮扶干部精读控辍保学相关文件精神，吃透政策，弄懂要点。2019 年 10 月 9 日，县教育扶贫领导小组办公室抽调三名“精兵强将”，在分管领导带领下，对全县各村（社区）进行了集中培训指导。针对需劝返 A 类采用“七个一批”〔一是随班就读一批；二是特殊教育班入学一批；三是“送教上门”一批；四是“职初班”（补偿班）解决一批；五是完善手续一批；六是“依法控辍”一批；七是失踪、失联处理一批〕，不需劝返需佐证 B 类 10 种情况如何收集佐证资料，以及紧盯“举证不出村”如何建立村级档案等，进行一一培训。

——强化全员参与。盐津县以高度的政治站位和责任担当，强化全员参与。8 月 25 日县教体局印发《盐津县教育系统控辍保学大走访工作方案》，各义务教育阶段学校对照市教体局提供的“户籍＋学籍”6—16 周岁适龄儿童少年盐津数据，以户籍为单位，按照对应片区，安排教师充分利用课余时间，到户到人开展核查和“大走访”工作。2019 年 8 月 26 日至 9 月 1 日，累计召开“院坝会”206 场，投入教师 5056 人次，入户走访 22905 户；同时开展“小手拉大手”活动，截至 9 月 3 日，宣讲场次达到 2306 场次，覆盖学生数到达 43500 人，其中搬迁户学生数 2762 人，搬迁户学生宣讲覆盖率达到 100%；发放《盐津县易地扶贫搬迁宣讲手册》5538 份，其中搬迁户学生发放 2762 份，《致家长的一封信》6385 份，其中搬迁户学生发放 2762 份。以及各学校利用校会、班会，切实宣讲好控辍保学、教育资助、易地扶贫搬迁、家居环境整治等方面政策，大力宣传《义务教育法》和《未成年人保护法》，增强家长法律意识。

——强化工作实效。2019年9月初，“百日攻坚大会战”启动后，各村（社区）脱贫攻坚指挥部统筹村（社区）教育扶贫组、村小校长及课余教师再次入户核查走访，以户籍为基础，以实际为准则，以“日报”为反馈，按照市教体局《控辍保学工作指南》要求，通过“两查四对”，对辖区内适龄儿童少年进行地毯式摸排，确保不漏一户一人，实现责任区域户籍人口全覆盖。坚持“日报”各村（社区）开展走访情况，白天走访核查夜晚研判上报，每晚10点前将各村数据以乡镇为单位汇总上报县教育扶贫工作领导小组办公室，经梳理汇总后，再以乡镇为单位报告各驻乡处级领导。结合乡镇交叉到校点名数据、前期教体系统“大走访”数据、学校“村级四台账”、村（社区）“对一返五”的“休、缓、送、辍、县外就读”的数据比对，9月30日锁定全县6—16周岁户籍人口60064人（建档立卡户17118人），6—15周岁户籍人口54381人（建档立卡户15339人），实现数据“闭环”。同时在核查走访中，一边走访一边劝返和收集佐证就读资料。

——强化劝返佐证。一是假期不松懈，各村（社区）国庆期间统筹值班值守力量，加强劝返和佐证工作。据统计，国庆放假期间各村（社区）共计劝返辍学学生15人，收集佐证就学资料2000余份。二是收假再强化，各村（社区）驻村力量和乡村教师根据前期培训指导，国庆收假后各村（社区）驻村力量和教师力量进一步加强劝返和佐证工作，成效更加明显。截至2019年10月20日，全县6—16周岁户籍人口全县需佐证10996人（建档立卡户1687人），已佐证8692人（建档立卡户1377人），剩余2304人（建档立卡户310人）；9月初辍失学495人，经9月核查劝返278人，10月初辍失学218人（48人），目前已劝返随班就读34人，已佐证销号40人（累计劝返351人），剩余144人（建档立卡户30人）。

——强化档案建立。为打牢举证不出村基础，力求最短时间找到举证资料，以乡镇和村为单位，指导建立好完整的档案资料，从指标、内容、档案盒正面侧面标签、表册和目录等均统一规定，固定内容和格式。各乡镇教育扶贫组统筹以村（社区）为单位分A、B两类，除在本县就读学生外的对象，全覆盖建立“一人一档”，村级“一人一档”建立在村委会，乡镇“一人一档”建立在中心校，同时建立A类辍学失学和B类B1—B10共11个大类档案，并编号归类摆放相应各村（社区）“一人一档”，将举证时间缩至最短。将乡镇档案“电子档”上报县教育扶贫领导小组办公室建立县级“一人一档”。

（作者系盐津县教体局党政办工作人员）

创新实践劳动力月报备制度
构建劳动力管理网格化体系

——盐津县“百日攻坚大会战”就业扶贫补短板纪实

赛云华

盐津县坚持把劳动力转移就业作为增加群众收入、扩大县域经济、激活发展动力的重要手段，全县农村群众的务工收入占总收入的70%。为全面掌握农村劳动力信息，建立完善精准的务工台账，准确提供优质的劳务咨询，有效促进群众就业增收，脱贫摘帽“百日攻坚大会战”期间，盐津坚持以群众工作为主线，探索实践“三个一”工作法，力量下沉，尽锐出战，盯到村、抵到户，创新实践了劳动力月报备制度，构建了农村劳动力管理网格化体系。经过报备统计，全县农村劳动力19.69万人，共转移就业16.67万人，就业率84.66%。其中，贫困劳动力6.5万人，转移就业5.38万人，就业率82.77%。

规范工作方式，让报备方便利民

坚持把劳动力报备作为精准掌握农村劳动力资源、就业状况、就业分布、市场用工需求等最直接的途径，制定印发了《盐津县农村劳动力管理办法》，做细农村劳动力报备工作。规范报备范围。坚持实事求是原则，将全县16—60周岁的农村劳动力和超过年龄但有务工收入的人员全部纳入报备范围。突出报备重点。坚持以农村劳动力的就业信息为重点，全面报备外出务工时间、地点、工种、具备技能等信息，未外出务工的人员报告未就业原因、就业意愿等情况。严格报备程序。以村民小组为单位，凡符合报备对象的劳动力，由本人或其直系亲属填写“盐津县2019年农村劳动力外出务工情况报备表”，除第一次报备每月向村民小组长报备；报备人和村民小组长双方签字按手印认可并现场留照存档，村民小组长按照建档立卡户与非建档立卡户劳动力分类向村委会上报报备表；村委会对报备信息进行审核并存档。

压实工作责任，确保报备结果真实

坚持自下而上的报备和自上而下的核查相结合，压实工作责任，强化政策宣传，突出正向激励，确保报备制度的有效落实、报备信息的真实准确。压实责任。坚持村民小组长为劳动力报备的第一责任人，全面负责村民小组内的劳动力报备，村委会对报备信息负核实责任，乡镇对报备信息负审核指导责任，县人社局对报备信息负督查核查责任，层层签字确认，层层审核检查，全面确保了报备信息真实、准确、有效。广泛动员。充分发挥村民小组长和挂包干部劳动力报备政策宣传落实的“箭头”作用，进村入户进行宣传，让群众及时了解政策；利用微信、QQ、短信等各种新型交流平台和综合服务平台，多种渠道宣传报备政策，确保劳动力报备不折不扣不走样。正向激励。将报备内容准确率作为村民小组长奖励的重要依据，每月报备表经村委会审核，准确率达98%及以上的，每月给予村民小组长50元补贴性奖励，低于98%的，不得奖励；若准确率3次低于98%的，将取消每月50元的奖励性补贴。对每月主动向村民小组长报备的，结合爱心超市积分兑现物品奖励机制，每户每月给予一定奖励积分。

强化结果运用，构建农村劳动力管理网格化体系

劳动力月报备制度实质是农村网格化管理的一种实现方式，不仅是在脱贫攻坚期间掌握群众务工收入情况，更是为乡村振兴期间实现农村人口现代化治理奠定坚实的基础。坚持以网格化管理激发群众自强脱贫的信心。经过报备，全县农村劳动力务工动向、就业趋势、技能需求、收入等更加清晰，为更加准确地分析研判劳动力就业情况提供了基础依据。通过对未就业和零就业的家庭有针对性地采取劳动力技能培训、落实稳岗补贴、调整公益公服岗位、就近就业、外出务工等途径，确保全县有劳动力的贫困户家庭至少有1人就业，有效地增强了群众自力更生的能力，激发了群众自强脱贫的信心。坚持以网格化管理营造诚信光荣的浓厚氛围。根据务工收入、务工地点、务工时间等不同要素，实施差别化稳岗补贴政策，有效解决了部分群众有意隐瞒收入给脱贫攻坚精准施策带来的困难，群众务工有收入还能得补贴，激励了群众报备的主动性和积极性，更重要的是进一步增强了群众的诚信意识，构建了乡村诚信体系建设。坚持以网格化引导群众树牢感恩意识。借助驻村干部进组入户走访，宣传政策、双向发力，面对面与群众拉家常，进一步拉近了干群关系，对外出劳动力，尤其是对全户外出的农户，通过电话、微信沟通等形式进行信息采集，让他们第一时间了解掌握政策，帮助解决困难和问题，使远在他乡的盐津人真实感受到脱贫攻坚的浓厚氛围和享受更多的惠民政策，切实增强了群众的归属感和感恩之情。

（作者时任盐津县人社局副局长）

第四编　挂包帮扶及社会扶贫

教育阻断贫困代际传递　科技构建生态新农村

——东华大学定点帮扶盐津县纪实

余思宏

东华大学自2012年起，定点扶贫云南省盐津县。同时，学校针对盐津县实际需求，探索了具有“东华—盐津”特色的精准脱贫路径，围绕“中小学生、大学生、终身教育”三个梯度，以多维度教育扶贫阻断贫困代际传递；与盐津共同绘制“绿水青山＋金山银山”的“两山”蓝图，开拓“生态＋”全域旅游和农副产品的脱贫之路，扶贫帮扶工作取得了阶段性成果。截至2020年上半年，学校直接投入和引进帮扶资金近1500万元，消费扶贫总计1300余万元，培训基层干部和技术人员累计7000余人次。2020年6月，云南省委书记陈豪会见了东华大学校长、中国工程院院士俞建勇一行时，陈豪对学校教育扶贫等方面工作给予高度肯定。

以“教育”的初心，阻断贫困的代际传递

全方位开展多形式、多层次培训。定点扶贫工作开展以来，东华大学邀请专家赴盐津，组织当地干部、教师来上海开展多形式培训，包含基层干部赴东华参加“乡村振兴骨干人才培训班”，盐津教师赴东华附校参加为

期半个月的跟岗学习，“不忘初心，牢记使命”主题教育宣讲团等系列培训活动，累计培训基层干部5000余人次，中小学教师2000余人次。在全国防控新冠疫情形势下，依托继续教育学院搭建“云端”学习平台，开设“乡村振兴骨干人才培训班”和“盐津中小学骨干教师培训”，积极整合东华大学、附属实验学校以及东部沿海地区优质培训资源，覆盖了农业经济、农村电子商务、心理咨询与疏导、中小学教学课程资源等42门类135节精彩纷呈的线上教学课程，确保疫情防控期间不断线、高质量的教育培训落地。

——持续开展贫困中小学生赴沪“行走教育”活动。连续三年依托附属实验学校开展“行走教育”青少年教育实践活动，投入近30万元用于活动费用，累计组织近百名盐津籍品学兼优的中小学贫困生走入附校课堂、上海学生家庭，参观大学校园及市容市貌等活动，激励学生立志高远、勤奋求学。

——“培养一个大学生，脱贫一户人”。近5年来，东华大学努力把国家“高校专项计划”落实到定点扶贫县，每年赴盐津开展政策宣讲，发挥挂职干部、在读盐津籍学生的作用，多渠道做好招生宣传工作。2019年报考学校人数再创新高，有18名盐津籍学生考入东华大学。学校总计招收培养盐津籍贫困生43人，资助总额34万余元。2019年，4名第一届盐津籍毕业贫困生在学校帮助下到知名企业就业，平均月薪近万元，实现了“培养一个大学生，脱贫一个家庭”的目标，受到地方政府及群众一致好评。

——助力城乡教育一体化发展。东华大学多年来高度关注盐津县“两不愁、三保障”中的“义务教育有保障”，从教育信息化、改善基础设施建设等角度，落实了系列帮扶举措。在教育信息化方面，近三年来，学校累计捐赠和帮助引进信息化教学设备及软件600余套，总价值400余万元。其中，水田新区第二小学是典型的易地搬迁安置点贫困户子女集中就读的学校，存在教学设备缺乏、教学资源不足等瓶颈。东华大学向该小学捐赠了100台计算机和24台交互一体机；联动社会及校友资源，引进了现代化“云智能”教学系统及设备，让当地学生共享电子教学资源和智能大数据教学服务。东华大学校长俞建勇在调研盐津期间，专程赴该小学考察帮扶举措推进情况。

——在改善基础设施建设方面，近三年累计动员社会企业提供引进帮扶资金（物资）近 1000 万元。先后帮助盐津万古、黄葛槽、豆沙、流场、保宁等小学改善教学基础设施建设，营造安定祥和的育人环境。其中，流场小学由于没有挡土墙、围墙、场地及道路硬化等，导致学校近 10 年无法开展体育教学及活动，东华大学不仅援建了基础设施，还通过校友企业募捐了体育运动设施和用品，帮助该校顺利恢复体育教学。

助力盐津践行“两山”理论，构建生态文明新农村

——深入调研，做好顶层设计。东华大学校领导先后 8 次带队赴盐津调研，多次召开专题研讨，提出了生态治理的规划建设思路，为项目开展提供“科学指导，组织保障、资金支持”。学校设立科研专项，组织环境科学与技术学院陈泉源教授团队深入定点扶贫第一线，为盐津农村生活垃圾和污水处理开展规划设计工作。

——因地制宜，研发生态治污技术。从 2015 年至今，陈泉源教授团队先后 10 余次赴盐津考察调研，通过详细的技术方案比对、论证，根据村镇和扶贫安置点的功能、人口、地形地貌、地质特点、气候、排放要求和经济水平，因地制宜地选择多种处理方式，研发运行维护管理简便、经济有效的处理技术，突破技术瓶颈，减少工艺环节，形成具有地方特色的技术方案，为农村“两污”治理提供智力支持。

——“绿水青山”保护成效明显。最具有代表性的是东华大学在盐津县首个乡村旅游示范区——牛寨乡敦厚村建设的污水治理工程，覆盖 21 个村社区，帮助当地 3000 余人解决了部分生活垃圾及污水排放问题。在此项

目中，学校科研团队研发的农村生活污水微动力处理系统、生态浮床技术和微生物—植物复合技术使污水中各种污染物高效同步去除，污水处理后各项指标达到《城镇污水处理厂污染物排放标准》一级标准，可用于农作物灌溉，2017年至今帮助节约灌溉用水4000余吨。该项目统筹生态效益和环境美学效应，真正实现污水处理设施“建得起、用得起、管得好”目标，赢得地方好评。

——学校科技帮扶盐津县产业发展。针对盐津县提出中药材发展的需求，学校投入15万元设立中药材研究专项，联系上海中医药大学专家提供科研帮扶，完成了天麻素含量检测等，4个天麻新产品即将上市，帮助提升当地特色中药材在市场中的竞争力。2020年多次与中国中医科学院专家座谈，协商帮助盐津对接引进有较高药用价值和较好的市场前景的新品种蒲公英种植和产业开发事宜。联系玖雍民族文化创意产品有限公司在当地推广火草相关产业，并组织校内专家，设立“火草绒纤维材料及其纺纱关键技术研究”专项，提供科研支撑，积极促进项目投资落地，提升当地产业发展水平。

——学校多方促进就业扶贫。积极联系上海市中小企业技术人才引进服务中心，探讨帮助盐津对接劳务输出。向盐津县发布了27个薪资待遇优厚的岗位，与盐津县签订了“扶贫盐津推进就业扶贫工作协议”，同等情况下优先招收当地建档立卡贫困户并提供多项困难补助，落实精准扶贫。通过校友联系嘉兴南湖区14家企业，向盐津提供了2270个工作岗位，帮助一批盐津籍人员顺利就业。

打好“消费”扶贫组合拳，促进地方提升“造血能力”

——多渠道拓展消费扶贫途径。学校抓住盐津“好山，好水，好空气，好食品”的“生态+”农副产品特点，通过特有的经营之路，在产品线中体现“生态+”的概念，充分发挥产品中的生态价值。帮助筹建了“东华大学扶贫盐津农产品展示专区”和线上“微店”，现场展出了竹笋、蜂蜜、茶叶、食用油、大米、天麻等6个品类40余种农特土产。此外，拓展了与中国农业银行的合作，在农行电子银行掌银上创建了东华大学扶贫盐津专区，上架了当地30余种农产品，上线首月已销售21.3万元。

——全员“三带”助力产品销售，广泛宣传营造消费氛围。学校充分利用上海市五五购物节的有利时机，线上线下联动，推动消费扶贫行动加动力，购物热情再升温。组织策划了“院长代言，教师带货，学生带热度”消费扶贫系列活动。通过新媒体平台广泛发动师生、家长购买扶贫产品，同时号召党员干部带头购买和宣传推介贫困地区农产品。其中，外语学院杨丹老师采用扶贫带货与双语教学相结合，将“带货”融入英语教学的直播方式吸引众多学生，再从学生以点带面覆盖到学生家庭及社会群体中，形成全校师生、校友及社会企业共同参与的消费热潮。通过校宣传部、学生处、校友会的官微发布，获得了2.5万次的点击量。以流量带动销量，至今已累计在“e帮扶”平台上完成帮助销售100余万元。在“e帮扶”平台的70多家中央单位销售量排位前列，《青年报》整版报道了我校青年教师带货扶贫的新闻。

——发挥挂职干部桥梁纽带作用，推动基层党支部共建。从2015年起，我校已先后选派了6名挂职干部，其中2人挂职盐津县副县长、4人先后挂职黄草社区驻村第一书记。学校通过挂职干部搭建了盐津县与东华大学在基层党组织中的党建扶贫桥梁，黄草社区党总支与我校计算机学院和纺织学院基层党组织多次开展学习交流活动。挂职干部驻村第一书记依托黄草社区新时代讲习所为基层干部开展培训培训，主要面向村干部、帮扶干部和农村党员骨干，累计培训基层干部1500余人次。

——开展支部结对。在东华大学驻村挂职干部所在的黄草社区，多年来立足党建引领，开展了“1+1”教工党支部结对帮扶建档立卡贫困学生，目前已有14个党支部结对。教职工党支部结合自身特色和资源，通过自发捐资捐物、远程辅导、关心关怀等举措，鼓励学生发愤图强、励志成才。2020 年 6 月，校长俞建勇一行在盐津调研期间考察了黄草小学，学生们热情地为俞建勇一行佩戴红领巾，以表达感恩之情。调研组还受部分党支部委托，带去了自发筹集的慰问金。作为对接支部成员之一，俞建勇亲自将慰问金给到了所在支部对接的学生。

东华大学 2018 年至今定点扶贫责任书六项指标完成情况统计表

责任书完成	2018 年	2019 年	2020 年上半年	总　计
对定点扶贫县投入帮扶资金(万元)	229.588	263.5524	268.35	761.4904
为定点扶贫县引进帮扶资金(万元)	231.86	247	246.44	725.3
培训基层干部人数（人次）	965	2077	1882	4924
培训技术人员人数（人次）	307	566	865	1738
购买定点扶贫县农产品（万元）	200	222.55	230	652.55
帮助销售定点扶贫县农产品(万元)	200	241.44	223.3	664.74

2020 年是全面建成小康社会收官之年，也是脱贫攻坚决战决胜之年。学校把定点扶贫工作与“不忘初心，牢记使命”主题教育紧密结合，坚持“不摘责任、不摘政策、不摘帮扶、不摘监管”，进一步巩固深化脱贫攻坚成果，推进脱贫攻坚与乡村振兴的有效衔接，以全心全意做好定点帮扶工作的初心和使命，以咬定青山不放松的定力，切实担负起高质量打赢脱贫攻坚战的政治责任，努力交出一份让党中央放心、让人民群众满意的答卷。

（作者时任东华大学校长办公室主任科员）

聚焦人财物　实干扶真贫

——中南财经政法大学定点帮扶盐津县纪实

邓红军

2019年年底，中南财经政法大学开始正式参与中央单位定点扶贫项目——对口帮扶云南省盐津县。接到任务后，校党委高度重视，坚持统筹推进疫情防控和定点扶贫工作，积极营造浓厚扶贫氛围，开展资金帮扶、消费扶贫、人员培训等工作，努力构建稳定脱贫长效机制，在坚决打赢脱贫攻坚战的征程中，交出一份脱贫与发展的满意答卷。

加强组织领导，健全体制机制

2019年11月，学校党委提前谋划中央定点扶贫工作，由分管校领导带队赴盐津县调研，就干部挂职、消费扶贫等工作进行了深入交流。自2020年2月以来，学校党委注重加强定点扶贫研究调度，校党委常委会坚持每月两次听取定点扶贫工作汇报，研究部署有关工作，分管校领导坚持每周通过线上线下方式研究调度定点扶贫工作。4月15日，学校与盐津县召开了2020年度定点扶贫“校地对接”视频会议。4月20日，学校召开了2020年扶贫工作会议暨定点扶贫专题工作会议，专题研究部署学校2020年度定点扶贫工作。5 月 8 日，学校组织各二级分工会召开了 2020 年学校工会定点消费扶贫工作会议，专题研究部署学校 2020 年消费扶贫工作。先后制定发布了《中南财经政法大学定点扶贫工作方案》《中南财经政法大学 2020 年定点扶贫工作计划》。全校与 23 家脱贫攻坚领导小组成员单位现场签订了“定点扶贫责任书”，与其他各二级单位签订了“协助扶贫承诺”。

强化干部选派，确保尽锐出战

学校坚持按照“硬选人，选硬人”原则，采取“先任后派”方式，从全校遴选政治过硬、素质全面的高层次人才或党政管理干部，经个人报名和组织推荐，选派龚家友（正处级）同志赴云南省盐津县挂职担任副县长，邓宏军（副处级）同志担任驻村第一书记。同时，党委组织部对两位挂职干部组织开展了专题培训，重点就中央定点扶贫工作的重要意义、重点任务、考核要求、工作纪律等做了强调，介绍了有关待遇保障和学校前期调研了解的基本情况，了解了他们校内工作交接、家庭生活等情况，切实为扶贫干部上好“政治课”“政策课”“心理课”等任前“第一课”。目前，学校新选派挂职的两位（驻村）干部现已到岗开展相关扶贫工作。

聚焦帮扶重点，加快部署推进

节流引资，向盐津县投入帮扶资金 400 万元。学校划拨 200 万元帮扶资金于 4 月 27 日到盐津县人民政府财政局账户。联系校友、社会合作部和资产经营公司帮扶引进资金 200 万元，其中校友与社会合作部完成帮扶引进资金 130 万元，资产经营公司完成帮扶引进资金 70 万元。

统筹引导，购买盐津县农副产品 353.12 万元。学校引导校内各二级单位开展消费扶贫活动，截至目前，校工会（含二级工会）2019 年 12 月及 2020 年 5 月，先后两次购买盐津农副产品（竹笋、乌鸡豆豉、金丝黄菊、红薯粉条、竹笋、天麻片等）价值 202.48 万元；学校离退休人员工作部于 2020 年 5 月购买盐津县农副产品价值 85.44 万元；学校后勤保障部于 2020 年 6 月购买盐津县农副产品价值 66.2 万元。

精准务实，完成各类人员培训共计 990 人。学校主动对接盐津县各部门培训需求，充分发挥学科、师资优势，积极利用校内外培训资源，先后为盐津县开展以扶贫和乡村振兴审计、法院系统业务能力与综合素质提升、项目绩效管理等为主题的基层干部培训，累计培训基层干部 453 人；开展以农业产业技能、特色农业扶贫、实用农业技术扶贫、政府会计实务操作等为主题的技能培训，累计培训农业技术人员 537 人。

多措并举，大力开展教育帮扶工作。结合盐津实际情况，我校加大在盐津招生宣传力度，将盐津一中、二中作为我校优质生源基地；设立扶贫励志奖励方案（盐津一中、二中、三中），鼓励盐津高中学生报考；设立盐津籍本科学生奖助专项，召开盐津籍本科新生座谈会，对考入我校学生予以资助，确保入学前无忧、入学时无虑、入学后无惑。

（作者时任中南财经政法大学派驻普洱镇箐坝村第一书记）

凝心聚力　以商务扶贫助力脱贫攻坚

——云南省商务厅挂包帮扶纪实

赵伟欣

2015年起，云南国际博览事务局开始挂包帮扶石缸村。2019年2月全省机构改革后，云南省商务厅（原帮扶单位合并入省商务厅）正式挂包帮扶盐津县豆沙镇石缸村，结合商务部门职能优势，积极推动产业扶贫、电商扶贫、消费扶贫等，全面助力盐津县打赢脱贫攻坚战。

咬定目标，高位推动助力脱贫攻坚

在省政府明确调整挂包任务后，省商务厅主要领导多次带领有关处室负责人到盐津县开展商务扶贫工作调研，就农村商贸流通体系、发展电子商务、城乡物流建设等方面提出建议，并把支持项目计划列入2020年项目库和财政预算。同时，进一步细化责任，明确任务，制定了《云南省商务厅2019年脱贫攻坚工作计划》《云南省商务厅解决“两不愁、三保障”突出问题工作实施方案》等，明确任务分工和时间节点，逐级压实脱贫攻坚和帮扶责任。还出台专门文件明确挂包帮扶责任，83名挂包干部与豆沙镇石缸村166名贫困户建立了结对帮扶关系，先后六轮进村入户看望慰问贫困户并竭力帮助解决实际困难，与贫困户建立了深厚情谊。

精锐出战，驻扎一线助力脱贫攻坚

省商务厅（含原挂包单位）先后派驻驻村扶贫工作队队员6名（其中处级干部2名）、工作队总队长1名长驻豆沙镇石缸村。2019年派驻一支平均年龄32岁的“娘子军”战队长期驻村开展帮扶工作。驻村工作队克服工作和生活困难，全年驻村时间达280天以上，与村干部同吃、同住、同工作，吃苦耐劳，积极发挥工作思路、规范管理、业务技能等方面的优势。几年来，石缸村先后修建石花公路、乱山公路、石缸公路等3条24公里硬化路，连通了13个村民小组，覆盖了全村90%以上的居民。新建了石缸小学食堂、宿舍和篮球场，提升了全村学生就学环境。新建标准化卫生室一个，增设河坝村民小组医疗服务点1个，群众就医条件明显提高。开展4个低压台区电网改造，16个村民小组通稳定的动力电和生活用电，公共服务极大提升，为接续乡村振兴奠定扎实基础。实施农村危房改造233户，实施易地搬迁153户，居民住房得到有效保障，全村80%以上村民均享受住房帮扶政策。2019年村内建设完工垃圾集中处理厂和垃圾处理池，配套在汇同溪安置点建设活动场所、爱心超市、儿童之家，丰富群众生活。白墙红瓦的民居，干净整洁的通村入户路，文化广场设施完善，生活垃圾有效治理，厕所改造成效明显，村容村貌大幅度提升。在前期建设石缸茶厂、石缸笋厂基础上，新建石缸养牛基地，茶叶、竹笋、乌鸡、肉牛等产业发展基础逐步夯实，石缸村民就业和致富道路越走越宽，全村农村居民人均纯收入保持较快增长，生活条件得到明显改善。

真抓实干，坚持发挥商务优势助力脱贫攻坚

在前期帮扶单位投入70余万元的产业专项帮扶资金后，省商务厅继续统筹安排省级项目支持盐津脱贫攻坚。2019年安排专项资金40万元，支持盐津县商务工作；安排资金10万元在盐津县进行家政服务标准化试点，开展家政行业培训，帮助盐津县富余劳动力实现就业。通过省对外经贸内贸发展专项转移支付20万元，用于盐津县乡镇农村集贸市场项目建设。支持盐津县开展电子商务进农村综合示范，并积极开展了人才培训、政策宣讲等电子商务相关链条为重点的公共服务体系建设。2019年，盐津县作为国家电子商务进农村综合示范县通过绩效评价，获得500万元中央资金支持。同时，充分抓住商务职能优势，以“立足优势、搭建平台、创新机制、脱贫发展”为工作思路，创新“展会+龙头企业+农户”的帮扶模式，利用南博会、商洽会、昆明新春购物节等展会平台助推消费扶贫。2019年10月，省商务厅会同省扶贫办组织盐津县15家企业到上海参加了对口帮扶地区商品展销洽谈会，并举办云南绿色食品推介会，帮助贫困地区企业和建档立卡贫困户的农产品开拓市场。2018年协调组织了盐津10余家企业参加南博会，助力脱贫攻坚。联系下属单位，为石缸茶叶、竹笋等拍摄宣传资料，帮助石缸扶贫产品建立线上销售平台，拓宽扶贫产品销售渠道。同时，积极对接引进外部帮扶资源，在2018年引进中华儿童慈善基金会20万元捐赠石缸小学活动后，2019年继续推动中华儿童慈善基金会给盐津县的中和镇天宁小学、豆沙镇长胜小学、滩头乡生基小学捐赠价值10万元德尔惠运动鞋800余双、图书3000余册。

截至2019年年底，石缸村累计实现脱贫228户985人，贫困发生率从2014年34.1%下降到2019年年底的1.2%。

2020年是决战决胜脱贫攻坚的收官之年，云南省商务厅将坚决贯彻习近平总书记重要指示批示精神，扎实做好五项商务扶贫工作，继续加大帮

扶力度，以更大的决心、更强的力度、更有力的举措，夯基础、强产业、促长效，进一步巩固脱贫成效，为决战决胜脱贫攻坚和全面建成小康社会多做贡献，有效接续乡村振兴。

（作者时任云南省商务厅派驻豆沙镇石缸村第一书记）

牢记扶贫初心　不忘小康使命

——中国建设银行云南省分行挂包帮扶纪实

黄传涛

中国建设银行云南省分行（以下简称“省建行”）自2015年12月挂包到落雁乡落雁村以来，始终保持用心、用情、用力开展真扶贫、扶真贫，以攻坚克难的工作精神，推动精准扶贫工作有序开展。

精准扶贫修路先行，群众脱贫道路越走越宽

省建行驻村扶贫工作队在2015年12月开始进驻落雁村，驻村队员紧锣密鼓地入户走访了解到：全村基础设施条件落后，经济发展基础薄弱，村内主干道均为泥土砂石路面，晴通雨阻，村民出行和运输太难。长期以来受自然条件、地理环境、人口素质等诸多因素限制发展，全村贫困人口466户2196人，贫困发生率27.44%。村民最大的心愿就是能有一条宽阔的大路通到家门口。为此，单位先后投入272万元，通过工作队与村干部及群众共同努力，硬化和修缮了落雁村烂田湾公路、天井小学连接道、老林沟主干道、后沟产业路等8条道路，共6000多米。道路正式通车那天，村民们高兴得手舞足蹈，都在谈论：“这下安逸了，方便我们出行了。”“道

路畅通了，我们脱贫致富的路子更加宽广了。”道路硬化解决了出行难、农产品运输难、销售难的问题，不仅促进了农业发展，增加了群众的收入，还改变了村容村貌。正所谓“道路通则百业通”。

健康扶贫修建诊室，群众就医及存取款方便

工作队实地调查了解到：落雁村火石片区、茶坊片区有12个自然村，常住人口2000余人，距离落雁乡卫生院路途遥远，村民生病步行到乡卫生院看病往返需要一天，把小病都走成大病了。工作队将这个问题及时向单位领导反映汇报，省建行党委高度重视群众看病难问题，决定捐赠资金48万元修建卫生室。修建过程中单位领导和驻村队员多次实地查看，确保工程质量。积极协调北京301医院专家组，利用节假日期间，对盐津县先天性心脏病儿童开展排查筛选。

卫生诊室建成后，由于火石片区及茶坊片区距离集镇路途遥远，村民基本金融服务不便等实际问题，省建行又在火石卫生室布放建行“裕农通”普惠金融服务设备，打造“金智惠民”农户家门口的“银行”，为周边村民提供存取款、转账汇款、代缴费等金融服务。卫生诊室和“裕农通”建设让村民体会到了家门口一站式医疗、“银行”便民式服务。

金融扶贫促进发展，群众受益多项资金服务

2016年1月，组织3批次建行专业队伍，深入盐津18家企业进行调查走访，梳理消费扶贫项目，为盐津县茶叶公司、彩云归、滇和液三家企业开

通绿色通道成功入驻建行善融商务平台，与建行昭通分行签订了合作协议，助力企业做强做大发展规模，创造更多的劳动力就业岗位。2018年7月，省建行贷款160万元给落雁乡龙头企业“万诚生态农业公司和盐津驰源园艺公司”，为落雁村龙头企业注入发展资金。8月，省建行、华曦牧业集团、落雁村集体公司、落雁村万诚农业公司、凤栖乌鸡养殖合作社（由建档立卡贫困户组建）共同签署《乌骨鸡养殖金融扶贫框架合作协议》，省建行捐赠100万元，作为合作社发展乌骨鸡产业的启动资金。2017—2018年，在省建行海埂培训中心两次举办县域金融骨干人才高级研修班，盐津组织130余人参加了培训。通过建立产业发展合作模式，到2020年8月，工作队帮助落雁村累计运输销售盐津乌骨鸡15800公斤，销售收入66万元；状元米4500公斤，销售收入6万元。

教育扶贫形式多样，群众收获知识增长见识

2016年为改善落雁村火石、天井两所小学教学设施落后面貌，建行捐赠资金52.67万元，购置课桌椅450套、办公桌椅26套及计算机、投影仪等教学设备；2017年捐赠资金10万元，购置5000册全新图书，丰富落雁乡中学图书馆藏书；捐赠资金20万元，购买课桌椅300套及120台计算机改善落雁中心校教学条件；购置羽绒服450套给落雁村天井、火石小学学生防寒；共捐赠资金65.4万元，资助落雁乡贫困高中学生、大学生106名，确保了贫困优秀学生不因学致贫；投入4万—6万元用于就业扶贫，临时聘请假期在家大学生到村委会上岗实习。组织落雁村火石小学3名师生参加建行总行举办的“梦想起飞——建行希望夏令营”活动。连续三年组织落雁村小学优秀教师3名，参加建行总行组织的希望工程全国教师培训班。组织落雁村火石小学和天井小学4名品学兼优的学生参加建行总行“相聚

北京，筑梦建行”乡村学生星光夏令营。充分利用单位“劳动者港湾”公益品牌协调社会捐助，与《春城晚报》、昆明市五华区文林小学联合向落雁乡小学捐赠课桌椅136套。联系上海市慈善基金会，成功争取祥和公益艺术教育专项基金与落雁天井小学爱心结对。2020年6月，联合昆明《春城晚报》到落雁天井小学举办“书送关爱、共沐书香”图书捐赠六一儿童节公益活动，将公益项目收集到的1800册适龄儿童读物捐赠给学校。

总之，省建行通过从基建、金融、产业、健康、教育、就业扶贫和扶智，累计投入帮扶资金705.23万元，不仅促进了落雁村各项发展，而且还为落雁乡乃至盐津打赢脱贫攻坚战发挥了重要作用。虽然盐津县在2020年5月顺利脱贫摘帽，但省建行将继续“牢记初心，不辱使命”，继续稳固脱贫成效，有效衔接振兴乡村战略工作，助力绘就美丽乡村建设新篇章！

（作者系中国建设银行云南省分行派驻落雁乡落雁村扶贫工作队队员）

克服千难万阻　实现精准扶贫

——云天化集团有限责任公司挂包帮扶纪实

何德明

2019年8月，省委组织部安排云天化集团有限责任公司（以下简称“云天化集团”）挂包帮扶盐津县中和镇天宁村，我们按照市委“133”工作思路，与村“三委”及帮扶干部的辛勤努力，克服千难万阻，共同攻坚克难，脱贫攻坚成效更加显著，乡村振兴实现良好开局。

掌握村情贫情　找出问题瓶颈

自云天化集团驻村工作队进驻天宁村以来，全面摸清了天宁村的村情、民情和贫情，了解到交通不便是天宁村深度贫困的主要原因，虽然在脱贫攻坚期间道路交通设施有所改变，但全村42个村民小组中，仍有29个村民小组未通硬化公路，全村辖区内重要的村组公路硬化覆盖率不足35%，群众为了解决出行困难问题，不得不自行集资修建公路。但由于资金有限，前期开挖的村组公路都是泥土路，晴通雨阻，群众出行困难的问题并没有得到有效解决，出行依然很不方便，都期盼着泥土路能够早日实现硬化。

聚焦基础设施建设　助力产业发展

云天化集团自2019年8月挂包天宁村以来，集团领导高度重视精准帮扶工作，多次带领集团扶贫办同志到中和镇天宁村开展走访调研，并深入开展结对帮扶工作。云天化集团立即召开专题会议，决定出资为村民修出一条出行方便、产业发展的致富之路。该路是中和镇天宁村通往豆沙镇万古村的必经之路，前期中和镇在修建这条“产业路”的过程中，因资金短缺，最后有7.85公里未实施硬化，成为阻碍两村交流与联系的“最后一公里”。云天化集团公司出资600万元，硬化了竹麻林至牛儿丫口的道路7.85公里，硬化了断头公路4.75公里。为确保道路硬化的顺利实施，云天化集团派出了由何德明任第一书记，邱剑同志为队员的驻村工作队，具体负责道路修建的跟进工作。为了高质量硬化修通修好这条产业路，保障村民出行畅通，驻村工作队及村干部随时到现场进行纠纷调解、质量监督和进度跟踪等工作，确保了整个“产业路”的硬化工作顺利推进。此路的建成通车，12个村民小组近300户1000多名群众从中受益，也彻底改变了群众“晴天一身土，雨天一身泥”的现状，而且还连通了豆沙与中和两个乡镇的村组公路，实现了跨地区的发展。为进一步满足人民群众的精神文化需求，丰富群众的业余文化生活，促进文化交流与繁荣，云天化集团出资74万用于天宁村活动广场建设。

铭记社会责任　一心为民解忧

为了进一步巩固好脱贫攻坚成果，振兴乡村建设，强化村集体经济发展，公司投入投资金100万元，改扩建了1个200头规模的标准化肉牛养殖场。2020年3月，在新冠肺炎疫情缓解后，云天化集团有限公司考虑到尽可能帮助挂钩乡镇减少和挽回因疫情造成的生产经济损失，为“战疫情、保春耕”，向中和镇捐赠了150吨高效复合肥，在疫情异常严重的关键时期，解决了老百姓春耕生产的燃眉之急。9月18日，又捐赠了18吨化肥给天宁村，用于建档立卡贫困户的农业生产，为提高农户的粮食产量提供了有力的保障。云天化集团公司还时刻关注着中和镇的教育事业，关心着中和镇的教育发展，今年10月份，集团公司赞助5.9万元用于奖励中和镇本年考上本科的优秀大学生。

强化思想引领　巩固脱贫成效

通过坚持原则、因地制宜，驻村工作队同村级脱贫攻坚班子做到了心往一处想、劲往一处使、事往一处谋，保障了村内农村危房改造、易地扶贫搬迁、产业布局发展、基础设施建设、社会保障政策落实等工作真正利民惠民。认真落实省委、省政府关于推进大扶贫战略行动部署要求，多措并举，不断提高扶贫措施的精准度，把扶到点上、扶到根上作为工作宗旨，在帮助贫困群众脱贫摘帽的同时，力争同步实现小康，不负重托，在村干部、驻村工作队、帮扶干部的共同努力下，全村建档立卡441户2049人已全部稳步实现脱贫。其中2014年脱贫16户68人，2015年脱贫44户239人，2017年脱贫41户195人，2018年脱贫147户699人，2019年脱贫184户808人，2020年脱贫9户36人，贫困发生率从2014年的42.52%下降到2020年的零。

天宁村整村脱贫出列后，云天化集团还将继续紧紧围绕乡村振兴战略要求，把建成百姓富、生态美、产业优、社会稳作为工作目标，立足天宁村得天独厚的自然环境优势，为天宁村的乡村振兴做出应有贡献。

（作者时任云天化集团有限责任公司派驻中和镇天宁村第一书记）

倾情帮扶显担当　凝心聚力助脱贫

——中储粮云南分公司挂包帮扶纪实

刘　婳

北甲村，位于云南东北部横江西畔。2015 年起，中储粮云南分公司挂包帮扶北甲村，从此中储粮便与北甲村连在了一起，勠力同心，共谋发展……

打牢基建促民生

北甲村全村公路 45 公里，2018 年已硬化 19.7 公里，硬化率 44%，还有近一半多的村民小组未通硬化路。要致富，先修路，交通出行永远是群众心坎上最期盼解决的问题。

2018 年末，为进一步解决群众出行难的问题，中储粮云南分公司结合年初扶贫工作计划，准备在 2019 年投资 80 万元援建北甲村九盘、油厂片区 4.2 公里。实地调研期间，一位群众无意间得知分公司领导又一次来考察修建公路时，立马跑到两公里外的商店买了 10 多瓶矿泉水给大家送来，握着领导的手说："我们两个村民小组的人做梦都希望这条路能给修好呀。因为公路不通，上面有 1000 多亩竹子卖不出去，感谢领导给我们带来了希望，我个人无以为报，这几瓶水请你们一定要收下……" 2020 年 3 月 10 日，公路硬化项目全面竣工，2020 年 5 月 8 日由滩头乡人民政府组织相关部门对公路硬化项目进行验收。九盘、油厂产业路的贯通，不仅解决了北甲村两个小组 84 户 942 名群众的出行问题，也为 500 亩李子、1000 多亩竹子产业的发展壮大奠定了基础。截至 2020 年 6 月，北甲村已硬化公路 27.54 公里，硬化率达 61.2%，修建户间道路 7.54 公里，垃圾池修建 14 个，厕所改造 40 户，建设完成炮筒、大溪、九盘村民活动场。

2015—2019 年，北甲村全村共实施农危改 78 户（其中建档立卡户 70 户），C、D 级危房全部改造完成并得到政府补助资金达 205 万元。易地搬迁 7 户，其中 1 户搬迁至铜鼓寺安置点，6 户搬迁至水田坝安置点。同时，除危房搬迁外，根据农村危旧房拆除政策，2019 年共拆除危旧房屋 30 幢，既保障了农户的住房安全，又美化了村庄环境。

助学扶志践使命

2018 年 6 月，中储粮云南分公司党委领导在扶贫点走访调研中发现，北甲小学学生缺乏固定的阅读场所，大量图书闲置，在这个仅有少数学生走读回家的学校里，课后学生们多数在操场上玩乐，没有阅读、自习的空间，这不仅难以培养学生良好的阅读习惯，也不便于住校安全管理。因此，中储粮云南分公司决定为北甲小学建设一个“中储粮爱心书屋”。2018 年年底，中储粮爱心书屋正式建成。书屋投入使用后，每天放学后调皮捣蛋的孩子们开始静下心来阅读，中储粮驻村工作队队员以“青穗”志愿者的身份整理图书、维持秩序、答疑解惑，自觉地做起了孩子们的“辅导员”。2018 年至 2020 年，中储粮云南分公司连续三年在“六一儿童节”到来之际，组织“青穗”志愿者到北甲小学开展爱心捐赠活动，为全校学生捐赠了书桌、学习用具、体育用品等物资，捐赠资金达 3.07 万元。

2020 年 4 月，中储粮云南分公司党委常委会审议通过“扶贫励志奖学金实施办法”，办法以北甲村建档立卡贫困户中高考子女为对象，分公司特设扶贫资金，将助学金纳入年度对外捐赠预算，对考入高中（包括职高、中专）、大专、本科学校学习的学子，一次性给予 2000—5000 元的助学金，旨在鼓励贫困家庭的学子渴望求学，勤奋向学，用知识改变命运。

结对帮扶暖人心

2015 年至今，中储粮云南分公司主要负责人亲自挂帅，共派出 19 位帮扶责任人挂包帮扶北甲村，按照“挂包帮、转走访”的要求，帮扶责任人对挂钩贫困户多次深入开展了走访调研活动，认真倾听贫困群众诉求，耐心询问每户家庭情况，深挖致贫根源，逐户走访核实，与贫困户交心谈心、算账对比，制订帮扶计划，推进精准扶贫。很多帮扶干部在走访过程中，发现农户家存在的困难，总是想尽一切办法自掏腰包为农户解决难题。2018 年 10 月，帮扶干部看见何先洗户灶台破旧，出资 500 元为其修缮灶台；2019 年 3 月，帮扶干部发现吴辉云户房屋地面未硬化，在争取补助资金后又出资 500 元为其硬化地面；2019 年 12 月，帮扶干部通过走访入户，看到石思德户的入户道路为湿滑的泥巴路，考虑到家中两位老人出行特别不方便，便出资 2000 元为该农户修建入户道路，这样的帮扶事例不胜枚举。在寒冷的冬天，帮扶干部跋山涉水为贫困户送去食用油和棉衣；炎炎夏日用私车为贫困户运送沙子、水泥等建筑材料；在得知“五保”老人没有床时，立即协调购买，连夜给老人送去并铺好；在得知贫困户家中老人生病，上厕所不方便时，立马为生病老人送去坐便器；或是每逢节假日，为贫困户送去节日慰问，又或是走访过程中给予贫困户家中的学子或生病的老人几百元慰问资金……每一次的走访都让贫困户们感动万分，有贫困户说：“是帮扶干部待他们如亲人，关心及问候甚至超过儿女。”

产业发展增动力

2016年，帮助北甲村投资10万元建设中蜂养殖基地，购买中蜂472脾，蜂箱129个，逐步拓宽产业发展渠道。2018年，北甲村进一步挖掘山区资源，充分利用稻田实施小龙虾试养殖10亩，效益明显。2020年，中储粮云南分公司定点扶贫北甲村项目资金55.6万元，通过在北甲村修建牛棚，动员农户种植牛草60亩，村干部和驻村工作队联合本乡集体经济公司、合作社、养殖大户，采取“集体经济公司＋合作社＋农户”的发展模式，大力发展生态肉牛养殖。今年，全村规划发展养殖乌鸡1.2万羽，由养殖大户带动养殖，已建设场地702平方米，覆盖农户30户105人；中蜂养殖资源经整合，已建设中心蜂场1个，成立合作社1个，共养殖中蜂200余箱。

自2015年挂包帮扶以来，中储粮云南分公司累计投入的帮扶资金总额达130万元，通过完善基础设施建设、教育帮扶和产业扶持，解决了北甲村近年增收和远期发展的问题，使北甲村步入了由输血向造血转变的良性发展轨道。截至目前，北甲村已脱贫209户920人，未脱贫4户7人，贫困发生率从48.08%下降至0.36%（2019年年底）。人均收入从原来的4500元上升到8862元。北甲村对照村出列7条标准、户脱贫5条标准，于2019年12月31日达到脱贫出列标准，并于2020年4月通过国家第三方评估验收，以“零漏评、零错退、零举证”的优异成绩脱贫出列。

今年，北甲村整村出列，北甲村人民的日子也越来越好，一切都充满希望……

（作者系中储粮云南分公司党群办事处员工）

真情换真心　实干扶真贫

——昭通市人大常委会机关挂包帮扶纪实

郑东梅

9月的盐津，依旧炎热多雨，汽车缓慢驶进小洞村路口，坑坑洼洼的道路旁杂草丛生、巨石横中，路旁田地里耕作的群众“泥巴裹满裤腿，汗水湿透衣背”，听到汽车的轰鸣声不时回头张望。驾驶员师傅双手紧握方向盘，在蜿蜒崎岖的山路上小心翼翼地前行。汽车只能到达半山腰，我们下车沿着泥泞的道路徒步前行，约20分钟到达小洞村委会，眼前是几间已十分陈旧的瓦房，看上去因年久失修，几乎已不避风雨……这是5年前市人大常委会张绍雄主任到小洞村调研时的真实场景。

2015年，根据市委安排，市人大常委会主任张绍雄负责联系盐津县脱贫攻坚工作，挂钩盐津县普洱镇，包保小洞村，市人大常委会机关则挂钩帮扶普洱镇小洞、灯草两个村。接到任务后，张绍雄第一时间带领干部前往两村调研。那天，两村召开了一个不寻常的群众会议，用张绍雄主任的话来说，“这既是群众的许愿会，也是我们的宣誓会”。大家席地而坐，你一言我一语，共同谋划着小洞、灯草的脱贫和发展大计。“你们要把群众的意见和建议都认真记录下来，接下来要对照清单做减法，一项一项把群众反映的问题解决好。”张绍雄主任要求。当时，机关驻村工作队队员密密麻麻地记录了2页信笺纸。如今时隔5年，当我们再次来到小洞村，平坦的柏油路直达村委会门口，村内交通主干线已实现全面硬化，新建的村委会、学校已竣工投入使用，路旁矗立起了一座座崭新的楼房，当我们再次拿出5年前的“清单”，当年的“承诺”真正做到了件件有着落、事事有回应。

在脱贫攻坚战略部署的指引下，市人大常委会机关挂钩帮扶小洞、灯草村的5年，是两村基础设施大改善、群众生产生活发生翻天覆地变化的5年。提起市人大常委会机关的挂钩帮扶工作，当地群众总有道不完的感激。“我们的过冬衣被是市人大给的”“我们的路是市人大帮忙打通的”“我们的村委会、学校是市人大帮忙修的”“我们喝的干净水是市人大帮忙协调的”，这些既是小洞、灯草干部群众对市人大挂钩帮扶工作的真实感受，也是市人大常委会机关真心、真情帮扶的缩影。

——要脱贫，基础设施要先行。交通闭塞、出行不便是制约小洞、灯草两个贫困村经济社会发展的最大瓶颈，也是当地群众反映最为突出的问题。完善基础设施，打通脱贫之路，成为市人大常委会机关挂钩帮扶工作的首要重点任务。为此，机关驻村工作队队员第一时间走遍两村各个角落，详细了解两村道路情况，提出工作建议。机关多方协调，先后争取交通建设项目和土地整治项目资金3600余万元，帮助两村硬化村组道路近35公里，实现了两村村组公路从“无”到“有”，从“有”到“全覆盖”。如今，小洞、灯草两村村组公路、村内交通主干线已实现全线硬化，为打破脱贫致富瓶颈、实施乡村振兴打牢了基础。市人大常委会机关直接出资、协调资金80余万元，帮助小洞村新建了村委会办公楼暨便民服务中心、村民小组活动场所，协调公路维修资金30万元，用于两村村组公路修理和维护。

曾经的小洞、灯草，农业生产几乎是群众唯一的收入来源，没有支柱产业，群众“钱袋子”鼓不起来，是两村脱贫攻坚工作的难点。市人大常委会机关经过深入调研了解，灯草村退耕还林土地连片、交通相对便捷，适宜种植经济作物；小洞村则天然旅游资源丰富，宜发展乡村旅游和花卉种植。在这一发展思路指引下，如今的灯草村已栽种竹子2000亩，引进公司打造了漂浮育苗基地、草莓园和竹荪种植等项目，有力带动了当地群众增收致富。小洞村发展了500亩果蔬、肉牛养殖、乌鸡养殖和脐橙、板栗、葡萄、李子等经济林果，一个个特色产业项目不断兴起，群众致富有了新载体，绿色发展看到了新希望。同时，两村还通过开展种养殖技术培训、水电技术培训、口对口劳务输出、劳动力定向培养等项目，为脱贫奔小康注入了新活力。

——要发展，教育事业不能软。新的学期开始，小洞村完小的孩子们迫不及待地冲进新建的教学楼，孩子们把新领到的书本高高举过头顶，脸上洋溢着幸福的笑容……“再苦不能苦孩子，再穷不能穷教育”，小洞、灯草两村孩子的上学问题始终是市人大常委会机关的牵挂，机关直接拨付资金帮助小洞村完小购置计算机、打印机等设备，帮助小洞村完小改善办学条件；协调社会帮扶资金奖励资助两村新入学大学生，帮助他们顺利完成学业；协调资金60余万元帮助小洞村完小和普洱镇中心小学新建校舍，有效缓解了小洞村160余名学生上学远、住宿难的问题。同时，按照中央、省、市关于“控辍保学”的部署要求，组织机关干部职工深入两村摸清适龄儿童失学辍学底数，有计划、有组织地开展劝返、送教上门等工作，确保两村每一个孩子都能有学上，完成适龄儿童“零辍学”目标。

——要稳定，住房保障要跟进。为切实解决灯草村偏远村组“一方水土养不起一方人”的问题，2016年，市人大常委会积极协调、争取灯草村易地扶贫集中安置点建设项目。常委会张绍雄主任多次到集中安置点调研，确定安置点选址、审定规划图，并协调了大量配套资金帮助解决安置点水、电、绿化、亮化等基础设施及便民服务中心、活动室、小广场等配套设施建设；常委会机关直接划拨资金30万元、协调社会扶贫资金70万元用于安置点征地拆迁补偿及户间道建设。在多方共同努力下，该项目于2016年3月开工建设，2016年12月顺利竣工，共安置了灯草村71户贫困户、黄坪村27户贫困户。同时，为了能让易迁群众“稳得住”“能致富”，机关帮扶干部定期走访，实地了解易迁群众生产生活现状，及时帮助他们解决生产、生活、就业等实际困难。

——要幸福，群众诉求要落实。农村饮水、孩子上学、看病就医，桩桩都是群众生活的琐事，但件件都是关系群众幸福的大事。为了能及时了解群众心声、帮助群众解决生产生活中的实际问题，市人大常委会机关发挥职能优势，直接划拨资金20余万元，在指导小洞、灯草两村建成“人大代表联络活动室”的基础之上，帮助其对硬件设施进行提档升级，将两村“人大代表联络活动室”打造成代表开展小组活动、接待选民、学习培训、履职交流的主阵地，切实发挥人大代表密切联系群众的优势，畅通群众反映渠道。近年来，针对群众反映的饮水安全、贫困群众医疗救助等问题，市人大常委会机关组织进行专题调研，协调相关部门及时解决，大大提升了人民群众的幸福感、获得感。

通过多年用心、用情、用力帮扶，小洞、灯草两村基础设施、产业发展、人均纯收入、群众生产生活水平等方面发生了翻天覆地的变化。2020年4月，盐津县迎来第三方验收组对全县脱贫攻坚成效的大考，4月23日，验收组抽到了市人大常委会机关挂钩帮扶的小洞村，展现在验收组眼前的小洞村村内道路四通八达、基础设施样样俱全、富民产业初见规模，群众精神面貌好、幸福指数高、感恩意识强，小洞村“零举证”顺利通过了验收。

（作者时任昭通市人大常委会机关派驻普洱镇小洞村第一书记）

鏖战脱贫路

——昭通广播电视台挂包帮扶纪实

董刚国

根据昭通市委市政府统一安排，2015 年 10 月起，昭通广播电视台对盐津县兴隆乡大田村进行结对帮扶。根据“挂包帮、转走访”相关政策文件要求，紧紧围绕精准扶贫、精准脱贫目标任务，认真践行市委“133”脱贫攻坚工作思路，积极开展挂包帮扶工作。

对象精准促帮扶

通过挂包帮干部、村委会驻片干部和村动态管理组不断走访核实，大田村精准识别出建档立卡户 289 户 1440 人。在锁定动态管理的基础上，所有挂包干部和驻村工作队队员高质量完成了全村 286 户建档立卡户的“户户清”电子明白卡更新制作和一户一档梳理完善工作，做到一个系统、一本台账、一个实际和一张户户清完全一致，并把卡户基本情况、致贫原因、帮扶成效、政策受益等情况制作完善成“精准扶贫明白卡”对每家每户进行了张贴、公示、宣传、讲解。

帮扶精准促成效

——夯实基础设施。在 2015 年帮扶伊始，台领导通过充分走访调研，发现大田村木桥沟村民组尚未通公路，包括 13 户建档立卡户在内的 40 余户村民面临无路可走的窘境。加上地形地貌复杂，分别散居在三个山头的木桥沟村民小组竟然没有一条毛公路，村民出行和发展生产、日常生活都只能靠人背马驮。村民对修路进村入户也是一直抱有强烈愿望，由于项目紧缺，乡村两级也只是看在眼里干着急、一筹莫展。在昭通广播电视台的积极协调下，争取到了 60 万元一事一议项目资金直接落地木桥沟村民组，不仅把修路变为了现实，还直接把 1.4 公里毛公路进行了水泥硬化。进村入户方便了，自食其力而修建的楼房增多了。尝到甜头的乡村两级不断争取项目支持、夯实道路基础设施建设。目前，大田村 34 个村民组全部通公路，30 个村民组已通硬化公路，为全村发展产业、打赢脱贫攻坚战奠定了坚实基础。

——谋划产业布局。大田村产业主要以茶叶、茶花和蚕桑为主。海拔 800 米以下动员种植蚕桑，800 米以上的发展茶叶、茶花。昭通广播电视台结合大田村实际情况，在原有产业发展的基础上，积极发展壮大村集体经济。协调 30 万元产业资金帮助大田村发展“三棵树”。2018 年，在政府补助 80% 的茶苗购置费的基础上，通过“集体公司 + 支部 + 合作社 + 农户”的模式，整合盐津振行茶叶种植专业合作社和玉叶蚕桑种植专业合作社资源，新发展种植茶叶 128 万棵，种植蚕桑 10 万棵，加上原有的 6000 亩老茶园和茶花、蚕桑基地，已全面实现户户均有产业覆盖。

——推进危房改造。2018 年 10 月 30 日是一个重大的时间节点，因为过了这天，实施农村危房改造的建档立卡户将无法得到政策补助，必须限时完成。大田村现有卡户 289 户，由于各种原因造成 2014 年、2015 年已脱贫户房屋破烂，危房存量很大。2018 年是集中突击解决危旧房屋的关键之年，在上级主管部门的关心支持下，大田村建档立卡户和非建档立卡户启动危房改造共151户。全体挂包干部和驻村工作队齐心协力、排除万难，配合村上全力推进农村危房改造工作。一对一进行责任分工、挂包帮扶，克服多雨天气、交通不便、材料奇缺、工匠缺乏的各种现实困难，三番五次入户动员，与挂包卡户同舟共济，为挂包对象排忧解难。有的卡户因交通不便、资金匮乏迟迟无法动工。为了按时完成危房建设任务，主动为包片农户送米、送肉进行物质奖励，帮助联系施工队伍，补贴数千元施工差价和交通运费，真正做到了有条件要上、没有条件创造条件也要上，严格按时间节点如期完成建设工期和搬迁入住，为全村的安全住房达标验收奠定了坚实基础。2016年以来，大田村共实施农村危房改造384户，拆除危旧房屋431户，真正做到了“危房不住人、住人无危房”的要求。

——强化环境整治。要改善环境卫生，除了物质上的帮扶外，还需要从思想根源上提升贫困群众保护生态、爱护卫生、整治家居环境，提高生活质量。全村整合生态护林员、村庄保洁员、交通劝导员大力整治道路、村庄、活动场所等重点地段的环境卫生。除此之外，全村建档立卡户的家居环境卫生全分片包干到每个挂包干部，推行党员网格化管理，通过整合党员、理事会成员、村民组长等在家力量，劝导农户完成自家房前屋后的亮化美化，并把家用农具、室内家居、床上物品均摆放整齐、清洗干净。每个挂包干部负责一个村民组，通过整合小组理事会人员，对所有农户的家居环境卫生制定出亮化标准，通过一月三会进行公开评比，对最卫生家庭进行物质奖励，不卫生家庭进行张榜批评，以激励机制形成长效、常态化，让家居环境提升工作有序开展、全面铺开。

成效精准促脱贫

自脱贫攻坚以来积极采取人力、物力、财力向挂钩扶贫点倾斜的措施，整合各种资源、通过各种渠道实现对大田村累计帮扶资金共230余万元，其中产业发展资金30万元，基础设施建设60万元，文化体育扶贫资金20万元，其他扶贫经费120余万元。截至目前，全村289户建档立卡户已实现脱贫278户1400人，未脱贫11户40人，贫困发生率为0.79%（2019年年底）。所有建档立卡户中，易地搬迁至盐津水田新区6户，搬迁至集镇花斑沟62户、搬迁至村庄安置点22户，实施农村危房改造152户。通过有效帮扶和自身努力，安全住房全面覆盖，就学、就医、养老和饮水安全实现全覆盖，已全面达到“两不愁、三保障”总体要求。大田村于2017年年底整体脱贫出列，并在持续的巩固帮扶中，2020年5月顺利实现了盐津县整体脱贫摘帽、退出贫困序列。

（作者时任昭通广播电视台派驻兴隆乡大田村第一书记）

再现山水保隆场 “童谣故里”新气象

——昭通供电局挂包帮扶纪实

赵 威

根据上级统一安排，昭通供电局奉命挂钩扶贫盐津县落雁乡保隆村。挂钩后，昭通供电局及时派出工作队，积极抓党建，与村干部精诚协作、密切配合、共促发展；促脱贫，充分发挥驻村工作队的职能作用，积极主动协助配合村级开展工作，“挂包帮”，“转走访”，促进全村彻底脱贫，再现“山水保隆、童谣故里”新气象。

高度重视，加强保障明责任

保隆村现有农户809户3274人，有建档立卡贫困户249户1123人。昭通供电局党委严格依照省、市关于贫困村驻村工作队队员选派管理的指导意见要求，严格队员选派管理，选派了能力强、素质优、作风实、懂基层工作的职工到挂联点开展产业发展和定点帮扶工作。坚持扶贫工作检查考核机制，加强扶贫干部关心关爱。制定定点扶贫工作考核方案，对所辖机构纳入考核范围，重点从组织领导、干部选派、帮扶措施、帮扶成效等方面进行考核。同时针对建档立卡、档案管理、帮扶项目管理、捐赠资金使用、扶贫点支部建设、派驻人员管理等重点工作进行专项检查。落实驻村队员各项保障制度，从衣、食、住、行、协调调配方面给予驻村工作队全方位保障，免除后顾之忧，使驻村队员全身心投入脱贫攻坚工作。

夯实基础，多措并举扶真贫

驻村工作队实地查看，走访农户，以保隆村实际情况为依据，制定了“四增四设两分开”工作方法，从35千伏落雁变电站新建10千伏线路1条、10千伏线路4公里，从马鞍子山将保隆村与共和村共用的10千伏线路分开，缩小供电覆盖面，减少故障发生率，提高保隆村与共和村供电的安全性、可靠性；将街子50千伏安变压器增容为200千伏安，下田30千伏安变压器增容为80千伏安，沙坝头和浪子10千伏安单相变压器增容为30千伏安三相变压器。此外还在塘湾、田坝、大地、龙门安置点分别新增设30千伏安、50千伏安、200千伏安、200千伏安4台变压器。完成了田坝、街子、龙门、安置点的低压线路升级改造。按照“三路一河”思路，昭通供电局党委积极协调资金780万元，改造和硬化了兰厂至中沟、兰厂至活麻塘、街子至上田的道路13公里，解决了9个村民小组农户的出行问题及下一步全村产业规划和经济发展的瓶颈问题。保隆村龙门安置点入住后，村民缺少活动场地，昭通供电局出资15万元，在安置点修建保隆民俗文化广场，建设一个标准的篮球场，安装了七套体育活动设施，方便安置点、街子、龙门、田坝的村民休闲和娱乐活动。

致力教育，脱贫攻坚先扶智

自挂钩保隆村以来，昭通供电局累计投入50万元的资金，用于教育扶贫。捐赠保隆及肖家坪两所小学价值5万元的书籍及学习用品，用以充实小学图书馆和学生学习设施，提高学生的学习兴趣爱好，营造良好的学习环境；投资3.6万元改善保隆小学营养餐设备；投资5万元用于保隆小学校门的改造，提高学校的安全；企企合作，借助建行云南省分行的教育资金，为保隆村考上大学的学生提供助学金；2020年出资30万元，用于保隆村高中学籍学生生活补助。

以民为本，补齐短板慰民心

除驻村队员在保隆村委会驻村扶贫工作以外，昭通供电局领导班子时常牵挂着249户建档立卡户和“五保”户的衣、食、住、行。2017年，购买255台电磁炉，赠送给农户，并对部分农户进行科学用电、节约用电、安全用电宣传。2019年，购买了255床毛毯，赠送给建档立卡户和“五保”户，让他们过上一个温暖的冬季。捐资5万元，在保隆村龙门安置点修建冲水式卫生厕所一座，解决外来人口或部分本地村民找不到厕所的尴尬境地，同时也美化了环境。全面围绕“两不愁、三保障”紧盯短板弱项的收入、住房、教育、基本医疗、安全饮水等问题，逐户分析，逐户排查，清理并完善明白袋、明白卡等资料，核实明白卡信息有无填写错误现象，保证享受政策与纸质材料相符，实现数据闭环，户户上墙。

授人以渔，发展产业促增收

昭通供电局先后投资46.89万元修建保隆养猪场及化粪池的改造和扩建，使保隆村养猪场饲养生猪达200余头，年繁殖猪崽60头，实现年利润2万元左右；引导121户养殖6500只乌鸡，其中贫困户25户养殖375只乌鸡，实现贫困户增收300元；利用保隆村当地气候优势，动员群众种植花卉苗木2200亩、菱角菜种植2000亩，实现户增收3400元；2020年6月，昭通供电局出资6万元用于培训和维护、指导种植户栽种花卉苗木；野溶川有机蔬菜加工厂的修建，昭通供电局投资9万元对蔬菜加工厂用电设施进行改造，保障加工厂的用电需求。

党建搭台，扶贫防疫双推进

保隆村一共5个片区，有五间党员活动室，但设施不全，部分活动室需要修缮和维护。2018年，保隆村党总支和昭通供电局党建人事部党支部开展了支部联建，出资8万元用于保隆村党组织活动场所及增补党员教育设施。积极宣传扶贫政策，增强贫困户内生发展动力。2018年7月，昭通供电局“理论面对面——千堂报告进基层”活动办到了村上，为广大农村党员带来了高质量的理论课。供电局领导班子成员及驻村第一书记到挂包的保隆村与村委班子进行了交心谈心，对其工作表示肯定，提出殷切希望。使广大基层党员荡涤了思想尘埃，党性得到了锤炼。

昭通供电局一手抓脱贫攻坚，一手抓疫情防控，统筹抓好疫情防控与脱贫攻坚工作。2020年1月27日，驻村工作队积极响应政府号召主动放弃假期，响应落雁乡工作部署，主动请战，到村组劝返卡点参与人员盘查、劝返工作，当好疫情防控排查员、宣传员、劝返员，冲锋在战“疫”第一线。

2020年是全面建成小康社会、决战脱贫攻坚之年，也是“十三五”规划收官之年，站在“两个一百年”奋斗目标的历史交汇点，昭通供电局将牢记嘱托与希望，充分发挥行业扶贫作用，还一片绿水青山，圆梦“山水保隆、童谣故里”，助力绘就乡村建设新篇章！

（作者系昭通市供电局新闻中心工作人员）

初心描绘桐梓村脱贫新画卷

——云南中烟红塔集团昭通卷烟厂挂包帮扶纪实

王　向

盐津县普洱镇桐梓村有村民 1163 户 5378 人，他们分散居住在大山中。在桐梓村民的记忆中，雨季总与塌方、河流涨水及浸没小腿肚的泥路联系在一起。大山深处，如何摆脱贫困，群众心有余而力不足，愁容满面。2015 年 10 月，云南中烟红塔集团昭通卷烟厂挂包帮扶桐梓村，工厂党委吹响“举全厂之力助推桐梓村高质量脱贫”的冲锋号，桐梓村开启了一场巨变。

修路架桥，偏僻山村斩断穷根

“要致富先修路，桐梓村不解决交通出行问题，脱贫致富无从谈起。”昭通卷烟厂驻村第一书记王向说。“这条悬崖边的路，祖祖辈辈都在修，但出行还是靠双脚。以前，要把猪卖到城里都很麻烦，撵活猪下山，一不留神，猪乱跑摔下山去，连个影都找不着。”圈岩村民小组长邓永亮说。

从桐梓村宽滩、田湾村民小组去往普洱镇上，需要穿过河流，所以宽滩桥、田湾桥也就成为这两个村民小组群众出行的必经之道。在夏天洪水季节，这两座桥曾被冲垮过好几次。为此，昭通卷烟厂投入 48 万元帮扶资金，重新设计修建了两座坚固的跨河桥，为当地群众解决了出行难题。

2016年以来，昭通卷烟厂先后投入1141万元，硬化和维修公路11条31.2公里，为桐梓村脱贫攻坚源源不断注入活力。如今，硬化路修通了，种养出来的农产品能很快、很方便地送到集市上销售，群众对发家致富充满了信心。

危房改造，家里家外焕然一新

“2015年来调查贫情时，越往深处走，看到的破烂房子越多。随后，厂党委便组织我们对全村房屋安全情况进行了全面深入的摸排。”昭通卷烟厂帮扶干部陈文富说道。

建档立卡户杨友发的妻子和母亲身患残疾无法劳动，三个子女都还在上学，家中房屋低矮破旧潮湿，冬天躺进充满湿气的被窝，冰凉的感觉侵袭而来。在昭通卷烟厂的帮助下，2018年12月，杨友发全家欢欢喜喜地住进了80平方米的新房。

“老房子很窄还漏雨，一家三口挤在一起，亲戚来了，连个落脚的地方都没有。昭通卷烟厂不仅帮我修了2室1厅的住房，还单独建了厨房，硬化了院坝，我咋个不高兴嘛！”建档立卡户张关田满怀感激地说道。

脱贫攻坚期间，昭通卷烟厂先后投入资金108.1万元配合地方政府实施“农危改”项目，推动桐梓村真正实现了“危房不住人，住人无危房”的目标。

输血造血，传统产业大有作为

2016年，昭通卷烟厂各党支部组织党员干部捐款共25.24万元，帮助桐梓村建档立卡户养殖猪牛羊。

“昭通卷烟厂发了 2 头母猪给我家，驻村扶贫工作队还经常请来老师传授养殖技术。我家的母猪能下‘金蛋’，娃儿这几年上大学的费用主要靠它们。”有听力障碍的解德平已成为远近闻名的养殖专业户。

2017 年，昭通卷烟厂拨款 25 万元，指导桐梓村成立“盐津利民蔬菜种植专业合作社”，2018 年又向桐梓村追加 70 万元产业扶贫资金，扩大再生产，并面向桐梓村开展消费扶贫，干部职工累计购买桐梓村农产品价值 6 万余元。田坎村民小组的张道文在合作社打工，全年合作社发给他 1 万多元的劳务费。“家门口的合作社提供了岗位，每天要干什么，管理人员交代得清清楚楚，我按生产标准一一照做，还可以学习实用技术。”张道文开心地讲。

2020 年，昭通卷烟厂党委在桐梓村启动党支部“惠农工作站”建设，深度融入桐梓村产业发展。“今年，在惠农工作站的指导下，我计划在林子里养 4 个批次 400 只左右的乌鸡，卖 30 元一斤，就可获得不少收入了。”麦子村民小组 69 岁的徐仕贵老当益壮，撸起袖子加油干。

温暖助学，莘莘学子筑梦启航

2015—2019 年，昭通卷烟厂党支部、基层工会、共青团捐款捐物，持续深入桐梓小学系统性地开展“微心愿”“初心造梦人”等助教活动；2017 年，卷烟厂向桐梓小学捐款 16 万元用于改善学校生活设施、捐赠 30 台计算机用于信息技术教学；2019 年，工厂驻村扶贫工作队、志愿者联合发起“爱心衣橱送冬衣”活动，向桐梓村小学捐赠 361 件羽绒服；2020 年，工厂捐资 10 万元，用于资助高中以上阶段困难学生完成学业。

“昭通卷烟厂对桐梓小学的关心持续不断，志愿者深入学校，向同学们讲知识改变命运、大国崛起、智能制造、工匠精神等，极大地激发了同学们的学习兴趣和爱国热情。”桐梓小学校长吴成明说。

“谢谢昭通卷烟厂雪中送炭，帮我们缴了2万多元的学费，否则我和妹妹就无法完成学业了。”已研究生毕业、顺利参加工作的熊敞林眼里充满着感激的泪光。

不负韶华，小康路上一个不掉队

“昭通卷烟厂党委全面压实帮扶责任，累计派出驻村扶贫工作队队员8名和挂包帮扶责任人57名，累计投入帮扶资金1545.1万元，为困难群众解决了许多突出难题……”普洱镇镇长朱明锦对昭通卷烟厂的支持和帮助如数家珍。

昭通卷烟厂党委书记刘向虹说：“我们厂始终坚定不移贯彻精准扶贫精准脱贫基本方略，与桐梓村群众同呼吸、共奋斗，积极发挥国有企业在脱贫攻坚中的重要作用。桐梓的持续发展，我们责无旁贷。愿桐梓村群众的笑容更加灿烂！”

2019年年底，桐梓村贫困发生率由2015年的29.68%降至0.8%，实现“两不愁、三保障”任务目标。

（作者时任云南中烟红塔集团昭通卷烟厂派驻普洱镇桐梓村第一书记）

助力脱贫攻坚　践行富滇责任

——富滇银行昭通分行挂包帮扶纪实

高　云

自脱贫攻坚战打响以来，富滇银行昭通分行积极响应中央脱贫攻坚的号召向中和镇核桃村伸出了帮扶之手，切实担负起社会企业扶贫的责任，投入了大量的人力和财力，与中和镇核桃村携手同行走完五年扶贫路。

挂包帮扶携手同行

2015年，富滇银行昭通分行挂包帮扶中和镇核桃村，选派政治素质好、工作作风实、综合能力强、具备履职身体条件的3名员工驻核桃村专职扶贫，派驻工作队常驻核桃村与村干部一道入户了解贫情，精准识别贫困户，跋山涉水寻找致富路；30名银行员工与核桃村337户建档立卡贫困户结对成亲戚，中上层管理干部带头深入基层、掌握情况，带头走村入户、解决困难。挂钩之初，看到新建的核桃村委办公楼设备陈旧、功能不全，驻村工作队毅然向单位申请，出资11.9万元用于办公设备的购买，为健全脱贫攻坚后方阵地奠定了坚实基础。驻村工作队比较重视核桃村的党建建设，充分调动党员的积极性，把党员召集起来，发挥党组织政治引领作用；2017年，申请分行投资 15.7 万元建成了瓦厂坝党员活动室，配齐活动阵地功能，为党员向群众宣传国家大政方针搭建了优越的平台。

捐资助学斩断穷根

2017 年，富滇银行昭通分行出资 6.05 万元为核桃小学配置了 20 台计算机，为学生接触先进科技和看到外面的世界提供了平台；2018 年，资助 4 名特困大学新生每人 1000 元路费圆梦大学；2019 年，得知云南医学院在校核桃籍大学生曾传荣烧伤，捐赠 9000 元作其手术费；2020 年 7 月，开展捐资助学帮扶弱势群体，出资 10 万元资助 2020 届秋季学期初中升高中及高中考取大学二本以上建档立卡贫困学生，高中学生 2000 元 / 人，考取大学二本以上学生 3000 元 / 人。

真帮实干圆满收官

富滇银行昭通分行派驻工作队一行 3 人，长期吃住在村，积极与挂村处级领导、镇联系村领导、村干部一道投身于如火如荼的扶贫攻坚战。协助核桃村委制定“核桃村脱贫出列施工图”，做到工作有计划、行动有目标，深入践行“挂包帮”等措施。2019 年，出资 18 万元解决 50 余户农户住房短板问题，配合村级指挥部累计解决 196 户危房户住房问题，完成饮水工程 17 件，覆盖 27 个村民小组 669 户 2960 人；新建水窖 4 口，解决 32 户 154 人饮水问题，零星水管安装 15 户 42 人；协调新建大、小通信机站 2 个，4G 信号覆盖 18 个村民小组；组织动员农户硬化产业道 8.4 公里。五年来，在富滇银行昭通分行的大力帮扶下，2017 年，核桃村如期出列；2020 年 4 月 20 日至 24 日，成功接受国家三方评估检查验收；7 月 18 日至 8 月 9 日，国家脱贫攻坚普查工作圆满结束。

（作者时任富滇银行昭通分行派驻中和镇核桃村第一书记）

真帮真扶见实效

——县纪委监委挂包帮扶纪实

汪红梅

近年来，盐津县纪委监委不仅在扶贫领域监督执纪问责中扎实践行了党的忠诚卫士这一神圣使命，更是在定点帮扶工作中勇立潮头，迎难而上，倾注真情用心帮，深入一线用力扶，使定点帮扶的豆沙镇黑喜村、滩头乡新田村顺利通过了第三方评估验收，庙坝镇大坝村、高坎村顺利通过了脱贫攻坚普查，以实实在在的成效彰显了县纪委监委真帮真扶带来的极大变化。

干部群众一家亲

五年来，县纪委监委每位帮扶干部都帮扶着8—10户贫困户，大家对贫困户的家庭情况都了如指掌，按照帮扶要求，帮扶干部定期入户走访、宣传扶贫政策、落实帮扶措施，帮助解决他们生活中遇到的困难和问题。

陶富达是滩头乡新田村最困难的一户贫困户，一家三口中，户主陶富达长期瘫痪在床，家中还有两个孩子在读书，家庭极为困难。帮扶干部罗斌为其申请了农危改项目，倡议县纪委监委的干部捐赠床上用品、衣服、炊具、现金等，为他申请民政临时救助，购买了两张新床、两张床垫，还有一个简易碗柜和一台卫星接收机……

“罗同志帮我家做的事情实在是太多太多。”陶富达在提起罗斌时感动得几度落泪。自罗斌帮扶陶富达家以后，将陶富达家的事情当作自己的事情，力所能及帮扶陶富达一家解决生活上的困难，用心、用情、用力给予陶富达精神上的鼓励和支持，瘫痪多年的陶富达在他长期的帮助下奇迹般地站起来了，脱贫致富的信心更足了。

滩头乡新田村红岩村民小组的李远文户，共有 3 人，因儿子儿媳体弱多病，户主年岁已高，导致家庭非常困难，住房不安全，帮扶干部董方明了解情况后为其申请四类对象 C 级危房改造，得到政府补助资金 1 万元，他还主动捐款 1000 元，并协调单位帮扶 3000 元，对李远文房屋进行了修缮加固。滩头乡新田村巫木小组的贫困户刘期彬，家里有 5 人，儿子刘威在部队服役，另有一双儿女正在读初中。刘期彬的妻子沈正娥患精神重病，董方明积极为其联系到盐津新城精神病医院医治，并主动为他家两次申请民政临时救助款，董方明付出的真情令帮扶对象无比感激，一提到他，大家都感慨地说：“他就是我们的亲人。”

这一个个感人的片段，一段段感人的扶贫故事，在盐津县纪检干部中不胜枚举。

每逢中秋节、春节，帮扶干部就会三三两两地带着月饼、米、油，到贫困户家中慰问，入户走访、宣讲政策、解决困难……一声声“大叔”“大伯”“大嫂”叫得贫困户喜在脸上、甜在心上。

久久为功促脱贫

2015 年以来，县纪委监委挂钩帮扶黑喜村，携手战贫。2018 年黑喜村整村脱贫出列，全村贫困发生率降至 1.24%。

“两不愁、三保障”问题全面解决。五年来，黑喜村累计扶持121户困难群众解决安全住房问题，义务教育阶段适龄儿童实现零失学、零辍学。新建黑喜村卫生室120平方米，对符合条件人员提供了家庭医生签约服务，全村贫困人口按照政策要求政府资助参加医疗保险和养老保险；全面解决饮水安全问题，安装水表347只；通过产业劳动创收，劳动就业增收，利益联结促收，实现收入达标，收入瓶颈逐渐突破。按照“山腰种果蔬，山旮种药材”的产业发展思路，种植李子等果蔬1200亩，覆盖5个村民小组；种植五倍子、钩藤、黄精等中药材2630亩，覆盖10个村民小组。建成乌骨鸡养殖基地、扶贫车间各1个。开展劳动力转移就业培训，强化了劳动力就业增收。基础设施明显改善。聚焦村级基础设施建设短板，盐津县纪委监委积极协调相关部门，完成道路硬化25.3公里，实施乡村公路危险路段防护工程6公里，13个村民小组实现道路硬化全覆盖。改善6个弱电台区，提升15个村民小组382户群众的用电质量。15个村民小组4G网络实现全覆盖，宽带网络覆盖12个村民小组。村容村貌、家居环境巩固提升。建设大小垃圾房7个，积极开展家庭环境卫生创评活动，树立典型、以点带面，让村容村貌、家居环境卫生发生了翻天覆地的变化。

“县纪委监委挂钩帮扶我们村以来，在他们用心用情的帮助下，这几年黑喜村的基础设施不断完善、产业不断发展、人居环境不断提升，群众思想观念得到了很大转变，发展产业、脱贫致富的信心也更足。”谈到黑喜村这几年的变化，村党总支书记田维平感激之情溢于言表。

“作为驻黑喜村第一书记，看着乡亲们期盼的目光，倍感肩上责任重大，为此我在心里默默为自己加油鼓劲，一定要协调相关部门，改善该村的基础设施。”县纪委派驻该村的第一书记周文武这样说道。

纪检干部“驻”下去，群众满意提上来

说到驻村工作，单位职工第一个想到的就是周文武同志，2015年从庙坝镇纪委书记的岗位调到县纪委第五纪工委副书记，没有到新岗位上过一天班，就直接到豆沙镇黑喜村驻村，一驻就是5年，一驻就是1826天。“哪里有需要，哪里就有周书记的身影。2017年8月，我们黑喜村朱家二女儿考上大学，就要请客办酒，周书记知道以后第一时间赶到朱家，晓之以理、动之以情地进行劝阻。从那次以后我们村延续了多年的升学宴得以制止，其他红白喜事才得以规范。”谈到周文武，村里的群众纷纷竖起了大拇指，对他赞不绝口，充满了感激。鲜明的人民立场，真挚的群众情感，在驻村帮扶的道路上，盐津县纪委监委还有很多像周文武一样的纪检监察干部，以行动诠释着他们的初心。

盐津县滩头乡新田村因地处偏僻、海拔高、资源贫瘠，贫困人口多。2017年李光英派驻心田村，她刚到新田村时，村民一看是个女同志，以为她只是一个“挂名书记”，对她不冷不热，她感到巨石压肩，但是已经做好“大干一场”的准备，吃住都在村里，从点点滴滴的小事做起，从群众需要的实事做起，倡议纪检干部为贫困群众捐赠衣物棉被500余件，倡议44名帮扶干部捐款开展春节慰问、临时慰问等；协调爱心人士募捐62832元为4名残疾人购买五险；协调县农业农村局支持10万元资金，利用新田村12公里天然水域资源优势发展河道养鱼；协调市农业农村局支持20万元资金，建设庙湾养牛、养鸡专业合作社……“李书记给我送来3件衣服，特别漂亮，我非常喜欢。”李光英冒着严寒给群众送棉衣棉被，穿上李光英带来的衣服，一位大姐开心地说。“李书记协调好心人帮我买了五险，每月1309元，我是残疾人，但身残心不残，我会永远记住李书记对我的好。”说起驻村第一书记李光英，一位残疾人代表万分感激地说。李光英就是在一件件实事中践行为民服务的宗旨，发扬不怕苦不怕累的精神，一幕幕温暖的场景感染着新田村的每一位群众。“一年的驻村路，一生的新田情。”在谈到一年的驻村工作感想时，李光英这样说。

一年后，因工作需要，李光英回单位上班，县纪委监委又将县纪委袁慎光派驻滩头乡新田村担任第一书记。作为党的干部，袁慎光在新田村群众的口碑是公认的好，但面对女儿他却常常内疚地说自己是“不合格的”。自担任驻村第一书记以来，袁慎光吃住在村，就连妻子因公外出，女儿感冒高烧最需要他关心的时候也不能亲自照顾，只能委托单位同事帮忙送女儿去医院看病，当乖巧懂事的女儿在电话里面说“爸爸，您不用管我”时，这个刚毅正直的汉子终于忍不住掉泪了。他对群众的关怀无微不至，对自己的家人却有些“不近人情”。

五年来，县纪委监委始终把温暖民心作为工作出发点，倾注真情，全力帮扶，用扎扎实实的工作作风取信于民，践行纪检监察干部的初心和使命。一件件为民实事，一道道赞许目光，一张张纯朴笑脸，都是纪检监察干部辛勤付出的回报，在脱贫攻坚的战场上，他们用实际行动赢得了民心。

袁慎光、周文武、李光英只是全县纪检干部奋战在脱贫攻坚一线的缩影。2020 年年初，县纪委监委又派出 7 名指挥长、2 名第一书记、4 名工作队队员驻村，继续把脱贫攻坚工作作为当前和今后一段时期最重要的政治任务来抓，保证队伍不散人员不减，持续用情用力，扎实开展驻村帮扶工作，不获全胜，绝不收兵。

（作者时任盐津县纪委监委办公室主任）

坚持三个导向　决战脱贫攻坚

——县委办挂包帮扶纪实

黄　杰

自2015年挂钩帮扶落雁乡龙塘村以来，县委办坚决贯彻落实中央、省、市、县各项脱贫攻坚工作部署，紧紧围绕“两不愁、三保障”各项指标，保持攻坚态势，下足绣花功夫，不断强化政治意识、大局意识、责任意识，统筹攻坚力量，精准措施，细致工作，坚持目标导向、问题导向和结果导向，以实干精神和务实作风全力打好打赢脱贫攻坚战。

坚持目标导向，统筹推进脱贫攻坚工作

县委办高度重视脱贫攻坚工作，始终把挂钩帮扶工作放在突出位置，作为一项政治任务和重大民生工程来抓，定期召开会议研究部署、督促推进工作。细化工作任务，制订了《县委办公室脱贫攻坚工作计划》，明确工作任务、时间节点、工作步骤，压茬推进工作；明确挂包责任，将全村建档立卡户对全办干部职工及落雁乡部分干部进行合理分配，建立结对帮扶关系，进一步压实帮扶责任；严格驻村工作，2015年以来，先后派出驻村工作队队长2人、队员1人，驻村工作队克服各方面困难，与村干部同吃、同住、同工作，与村委会班子团结一心、风雨与共，紧盯“两不愁、三保障”

目标，开展了大量艰苦卓绝的工作，得到乡村干部和群众的广泛认可；经常走访回访，县委领导和办公室领导既是工作部署的谋划者，又是政策落实的执行者，与办公室干部职工一道，按照“挂包帮”“转走访”工作要求，定期或不定期对帮扶的贫困户进行走访回访，详细了解建档立卡户信息，帮助协调解决实际困难，与贫困户建立了深厚情谊；统筹推进工作，村指挥部成立后，在县乡指挥部的领导下，整合攻坚力量，紧盯脱贫各项目标，查缺补漏，统筹开展了安全住房、产业发展、劳动力转移就业等各项工作。

坚持问题导向，全力补齐脱贫攻坚短板

脱贫攻坚工作开展以来，县委办突出问题导向，在工作推进中，以发现问题、解决问题为抓手，全力补齐脱贫短板。特别是脱贫攻坚“百日大会战”期间，抽调精干力量 30 人次，充实到村指挥部。紧盯“两不愁、三保障”突出问题，打响攻坚战，啃下“硬骨头”。一方面全方位、多层次自查自纠，梳理发现存在的问题和短板；另一方面针对各级督查检查发现反馈问题，列出问题清单，召开专题研判会议，制定整改方案，逐户整改销号。仅脱贫攻坚“百日大会战”以来，龙塘村累计解决安全住房、饮水、教育等问题 127 个。通过梳理发现问题、研究解决问题，为全村脱贫出列，顺利通过上级检查验收打下了坚实基础。

坚持结果导向，切实巩固脱贫攻坚成果

通过帮扶单位和乡村干部的努力，以及各级相关部门的大力关心支持，龙塘村面貌发生根本变化。基础设施大为改善，全村公路通硬化路里程达

60余公里，实现村组公路硬化全覆盖；建成饮水沟渠6034米，饮水安全有保障；通过易地搬迁、农村危房改造等方式解决300余户群众住房不安全问题，安全住房有保障；将特殊贫困人群纳入社会保障兜底范畴，全村实施农村低保救助448人，困难家庭实现农村最低生活保障100%覆盖，群众养老保险参保率达100%；积极争取部门投入和社会捐资建立教育扶贫基金，对家庭贫困的优秀学生、考取重点大学和重点高中的学生开展帮扶，严格落实控辍保学责任，学龄儿童入学率、义务教育阶段入学率均达100%，教育扶贫全面达标；村卫生室建成投用、村医配备齐全，卡户人口参加新型农村合作医疗保险和大病保险率达到100%，家庭医生签约服务全覆盖，医疗健康有保障；建成文化活动场所5个，面积3000平方米，极大地丰富了群众业余生活；人居环境不断提升，农村生产生活垃圾得到有效处理，群众思想意识不断提升，操家理务干净整洁。通过努力，龙塘村面貌发生了根本变化，全面达到脱贫出列标准，于2017年脱贫出列，累计脱贫人口300户1526人，未脱贫人口6户24人，贫困发生率降至0.6%，并于2020年4月顺利通过国家第三方评估验收。

为切实巩固来之不易的脱贫成果，龙塘村多措并举，持续抓好动态管理、产业发展、劳动力就业等工作，更好接续乡村振兴。一是抓好动态管理防返贫。通过开展“自查自纠”“百日会战”不断摸底比对，紧紧围绕“三率一度”指标，紧盯户脱贫、村出列标准，不断夯实动态管理基础，确保无漏评、无错评、无错退，各类问题信息清零。二是抓好产业发展促带动。龙塘村按照县委“一村一品”产业发展方针，建设状元米基地，全力打造“有机富硒状元米”品牌，并获得“有机转换认证”，进一步扩大状元米系列品牌影响力。村集体经济公司2019年通过包装销售有机“状元米”和发展花卉苗木，集体经济收入117万余元，并带动辖区劳动力务工3000余人次，实现人均务工收入达1000元以上。三是抓好转移就业促增收。不断加强职业技能培训和就业服务，保障转移人口合法权益，开展劳务协作，实施素质能力提升工程，推进就地就近转移就业，促进已就业人口稳定就业和有序实现市民化，促进有劳动能力和就业意愿而未就业人口实现转移就业，全村有劳动力 2211 人，已就业 1636 人，其中贫困户劳动力 800 人，已就业 638 人。

真情付出、用心帮扶，方能栽下“摇钱树”；因地制宜、精准施策，方能扎下“致富根”；聚拢五指、合力攻坚，方能铺平“小康路”。面对龙塘村焕然一新的村容村貌，面对群众满意幸福的笑脸，县委办公室干部职工夜以继日倾情帮扶的艰辛也化作欣慰，将马不停蹄奔赴下一个挂钩帮扶的战场。

（作者时任盐津县委办副主任）

旗帜飞扬，凝心聚力打赢脱贫攻坚战

——县委组织部挂包帮扶纪实

吴 健

这里群山林立，沟谷纵横；这里风光秀丽，树木郁郁葱葱；这里宁静偏远，民风淳朴；这里道路崎岖，陡峭难行；这里大山围困，经济基础薄弱。这就是中和镇天宁村，是一个典型的深度贫困高寒山区，初始贫困发生率高达42.52%。2019年末，天宁村的贫困发生率降到了0.99%，全村“两不愁、三保障”突出问题得以解决，户脱贫短板全面补齐，整村出列的条件已经具备。回顾天宁村自脱贫攻坚以来的足迹，发现这里每一步都离不开党的旗帜，每一步都离不开党组织的坚强领导，每一步都离不开上下齐心舍我其谁的决心和毅力。

以点带面，打造示范

2015年10月，全省脱贫攻坚挂钩帮扶启动，盐津县委组织部高举党的旗帜，突出组织领导，迅速下派精干力量组建驻村扶贫工作队，迅速安排帮扶干部实施贫困户帮扶结对。然而，面对贫困程度深、贫困面广、经济基础薄弱、交通条件滞后、百废待兴的天宁村，光靠这些是远远不够的。

2015年冬，县委组织部干部职工到村会同驻村扶贫工作队、村干部召开天宁村扶贫工作部署会。正是这个会议，拉开了高举党的旗帜、向贫困进军的序幕。会上，大家积极建言献策，根据群众意愿最终确定中下村村民小组为打造扶贫示范点。之后，忙碌的身影总在一线跃动。驻村扶贫工作队、村干部等主动对接资金、测算经费、做群众工作、协调材料运输、抓好现场施工，个个干劲十足。不到半年时间，中下村扶贫示范点打造完成。一座座青瓦白墙的农舍点缀着青山，一条砂石路方便群众出行，户间道硬化告别了泥泞的旧貌，村民小组活动场所和球场有了，群众的居住环境美起来了，群众的观念改变了。

立足实际，就近安置

扶贫步伐没有停止，2016年1月，县委组织部干部职工到渔孔片区走访调研，发现这里的群众居住环境山高路陡，居住地自身承载能力不足，交通条件严重滞后。随即对接县级相关部门到点论证选址就近集中安置。经过论证，项目得以批准，但是搬迁群众普遍存在故土难离的心理，解开这个疙瘩是搬迁工作需要直面的一个现实。村干部、驻村扶贫工作队、帮扶干部又开始忙碌起来，精准发力做好群众思想工作，跋山涉水，翻山越岭，一户一户，促膝长谈，反反复复为群众讲解易地扶贫安置的政策。功夫不负有心人，2016年年底，项目开始启动。为确保项目顺利推进，县委组织部积极协调交通等部门，规划设计中堡至渔孔公路硬化。2017年7月，中堡至渔孔公路硬化完工，极大限度地推进了项目建设进度，更是打通了渔孔、天宁片区群众致富之路。2018年3月，渔孔安置点如期建成，2018年6月，50户246人（其中建档立卡户42户217人）全部搬迁入住。

精准信息，动态调整

2017年5月，全市全面实施精准识别摸底调查工作，县委组织部干部职工与村干部统一步调，持续强化贫困人口动态信息精准。在此期间，有孕在身的、临近退休的同志都依然坚持在一线入户走访，与群众话家常，不厌其烦地一遍遍核实信息；一线干部始终坚守岗位加班加点核对数据信息、走村入户核实人员动态，心贴心、面对面地和群众耐心交流；在此期间，有同志摔伤过、有同志带病坚守岗位……

大回访、大排查、自查自纠等，在指挥长统一指挥下，帮扶干部、村干部、驻村扶贫工作队队员齐上阵，各司其职，通力合作。行业比对、疑似错误信息核查、大数据分析，相关人员无数个日日夜夜奋战，无数个电话核实、入户查访、到点跟踪……截至2019年11月底，全村贫困人口锁定，确保信息精准。

百日攻坚，补齐短板

2019年秋，随着整村出列的目标越来越近、时间越来越少，补齐短板刻不容缓。天宁村第一时间成立村级指挥部，挂钩单位领导靠前指挥，同步成立临时党支部，凝聚力量，下沉一线，分类统筹，突出重点。村级指挥部率先垂范、身先士卒，把党的旗帜立在一线，积极统筹谋划，以建强基层组织队伍为抓手，加强组织领导，全体成员和挂包干部同呼吸、共进退，全面推进“六大战役”。在此期间，党员同志发挥了先锋模范作用，带头示范，冲在前面，能吃苦、不懈怠，啃下硬骨头，实现了短板补齐、问题清零。

截至2019年年底，天宁村脱贫攻坚期间硬化村组公路19.95公里；完成农村危房改造356户；顺利实现易地扶贫搬迁171户808人；建成腊肉加工厂1个；全面完成上级下达的相应年度退耕还林指标；完成500亩茶叶种植；按照盐津县三大产业部署总体要求，把2020年全村产业发展提上了议事议程。这一个个成效，来自天宁村高举党的旗帜，把党的旗帜立在一线，突出示范带动，突出组织领导，突出团队力量。

党的旗帜继续飘扬在天宁脱贫攻坚一线，天宁村一如既往地上下协力，凝心聚力地抓好疫情防控、经济社会发展各项工作。展望乡村振兴，那一个个普普通通的身影、一个个平凡的名字，牢记使命，不忘初心，在天宁脱贫攻坚战场上留下不可磨灭的足迹。天宁村的明天正是有了这群人，甘于寂寞，敢于担当，用脚步丈量土地，用汗水浇灌希望，用坚守凝聚人心，天宁村才能谱写出改天换地的不朽篇章，天宁人才有底气迎接更加美好的明天。

（作者系盐津县委组织部派驻中和镇天宁村扶贫工作队队员）

脱贫路上没有奇迹，只有足迹

——县委宣传部挂包帮扶纪实

黄敔伦

因为脱贫攻坚，从2015年10月开始，县委宣传部作为“挂包帮”单位，与落雁乡天星村结下不解之缘，并成为“命运共同体”。截至2019年，天星村建档立卡324户1420人中累计实现脱贫296户1347人，其中2014年脱贫27户163人、2016年返贫1户7人、2017年脱贫23户113人、2018年脱贫103户493人、2019年脱贫144户585人，贫困发生率从当初的35%下降至1.68%，并通过2020年以来第三方评估、普查考核。在扶贫的路上，县委宣传部全体干部职工用铿锵前行的足迹，亲历和见证了这一段波澜壮阔的脱贫攻坚历程。

挂包帮　强化责任担当

落雁乡天星村是全县36个深度贫困村之一，村户籍人口1188户4507人，2019年常住人口955户4055人，累计有建档立卡贫困人口324户1420人。村内“三沟两埂六面坡”，地势陡峭，自然环境条件恶劣，农业产出少且防灾抗灾能力低；道路交通、农田水利等基础设施严重不足，群众生产生活成本高；教育、医疗条件落后，群众文化水平低、劳动能力相对较弱，这些是导致天星村贫困面广、贫困程度深的主要原因。

面对贫中之贫、坚中之坚的村情，县委宣传部及全体干部全面贯彻落实中央、省、市、县以及落雁乡在各个时期的决策部署和有关要求，紧紧团结天星村干部群众，密切联系落雁乡党委政府机关、三龙滩管理局、县疾控中心、县烟草公司等其他挂钩单位，拿出一半以上的时间、人力和精力与天星“同荣辱、共进退”。

面对“坚决打赢脱贫攻坚战”这件大事，县委宣传部无论领导干部还是普通干部，无论年老的还是年轻的，无任何人推辞和退缩，都始终坚持“冲锋在前、帮扶为先，走在基层、战在一线”，常态化做到只要有需要就走、有任务就上，不辞跋山涉水、风里来雨里去的艰辛，不惜“5+2”“白加黑”的奉献，不计坚持问题导向、目标导向、结果导向持续奋战的付出，全力以赴补短板、撸起袖子加油干，确保该村高质量实现“户脱贫、村出列”。

脱贫攻坚中，县委宣传部先后投入资金 32 万元用于天星村党建工作、办公条件改善、金秋助学等，协调争取资金 1530 余万元用于天星村交通、教育、医疗、科技等基础设施建设。县委宣传部主要领导身先士卒、率先垂范，既当指挥官又当战斗员，坚持“每周 1 次以上、多次不定”到村甚至驻村检查督促、调研指导，和天星村指挥部一起“谋思路、定举措、战脱贫”，并适时讲党课、作动员，激励与天星共命运的各级干部“不忘初心，牢记使命”，努力把“坚决高质量打赢脱贫攻坚战”的好事做好、实事办实。

县委宣传部坚持把派驻得力干部驻村工作作为重要的桥梁和纽带。根据各时期人员结构的动态变化，做到“换人不换挡”，派人驻村增强力量。自脱贫攻坚工作开展以来，县委宣传部全体机关总动员，先后有 29 人次结对帮扶建档立卡贫困户 200 余户次，目前有 19 名干部结对 166 户。无论如何调整变化、结对挂联，每一名干部都坚持把每一户结对贫困户真正当“亲戚”。县委宣传部干部到村参加专题会议 80 余次，平均分别入户工作 200 余天次，作为“每天必想”“每周必办”的要事与天星村指挥部常态化保持无缝对接，强化政策落实、工作落实、责任落实。

精准识别、大遍访、易地搬迁摸底调查、户户清村村清、春季攻势、夏季攻势、秋季攻势、百日会战、疫情防控、复工复产……县委宣传部干部职工以一个个动人故事、一段段感人真情、一份份为民之心，为天星村的挂包帮增加了一份温情、一份感动。

通过长期用真心、用真情的不懈努力，干部与群众的距离不断拉近、关系不断和谐。“白眼”“顶嘴”的逐渐少了，不少干部原来的“寒心”越来越多地得到“春天般温暖”的回报，越来越多的难题得到解决、为打好天星村脱贫攻坚战注入了持久而强大的动力。

见成效　实现整体脱贫

挂包帮天星村脱贫攻坚以来，采取“五查五看”方法、按照“三评四定”程序，历经 2015 年遍访、2016 年建档立卡“回头看”、2017 年精准识别摸底调查，并持续牢牢把握贫困对象动态管理，最终锁定建档立卡贫困人口 324 户 1420 人，扣好了精准扶贫“第一粒扣子”。

坚持因地制宜、分类施策，通过实施易地搬迁、农村危房改造，全面解决困难群众安全住房问题。截至 2019 年年底，易地扶贫搬迁安置 243 户 990 人（建档立卡户 211 户 885 人），实施农危改 130 户（卡户 53 户），实现全村 373 户群众住房安全问题全解决。

协调帮助天星村完成道路硬化 37.38 公里、危险路段防护 11.69 公里，实现 37 个村民小组道路硬化全覆盖；完成饮水工程 27 件，覆盖 29 个村民小组 410 户 1926 人，新建水窖 60 口，解决 78 户 374 人的饮水问题，零星水管安装解决 94 户 383 人的饮水问题；改造弱电台区 22 个，提升 37 个村民小组生活用电质量；新建机站 5 个，累计有大、小通信基站 7 个，实现宽带网络、广播电视信号全村 37 个村民小组全覆盖。

指导天星小学实施薄改计划，全面落实教育帮扶政策，享受雨露计划 55 人次，实施生源地助学贷款 83 人次，全村无义务教育阶段辍学学生。

全面促进村集体公司创收并通过利益联结带动群众发展。实施产业扶贫项目，先后种植脐橙 780 亩、李子 2000 亩、花卉苗木 1000 亩，张家湾柑子坪村民小组、青杠坪村民小组分别建成 1 个肉牛养殖场。开展农业种养政策宣传，累计发放小额信贷 93 户次 452.3 万元；开展各类实用培训覆盖 1273 人（卡户 796 人），建档立卡户劳动力转移就业 486 人；落实贫困户外出务工稳岗补贴、交通补贴，2019 年兑现稳岗补贴 84 人（其中广东 17 人）11.96 万元、交通补贴 18 人 5565 元，2020 年正在陆续申报兑现中；开发各类公益公服岗位安置就业 41 人次（建档立卡户 33 人次）……

功夫不负有心人，天星村 296 户 1347 人达到了“户脱贫”标准，整村全面达到了“村出列”标准，并顺利通过了检查考核验收。更重要的是，很多群众在得到实惠的同时，开始由“要我脱贫”向“我要致富”转变。

如今的天星村旧貌换新颜。一路走来，所有人的辛劳和汗水绘成精彩画卷徐徐展开，并向接续乡村振兴、全面建成小康不断延伸。为此，要致敬昨天、庆贺今天、祝福明天。

（作者时任中共盐津县委宣传部副部长）

用心用情帮扶

——县委政法委挂包帮扶纪实

汪　月

黄坪村位于普洱镇西北部，距乡政府驻地仅9公里，全村面积18平方公里，辖28个村民小组，全村户数693户2605人，常住户数482户2320人，建档立卡187户850人，通过县委政法委五年的帮扶，全村综合贫困发生率从2014年3.8%降至2019年0.92%。

开展法治扶贫，助力脱贫攻坚。县委政法委印发了《盐津县2019年脱贫攻坚法治扶贫专项行动实施方案》《中共盐津县委政法委员会关于成立法治扶贫专项行动工作领导小组和挂钩联系乡镇的通知》，将法治扶贫专项行动分为6个大项、17个小项，并分别明确每个小项工作的牵头负责单位。县委政法委牵头负责司法救助、综治中心和网格员成效发挥2个子项工作。司法救助重点救助贫困户当事人，对遭受犯罪侵害或民事权益受到侵害、无法通过诉讼获得有效赔偿的当事人，开展司法救助。如当地建档立卡贫困户彭某川被李某奎砸伤而成为“植物人”，但施暴方获刑且无经济赔偿能力。考虑到彭某川家庭生活困难，经审查其情况符合国家司法救助条件，县司法救助领导小组集体研究决定给予司法救助1万元。司法救助金对于本就生活十分拮据的困难家庭来说，就是雪中送炭，解燃眉之急。

开展“三讲三评”，精神扶贫不掉队。在河坝村民小组“三讲三评”会议上，县委政法委帮扶该村民小组的挂包干部、工作队队长、驻片干部、小组长、贫困户、党员和群众代表分别进行讲评发言。政法委派驻第一书记首先从全村的贫困情况、近 4 年来主要实施的帮扶措施、初步取得的帮扶成效以及黄坪村产业发展计划等进行讲解；结合全县开展的“自强、诚信、感恩”主题实践活动要求，帮扶干部紧紧围绕具体帮扶对象的基本情况、帮扶的具体措施、取得的成效进行讲述，鼓励和引导所帮扶对象发扬自力更生的精神，努力发展产业和外出务工就业，增加收入持续巩固脱贫成果；村驻片干部和小组长先后就河坝村民小组具体受益的政策和项目进行盘点，对下一步实施乡村振兴、盘活集体资产发展产业等提出了很好的意见和建议。一位 70 多岁的老人激动地说道：“现在党的政策这么好，我这辈子也没想过公路能通到自家门前，还能享受养老保险，新农合政府也帮我们出钱交，连娃娃读书也有补助。现在年轻人都出去打工了，我就在家带孙子，日子越来越好了。要感谢政府，感谢党，国家拉我们一把，我们也不能拖后腿，关键还得靠自己。”通过“三讲三评”，拉近了干群关系，深入倾听群众呼声，更加有效地帮助群众解决问题。

积极发展产业，增强扶贫实效。2017 年 11 月，政法委及时与村委会对接，共同研究产业帮扶措施，决定利用该村溪洛渡二级公路横穿境内的交通优势，在荆竹和困牛村民小组集中流转土地共 70 亩，采用贫困户土地、资金入股的方式，组建“黄荆蔬菜专业合作社”，将现有未脱贫的 30 户贫困户吸纳为合作社社员，带动卡户完成 150 亩辣椒种植。在家的贫困户可就近务工，同时可兼顾照顾家庭。县委政法委还聘请了普洱农综站站长闫世友任技术指导，采用地膜技术科学种植莲花白、洋芋等作物。按照土地流转费每亩每年 400 元和务工费每天 80 元的标准，经过测算兑现了第一期土地流转和务工费 34169 元。其中支付土地流转费 13868 元，务工费 20301 元。第一期务工费发放中，18 户建档立卡贫困户务工费 14615 元，占合作社务工费的 71.99%，平均每户收入 812 元，产业发展为脱贫攻坚注入源源不断的动力。

（作者系盐津县委政法委办公室工作人员）

凝聚统战力量　助力脱贫攻坚

——县委统战部挂包帮扶纪实

刘世权

椅子村地处县境东南部，距普洱镇政府所在地1公里，距县城25公里，全村辖23个村民小组，户籍人口1113户3962人，常住人口794户3540人，建档立卡户193户832人。全村面积17平方公里，有耕地4147亩、林地8912亩、林果756亩、牧草地67亩，森林覆盖率68%。自脱贫攻坚启动以来，县委统战部紧紧围绕全县脱贫攻坚工作大局，切实履行帮扶责任，全力抓好挂包椅子村脱贫攻坚工作。

发挥优势同心攻坚

县委统战部高度重视脱贫攻坚工作，成立部机关扶贫工作领导小组，先后选派驻村工作队3批4人次到椅子村。脱贫攻坚期间，县委副书记、统战部部长撒兰忠多次到椅子村调研指导脱贫攻坚工作，单位主要领导亲自挂帅到村蹲点开展工作，先后拨付、协调工作经费共27.8万元用于椅子村脱贫攻坚工作。机关帮扶干部随时到贫困户家中走访慰问，实时掌握贫困户动态信息，及时帮助他们解决生产生活中存在的实际困难。通过深入细致地入户走访交流，用心用情帮扶，加深了与群众的感情，增强了贫困户脱贫信心。

磨刀村民小组80岁的贫困户肖明芝老人，膝下有一个50多岁的儿子常年生病，2019年她家还住在破旧不堪的小石屋里，虽然她家可享受3万元农危改补助，但由于经济条件有限而又不易借到钱，所以不愿实施农危改。县委统战部知晓这一情况后，一边发动群众出力投劳，一边动员爱心人士捐钱捐物0.8万元。三个月后，肖明芝老人搬进了80平方米的新房，硬化的水泥路也从家门口通过。老人家逢人便说："多亏了政策好，干部好，好心人多，我才能住上这么好的房子啊！"得知贫困户张兴彩家有着与肖明芝家同样的家庭境遇，县委统战部又及时募集捐款1万元，帮助她家进行了农危改，张兴彩家于2018年年底顺利搬进了新居。

2018年开展脱贫攻坚大调研时，县委统战部领导在走访中了解到磨刀酢房片区老百姓最大的心愿就是修通该片区的2.3公里硬化路，便多次向县政府汇报，与相关部门对接。通过努力，这条公路于2019年年底正式修通，解决300余人的出行难问题，当地老百姓对此深表感激。

这些帮扶事迹，是县委统战部干部职工用心用情帮扶的真实写照，类似这样的事情还有很多，一桩桩、一件件都体现了大家想群众之所想、急群众之所急的为民情怀。

培育产业促进增收

2019年年底，家住麦麸小组的脱贫光荣户林泽朋高兴地告诉挂包干部："今年乡村出租车公司发给我家2400元，乌骨鸡养殖专业合作社分给150元。"林泽朋家分得的红利，源自小额贷款入股乡村出租车公司和村集体经济乌骨鸡养殖公司的分红。

2017年，县委统战部向上级争取项目资金40万元、协调农业项目资金44万元整合用于合作社乌鸡养殖场建设，2019年实现194户建档立卡户每户分红150元。脱贫攻坚期间，在全体挂包干部及村委干部的共同努力下，椅子村还发展了1243亩脐橙、400亩材用竹、700亩柿子和李子，椅子村的集体经济从无到有，发展壮大。

脱贫攻坚工作启动以来，县委统战部通过多次遍访锁定了帮扶对象精准，围绕村出列、户脱贫目标，紧盯“两不愁、三保障”，合理制定帮扶措施，切实落实帮扶政策，确保所有项目资金投入精准到户、到人，竭尽全力打好打赢脱贫攻坚战。五年来，椅子村落实农危改政策118户、易迁29户，实现了194户建档立卡户医疗、饮水、教育、就业、产业等政策落实全覆盖。2019年，椅子村贫困发生率从2013年的34.7%降至0.34%，全村所有常住人口“两不愁、三保障”全面达标，2019年椅子村脱贫出列。

如今，椅子村已顺利实现贫困村出列并通过国家第三方评估验收，圆梦幸福奔小康的笑容洋溢在贫困群众脸上，全村干群精神焕发，正向着振兴乡村奋力挺进！

（作者时任盐津县委统战部副部长）

春风细雨润苗寨　大山深处战贫困

——县人大常委会机关挂包帮扶纪实

李　红

县人大常委会机关根据县脱贫攻坚指挥部的统一安排，挂钩帮扶兴隆乡大坪村。脱贫攻坚以来，县人大常委会党组领导高度重视，全体干部职工奔赴一线，与大坪苗族同胞血肉相连，大力推进脱贫攻坚工作，通过不断努力，摸清贫困户底数，并通过完善农村基础设施、为贫困家庭开“药方”、引导贫困群众发展特色产业等帮扶措施，让苗族贫困同胞逐步走上脱贫致富道路。

凝聚力量抓落实

县人大常委会机关成立了以县人大常委会党组书记、主任陈国均为组长，各委室主任为成员的工作领导小组，为有力推动脱贫攻坚提供了强有力的组织保障。严格按照中央、省、市、县要求，认真贯彻落实县委、县政府脱贫攻坚总体部署，紧扣“两不愁、三保障”标准，精准实施“1105”脱贫攻坚系统工程，精准发力，打牢动态管理，坚持每月大走访，发挥党建引领，落实网格化管理，聚焦安全住房、夯实基础建设、推动产业发展、抓好环境整治，抓实精神扶贫，携手大坪苗族同胞谱写了一曲可歌可泣的历史壮歌。

选派干部解难题

县人大常委会机关坚持选派正科级干部任驻村第一书记和工作队队长，配齐配强驻村干部，全面压实驻村工作队队员责任，保障脱贫攻坚工作扎实开展。驻村扶贫工作队“第一时间”进村到岗开展帮扶工作，全面细致掌握村情、民情，与包村干部、村委会干部充分沟通、积极协调，努力解决挂钩帮扶村在脱贫攻坚工作中的具体困难和问题。

聚焦住房强保障

县人大常委会机关干部职工下沉一线，全力推动易地搬迁、农村危房改造工作和拆旧复绿复垦，大坪村享受安全住房政策共计 241 户，实施农危改 115 户，易地搬迁 96 户，民族团结示范区建设搬迁 30 户，拆除农危改旧房 105 户，拆除易迁旧房 75 户，通过危房改造、易地搬迁、民族团结示范区建设和拆旧复绿复垦，苗寨同胞的居住环境大为改观。如今的大坪村庄，一栋栋具有民族特色的楼房，掩映在青山绿水间，成为大山深处一道亮丽的风景。小百货店、民族文化广场、公共健身设施一应俱全，甜蜜幸福的生活，让苗族同胞喜笑颜开。

筑牢基础助脱贫

2014年以来，在县人大常委会机关的积极协调下，共计投入资金1690万元，着力突破交通瓶颈，硬化公路11条29公里。机关先后协调资金160余万元，干部职工自愿捐款8万余元，用于解决住房安全、教育帮扶问题，实施村庄污水处理设施建设，改善村委会日常办公等。截至2019年年底，大坪村通过实施农村人畜饮水项目，已达到农村安全饮水有保障的标准；已接通10千伏动力电，辖区内的8个村民小组均已通生产生活用电；目前大坪村建有1个公共活动场所；广播电视和宽带网络已实现了全覆盖；学龄儿童入学率、义务教育阶段入学率均达100%；建有卫生室1所，有村医2名、床位3张；困难家庭实现低保100%覆盖；紧扣“村容环境整洁美”，不断优化生态环境体系。2017年，成功创建并获得云南省“少数民族特色村寨”称号。

立足产业促发展

县人大常委会机关结合村情民意，瞄准优势，按照县委、县政府产业发展的总体部署，突出“建设苗家寨，管好用材林，发展笋用竹”的发展思路，打出“组合拳”，大力发展以笋用竹为主、茶叶为辅的产业结构，形成了独具特色的绿色产业新业态。发展用材林12500亩、刺方竹3055亩、雷竹1000亩、茶叶400亩，投放鱼苗5000斤。在推进产业发展的同时，重抓思想脱贫，加大对贫困户技能培训，劳动力转移就业，公益岗位开发和脱贫政策宣讲。截至目前，全村技能培训1120人次，劳动力转移就业632人次，真正让苗族同胞掌握产业发展技能和脱贫致富技巧，切实增强贫困户自身造血功能和可持续发展，增强了贫困群众树立脱贫致富的信心，激发了脱贫攻坚的内生动力。

截至2019年年底，大坪村贫困发生率从2015年的48.6%下降到0.48%，对照《云南省贫困村退出考核实施细则》退出考核指标，贫困村、贫困人口退出指标已圆满完成。

（作者时任盐津县人大农业与农村委员会主任委员）

倾心帮扶结硕果

——县政府办挂包帮扶纪实

刘镇伍

箐坝村隶属云南省盐津县普洱镇，距离普洱镇政府所在地14.5公里，全村共有76个村民小组，面积54.7平方公里。有公安户籍1949户6933人，其中常住人口1414户5933人，建档立卡贫困户630户3035人。截至2019年，脱贫595户2988人，贫困发生率从原来的45%下降到1.02%。县政府办自2016年挂钩帮扶箐坝村以来，积极统筹县机关服务中心、县投资服务中心、普洱中心校工作力量，派驻精兵强将进驻箐坝村开展脱贫攻坚工作，坚决完成各项任务，加快推进产业培育，坚决打好疫情防控战，以行动践行了初心使命，用自己的“脱皮”换取了群众的“脱贫”，赢得了群众的工作认同、思想认同、情感认同。

稳固住房保安居

箐坝村瓦房片区下辖孙家沟、上横山、碓窝沟等10个村民小组，地理条件制约了当地群众的发展，面对“一方水土养不起一方人”的现状，瓦房片区成了箐坝村易迁涉及面最广、搬迁难度最大的片区。为确保搬迁群众“搬得出、稳得住”，夺取脱贫攻坚的全面胜利，在驻村队员的思想动员和帮助下，瓦房片区搬出 43 户 198 人，包片区搬出 2 户 7 人，街子片区搬出 10 户 35 人，杉木片区搬出 16 户 73 人，何家片区搬出 10 户 38 人，大院片区搬出 7 户 31 人，兴滩片区搬出 13 户 58 人。截至目前，101 户搬迁水田新区的群众已全部搬迁入住，真正解决了“一方水土养不起一方人”的历史难题。

教育扶贫拔穷根

为了完成控辍保学，采取“三步走”工作法积极推进控辍保学工作，即做好政策宣传、排查摸底、劝返复学。“我也说够了，何应平他就是不去读呀……”大洞口村民小组 15 岁的何应平不愿去读书，他母亲拿他没有办法，深感无可奈何。为了尽快劝导何应平返校，徐老师、黄老师连续三天走访何应平，徐老师恳切地对他讲：“应平，讲真的，你想一辈子在这山沟沟里吗？我小时候家里也很穷，每天上坡割猪草，放学了还要去放牛，但我还是努力完成了学业。当前国家的教育政策这么好，现在你读书，家里不用负担学费、生活费，所以你要好好珍惜这样好的读书条件呀，难道你不想走出大山去实现自己的梦想吗？”像这样的劝返场景，只是控缀保学工作的一个缩影。通过努力，全村已全面完成控辍保学任务。

基础设施全覆盖

“沉下身子，干出样子”已成为饮水安全组的座右铭。“老李，最近身体好吗？吃水有困难没得？生活还有些啥困难，需要我们协调解决的。”9

月以来，数天持续高温，气候闷热，为了帮助饮水困难群众解决饮水问题，驻村队员白天迈起脚步走村入户，帮助挖水窖、安水管和水表，并根据当地实际，制定和完善饮水安全管理制度。截至目前，全村新建管饮工程35件，覆盖52个村民小组，其中，已安装水表140个，新建水窖6个，制定和完善了35个村民小组管饮工程的管理制度，全村水质、水量、取水方便程度基本达到脱贫验收标准。

稳定就业促增收

全面推行劳动力村民小组长月报备制度，对16—60周岁劳动力的务工地点、工种、务工收入等进行摸排，对收入边缘化农户建立台账、做好监测，同时做好卡户稳岗补贴、交通补贴差别化补贴政策的宣传。通过村级指挥部全体队员的共同努力，截至目前全村共报备劳动力3587个，已转移就业2434人，就业率为66.5%，其中建档立卡劳动力1819人，已转移就业1282人，就业率为70.48%，收集建档立卡户务工收入证明175份；共有公益性岗位45个；共有低保户321户，覆盖776人，其中建档立卡户189户486人，非建档立卡户132户290人。

产业扶持助增收

为加快产业发展，增加农民收入，壮大集体经济，实现全村脱贫出列，结合箐坝村实际，制定脱贫产业发展规划。其中，竹产业项目规划6400亩，主要集中在大院片、瓦房片；肉牛产业800头，主要集中在兴滩片区。为确保竹产业、肉牛产业等富民产业的实施，主要采取企业带动＋农户参与的发展模式。在150户搬迁农户“三块地”规划方面，宅基地18.225亩，林地2754.8亩，耕地2506.27亩，共计5729.295亩。三块地处理情况，其中，退耕还林2506.27亩，宅基地复垦复绿6.03亩。

优良作风强保障

为完成农危改、易地搬迁、一户多宅多年无人居住拆危拆旧工作，拆迁组驻村队员分为两个梯队，一支负责做群众工作，一支负责带着拆迁工人拆除危房和旧房，截至目前，已累计完成应拆尽拆危旧房138户。“百日攻坚”期间，驻村队员纷纷拿起扫帚、撮箕等劳动工具，走在村里小路、农户家中，对各个角落环境卫生进行清扫，消除脏乱差，帮助建立美丽新村庄。在山间小路上一群帮助搬迁群众扛行李的身影格外引人注目，汗水浸透了他们的衣裳，笑容却一直挂在脸上；“哪里问题最艰难、哪里有需要”，村干部就出现在哪里。“他们不晓得一天忙啥子，反正就是一天到晚都在干。”这是群众对箐坝村干部最中肯的评价。在村上有这样一群干部，无论是炎热的夏天，还是寒冷的冬季，他们总是骑着一辆摩托车，来回奔波于箐坝54.7平方公里的土地上，白天帮助群众搬粮食、挖水窖，晚上开会反馈问题，一一建立台账，通过综合研判，对照“两不愁、三保障”基本标准，研究问题解决方案，做到按时、按质销号解决。

（作者系盐津县政府办派驻普洱镇箐坝村扶贫工作队队员）

脱贫攻坚强政治担当　精准施策显警察责任

——县公安局挂包帮扶纪实

高春霞

自脱贫攻坚以来，盐津县公安局坚持对标对表与巩固提升相结合、精准施策与统筹推进相结合，以脱贫攻坚为统揽，集中全局人力、物力、财力，扎实开展脱贫攻坚工作。公安局挂钩联系和派驻的有盐井镇水田村、桃子村、高桥村，滩头乡界牌村、滩头村、生基村，牛寨乡牛塘村。公安局严格按照县脱贫攻坚指挥部的通知要求，结合各村情实际，不断强化工作措施的落实，不断推进各项工作的发展。

坚持党建引领，发挥制度优势

强化政治思想学习。在局党委的带领下，立足讲政治、顾大局，不断加强习近平总书记对脱贫攻坚重要讲话的学习领会，确保工作方向和目的与党中央保持高度一致；不断加强警示教育和学习，落实全局对廉政建设、纪律作风的要求，确保以正确的人生观、价值观为脱贫攻坚保驾护航。强化政策业务学习。6年来，单位持续强化学习，先后多次以集中学习会议、个人自学、交流座谈等方式，对各级扶贫开发工作会议精神和《中共中央国务院关于打赢脱贫攻坚战的决定》《国务院“十三五”脱贫攻坚规划》《全国“十三五”易地搬迁规划》等重要文件会议精神进行学习领会，精准把握政策精神，精准落实政策措施，精准推进工作落地。强化民主集中制原则。通过坚持原则、因地制宜，局党委班子做到了事往一处谋、劲往一处使，保障了水田村帮扶工作有序推进。

坚持帮扶机制，压实工作责任

强化组织保障。单位按照县级部署和要求，印发了《挂包干部工作职责清单》，制定《水田村指挥部示意图》《水田村帮扶干部责任分解图》《水田村村民小组长助理人员一览表》等文件、图表，进一步明确挂包干部工作职责和调度时间、内容等具体工作。县局在自身经费非常紧张的情况下，投入经费5万元，解决水田村脱贫摘帽“百日攻坚大会战”指挥部必要的食堂、办公、住宿设备，配备手提电脑5台，为顺利按时完成水田村的脱贫摘帽“百日攻坚大会战”各项工作任务打下坚实基础。真正做到脱贫攻坚政策落实、责任落实、人员落实和工作落实。坚守挂包责任。制作了《水田村脱贫摘帽“百日攻坚大会战”指挥部晨会制度》《水田村脱贫摘帽“百日攻坚大会战”指挥部考勤制度》等考勤、晨会等工作制度。通过层层传导压力、落实责任、做到了全局上下齐心聚力、攻坚克难，确保水田村的所有问题全部归零。压实驻村工作队职责。单位派驻水田村驻村工作队一支共6人，设立指挥长1名，第一书记1名、驻村队员4名，按照考核评价制度，压实工作职责。确保分类施策。通过“村村清、户户清”行动，根据致贫原因和脱贫短板，按照县委、县政府的要求，单位有针对性地在住房安全、饮水安全、教育保障、医疗保险、行业扶贫等方面落实实施帮扶，切实做到因村因户因人施策，对标对表补齐短板。

结合职能职责，做实行业扶贫

单位结合职能职责，结合实际扎实开展户口管理、跨境婚姻问题，法治扶贫、社会维稳等行业扶贫工作，确保了人口数据准确、鲜活，规范了跨境婚姻人员管理。

扎实开展户口管理等相关工作。自贫困人口精准识别摸底调查工作开展以来，县公安局共向扶贫工作队提供乡村人口全户信息 111613 户，核对易地扶贫搬迁对象、贫困人口等人口信息 8 万余人。2016 年 1 月 1 日以来，盐津共办理落户 33536 人（出生落户 32611 人，16 周岁以上漏登人口补录 807 人，养子女落户 118 人，解决疑难户口 380 余人，解决建档立卡户落户问题 6000 余人。自 2016 年 3 月开展亲子鉴定以来，昭通市公安司法鉴定中心累计为盐津有需要的无户口人员免费开展 DNA 亲子鉴定 1721 户 4265 人，其中精准脱贫对象 253 户，为“三类人员”免费鉴定 148 户 310 人，为群众节约资金 70.44 万元。为确保脱贫攻坚人口数据真实准确，县公安局对贫困人口中注销户口的 76 人进行了逐一核实，其中 5 人为重复户口注销，1 人为应征入伍注销，其余人员为死亡注销。通过人口信息系统对县扶贫办发送的 110370 贫困户姓名、性别、身份证号码、民族等主项信息进行了比对核实。对盐津籍易迁靖安人员进行背景审查。按照市公安局工作要求，对 132 名盐津籍易迁靖安人员进行了背景审查，并及时反馈审查结果，确保易迁工作及时有序开展。

扎实推进禁毒扶贫工作。盐津县共有贫困吸毒人员 180 人，已脱贫 176 人，未脱贫 4 人，现有 103 人在外务工。已将吸毒贫困人员逐一建档，做到一人一档，档案内容翔实。同时，对吸毒贫困人员开展定期尿检核查，扎实抓好吸毒贫困人员脱贫措施工作落实，杜绝因吸毒产生家庭负担影响脱贫工作进展。

解决贫困户跨境婚姻问题。盐津县现有跨境婚姻 88 对（曾管理 92 对，其中非法婚姻中遣送2人，合法婚姻死亡1人，离婚1人），其中涉及建档立卡贫困户16户（合法9户、非法7户）。办理了结婚证有合法手续的78对，占88.63%；未办有结婚证非法的有10对，占11.37%。出入境大队以实有人口管理为依托，积极组织社区民警深入居民家中开展调查走访，帮助非法跨境婚姻逐步完善相关手续，积极开展跨境婚姻人员管理。

深入推进法治扶贫专项行动。严厉打击扰乱、破坏脱贫攻坚工作的违法犯罪行为。自2016年以来，打击处理全县扶贫领域违法犯罪案件25件，处理30人。其中，破获刑事案件4件（强奸未遂案1件，诈骗1件，寻衅滋事1件，盗窃1件），打击处理5人；行政案件21件（盗窃1件，寻衅滋事17件，侮辱他人3件），行政拘留25人。

（作者时任盐津县公安局指挥中心副主任）

用心用情抓扶贫　石门旧貌换新颜

——县检察院挂包帮扶纪实

刘　龙

2015 年年底至 2020 年 8 月，盐津县人民检察院带领全体检察干警，切实帮助挂钩的豆沙镇石门村建档立卡户解难题、办实事，把易地搬迁、医疗保障、产业扶贫等各项政策贯彻落实到位，用心、用情、用力帮助石门村战贫脱困。

因地制宜，重视设计，扶贫做到精准发力

石门村位于豆沙镇东部，距离豆沙镇政府 7.5 公里，距县城 28.5 公里。全村 1147 户 4861 人，建档立卡贫困人口 330 户 1407 人，2015 年贫困发生率为 28%。县检察院及时成立检察长任组长，各班子成员为副组长，各部门负责人为成员的精准扶贫及脱贫攻坚工作领导小组，统筹各项工作制订精准扶贫及脱贫攻坚方案。先后派出 3 位骨干力量作为驻村第一书记、5 名队员组成扶贫工作队，进驻石门村展开调查走访，摸清全村村情民情，全力抓实精准扶贫工作。

2017 年 5 月，为进一步做好脱贫措施精准发力，县检察院党组组织全

体干警连续三个月驻村入户走访，进行精准识别，摸清实情；所有帮扶干警每到一处，与村民拉家常、交朋友，听群众说真话实话，与村民促膝谈心，了解他们的生产、生活情况，询问他们的身体状况，倾听他们的脱贫想法，鼓励他们树立信心、不等不靠、自力更生、勤劳致富。结合精准识别掌握的基础数据，县检察院联合石门村召开专题会议研究脱贫攻坚工作措施，讨论形成了《石门村脱贫攻坚工作重点和任务分解方案》，进一步细化村出列、户脱贫和产业发展各项具体措施，明确工作重点和责任人，为石门村有针对性开展脱贫攻坚工作奠定坚实基础。

心系民生，解决难题，改善村民生活质量

县检察院通过了解，知道老百姓最迫切需要的是解决道路问题，及时与县交通局联系，将石门村委会至华坪村民小组公路建设纳入全县道路交通建设项目库；与财政局协调“一事一议”资金50万元，该项目于2016年8月完成建设并投入使用，结束了石门村没有硬化道路的历史，大大方便了沿线群众的出行。

驻村工作队在走访中发现村里电线老化、电路不畅，严重制约了石门村经济的发展，驻村第一书记罗云第一时间向单位分管领导和主要领导汇报争取支持，县检察院党组积极与电力部门协商，协助制订电网改造计划，协调30余万元资金完成石门村农村电网改造，有效解决群众用电困难。

县检察院派驻石门村第一书记乔义帅在新银村民小组走访农户过程中发现，部分群众家中饮水困难，他及时到每户缺水村民家中了解具体情况，在得知新银村民小组存在季节性缺水、取水点较远等情况后，他第一时间跟镇上水管站和县水务局联系，争取到就近修建水窖项目。半个月后，新银村民小组18户缺水群众饮水问题得到解决。

为了解决村民看病难、看病贵的难题，县检察院会同县红十字会，组织医务人员到村入户义诊，送医送药进家门，为百姓提供贴身的医疗服务。组织医务人员对全村300余名妇女儿童和留守老人接受免费体检。医疗队还带去了大量内容丰富的高血压、糖尿病疾病预防小知识、健康保健问答等宣传材料，进行相关知识宣传。看病的村民都说，“像这样的义诊活动很好，希望送医下乡活动多搞几次！”

五年中，驻村工作队及挂包干警利用专业法律监督机关的优势，进村入户给全体村民讲法治课、化解群众劳动合同纠纷、接受法律咨询等服务300余次，让群众在家门口享受专业法律服务。

发展产业，增加收入，助推石门村高质量脱贫

县检察院组织干警深入全村各片区召开产业发展群众大会，认真听取和收集群众产业发展意见，最后确定石门村发展紫薇花、竹产业、猕猴桃、辣椒等产业。通过挂包干警的努力和县扶贫办的支持，2017年石门村建设紫薇示范基地一个，种植面积3000亩；辣椒种植示范园1个，种植面积1000亩。分布在石门村新华、华坪、汇同三个片区，受益农户658户2836人，其中贫困户142户631人，2018年受益农户人均增收3000元以上。同时也引导部分群众饲养中华蜂。到2020年8月，石门村依托产业发展开发就业岗位40个，利益联结群众106户，户均增收3000元以上。围绕盐津县“三大富民”产业，依靠乌骨鸡、竹产业和肉养殖持续推进石门村群众增收致富，共扶持发展乌骨鸡2万羽，发展笋用竹种植1.6万亩，养殖肉牛400余头。在豆沙镇农特色产品的展示店中，石门村牛栏片区的蜂蜜、大岩片区的竹笋吸引了不少来到豆沙镇旅游的游客进店采购；石门村新华片区的紫薇花海和各种造型的花球，每年吸引不少本地和外地游客实地参观，群众

收入又有新来源。

县检察院五年的精准扶贫攻坚，为石门村共争取到扶贫项目资金200余万元，用于通村公路硬化、人饮项目建设等，解决群众生产生活问题30余项；五年的艰辛努力付出，使石门村有山顶上成片的竹林示范基地、半山腰漫山遍野的紫薇花，山脚下一幢幢洋房错落有致；产业道路、休闲广场点缀其中，处处生机盎然，美景如画。石门村旧貌换新颜，实现了全村脱贫出列，这一系列的变化离不开盐津县委、县政府和豆沙镇党委、镇政府的关心与支持，也凝聚着盐津检察院全体挂包干警的辛勤付出和深情厚谊！

（作者时任盐津县检察院办公室主任）

脱贫路上　携手同行

——县法院挂包帮扶纪实

周祥宗

2015年10月，盐津县人民法院定点挂包帮共和村、协助县委组织部挂包天宁村。县法院针对贫困群众的一个又一个实际问题，实施精准扶贫精准脱贫。

提高站位，深入调研精准施策

共和村距盐津县城30余公里，适合种植农作物。全村33个村民小组1343户5719人，有建档立卡贫困户373户，贫困人口1939人。县法院及时成立了扶贫攻坚领导小组，下设办公室。全院同志讲政治、讲大局，带着热情、带着感情、带着责任战斗在精准扶贫及脱贫攻坚一线，前后长期抽调5名干警驻村开展日常工作。经充分调研、反复沟通，制订了产业扶贫、智力扶贫、法治扶贫、用情扶志等多个方面的帮扶计划。

产业扶贫，重视因地制宜发展

“产业扶贫，关键要引导群众找到适合当地发展的产业，群众才能真真实实地实现脱贫。”县法院驻共和村第一书记何茂林这样说。挂包帮干部进入共和村以后，经过两轮遍访，两轮回访，四轮回头看，分析了当地的自然生态条件好，资源丰富，水稻品质比较好。在此基础上积极指导帮助贫困户做好产业发展。在木古坝片区以发展传统优势产业种植水稻，全村共发展种植“天香一号”状元米600余亩，并引导50多位贫困群众在村集体公司上班；其余片区，通过适时早栽，采用新的生产技术，配套新设施设备，发展种植优质猕猴桃648亩。联合落雁乡人民政府帮助共和村打造状元米品牌，对大米进行包装销售，向全院职工发出倡议，订购扶贫点生产的优质农产品，为特色农产品的品牌推广奠定了基础。

教育扶智，阻断贫困代际传递

2017年六一儿童节前夕，县法院组织干警到挂包帮扶贫村共和村小学，与全校师生共庆“六一”，向共和村小学的同学们讲授了一堂生动的法治课，并向孩子们送上书包、图书、文具等学习用品。得知共和村贫困户张勇家三人上大学，一人上高中，面对数额不小的学费和生活开支，这位户主实在没有办法，就考虑让部分孩子放弃学业。一方面挂包干部给张勇做思想工作，让他苦点、累点也要坚持让孩子上学，因为阻断贫困代际传递最重要的途径就是读书；另一方面帮扶干部经常前往他家嘘寒问暖，解决他家实际困难，积极宣传当前的扶贫和助学政策，帮助他家解决后顾之忧，协助他家申请了生源地助学贷款11万余元、“雨露计划”助学金0.6万元、中铁建教育资助资金 0.3 万元，帮扶干部还积极为他家申请特困救助资金、最低生活保障资金，他家没有一个学生因为贫困而失学。张勇之女晏琴发誓："一定好好学习，奋发图强，为家乡的发展贡献自己的力量。"

法治扶贫，发挥职能作用攻坚

在脱贫攻坚中，县法院结合自身特点，助力扶贫工作，开展形式多样的法治进乡村、进校园活动，达到了审理一案、教育一片，助力决战决胜脱贫攻坚。2018 年 5 月 24 日，县法院刑事审判庭走进共和村，公开开庭审理被告李某某涉嫌非法制造枪支罪一案。经审理，被告人李某某非法制造以火药为动力发射填充物的非军用枪支两支，已构成非法制造枪支罪，应当追究刑事责任。鉴于被告人该行为尚未造成严重后果，且具有自首、悔罪等情节，当庭判处被告人李某某有期徒刑三年缓刑四年。被告人当庭认罪，对自己的行为后悔不已，表示以后要多学习法律知识。县法院还结合单位工作属性，进一步发挥审判职能作用，精准打击影响脱贫攻坚的违法犯罪活动、精准保障贫困群体的合理诉求、精准保障扶贫政策落实、精准化解涉及贫困户的执行案件、精准保障贫困当事人的诉讼权利。

用情扶志，解决群众精神贫困

县法院干警们对挂包的建档立卡户开展教育引导，耐心沟通，不断地给他们灌输正确的思想观念，帮助他们树立远大理想，唤醒他们对美好幸福生活的憧憬。积极落实"一月三会"制度，群众会、院坝会都是以建档立卡户为主角谈心谈话，建档立卡户们在会上畅所欲言，谈想法、谋发展、话感情、拉家常、说意见、提建议。帮扶干部在认真倾听的基础上，通过简洁、朴实的语言向大家传达政策精神，解读最新惠民扶贫政策。真正营造“辛勤劳动光荣、好逸恶劳可耻”的浓厚氛围，引导“失志”建档立卡户转变观念，练好“内功”，丢掉“等、靠、要”思想包袱，逐步树立“主人翁”意识，提高自我发展能力和自身造血能力，走向致富之路。

共和村田湾头村民小组贫困户钟世和户，一家四口人皆是普通劳动力，没有脱贫之前，该户四口人安于现状、甘于贫困、不思进取、缺乏信心。面对贫困，一味地依赖党和政府，没有解决问题的信心，不愿外出打工、不愿种地养牛。帮扶干部周祥宗坚持每月四次入户，与之谈心，积极调动该户的发展积极性，组织开展有针对性的专题培训，让适龄劳动力有一技之长。驻村工作队积极引导该户劳动力外出务工，家居环境卫生整洁。到2019年，他家发展动力强劲，人均年收入超过2万元。

县法院在2020年1月19日，联合共和村三委组织“迎新春、守初心、感党恩”系列活动，帮扶干警、村“三委”工作人员、村民小组长、建档立卡户代表、附近村民欢聚一堂，开展有奖问答，对环境卫生光荣户、脱贫光荣户进行表彰等形式多样的活动，温习党的扶贫政策，感谢党的恩情。脱贫光荣户宋良付谈道：“最近这几年，我们的家乡及家庭都发生了很大的改变，道路硬化了、收入增加了，感谢各级党委、政府，也感谢法院的牟城篥同志对我家非常关心，经常嘘寒问暖，与我谈心，让我努力追求更加美好的生活，我有信心把以后的日子过好。”活动中还鼓励他们自力更生、发挥先进带头作用，让自己生活得更美好，将共和村建设得更美丽。五年来，县法院累计投入相关资金100万余元，帮助共和村全面脱贫。

（作者系盐津县法院综合办公室工作人员）

真心帮扶，让山村旧貌展新姿

——县财政局挂包帮扶纪实

刘广伟

盐津县财政局从2015年10月开始，不仅挂包帮扶豆沙镇长胜村，还挂钩帮扶庙坝镇民政村和兴隆乡仁富社区。全局职工积极履职尽责，主动担当作为，把帮扶责任扛在肩上，放在心上，落实在行动上，扎扎实实为群众办实事、办好事，与当地群众一起走出了一条“输血”与“造血”有机融合的脱贫致富之路。

用心用情真帮扶

县财政局从挂包帮扶开始，就成立扶贫及脱贫攻坚领导组，主要领导及班子成员带头深入主要挂包帮扶村——长胜村开展调研，研究长胜村帮扶工作，提出帮扶思路，制定帮扶措施，督促落实扶贫政策。驻村队员积极配合村干部制订增加卡户群众收入、发展产业、强化基础设施建设等计划和措施；参与和督促农危改、饮水、道路等基础建设；亲力亲为参与教育、健康等工作的推进；建立健全卡户档案管理，加强村级党的建设等工作。

全局80名干部职工帮扶三个村610户贫困户2723人，持续开展了“挂包帮”“转走访”“遍访”“大走访”等系列活动，视贫困群众如亲人，把贫困群众的事当作自己的事，时刻牵挂着他们的生产生活。走到群众家中，与挂帮户交心谈心，摸清家底，帮他们算经济账，分析致贫原因，找准发展产业，制订帮扶计划，鼓励贫困群众自力更生，并根据贫困户所需所求，力所能及帮助协调解决上学、异地就医等实际困难。组织群众召开“一月三会”、院坝会、群众会，宣传扶贫政策，引导他们解放思想，更新观念，提振精神，促使群众增强自身动力脱贫致富，赢得结对帮扶户的高度认可和好评。

产业帮扶促增收

通过对长胜村产业情况调研后，决定种植有机竹笋、甜柿子、猕猴桃、脐橙和中药材；围绕盐津“三大富民产业”，发展乌骨鸡、肉牛养殖。截至2020年春，长胜村在高海拔村民小组发展食用竹12400亩，覆盖13个村民小组360户1518人，其中卡户173户712人，已投产4200亩，年产鲜笋360吨，产值252万元，户均增收7000元；低海拔村民小组发展甜柿、猕猴桃和中药材等经济作物，其中种植猕猴桃725亩，覆盖9个村民小组95户410人，卡户44户186人；种植甜柿2620亩，覆盖23个村民小组550户2470人，卡户212户898人；种植脐橙310亩，覆盖3个村民小组107户512人，卡户20户79人；种植枳壳640亩，覆盖7个村民小组115户490人，卡户49户200人；不断扩大乌骨鸡和肉牛的养殖规模，投入资金168万元建设乌鸡示范园一个。覆盖农户237户902人，卡户231户871人。

修路搭桥夯基础

长胜村落后的交通、生产条件、居住环境等基础设施，束缚了村民在致富路上前行的脚步。县财政局在挂帮包扶长胜村、民政村和仁富社区之后，始终把基础设施建设作为加快贫困村（社区）发展的重要“引擎”，充分利用本单位资源和积极发挥行业部门优势，协调联系部门，挖掘、整合、运用各方资源和社会力量，持续推进各村（社区）基础设施建设，筑起了通向小康的“致富路”。截至2019年年底，县财政局共投入资金4626.49万元，其中投入资金2236万元，建成长胜村林家渡、红沙跨河桥2座；投入资金1773.56万元，硬化长胜村道路28.5公里，危险路段有安全防控措施；投入资金250万元，新开挖长胜村道路40公里；投入资金82.5万元硬化长胜村竹产业区采摘道路建设5.5公里；投入资金30万元，建成庙坝镇民政村放牛场村组公路2.33公里。基础设施不断完善，进一步激发广大群众自力更生、勤劳脱贫的内生动力，为决战决胜脱贫攻坚打下了坚实基础。

汇聚爱心助脱贫

县财政局在挂包帮扶过程中，一名名帮扶干部解囊相助，尽自己的力量真心、真情、真意开展帮扶工作，助力脱贫攻坚。帮扶干部王华看见自己帮扶的建档立卡户留守老人在冬季洗衣不便，自己掏钱为老人买了一台洗衣机送去，为其建档立卡户代交医疗保险费，并协调残疾适龄儿童到特殊教育学校接受教育。帮扶干部肖刚个人出资购置沙发送给高龄留守老人，并帮助其安装门窗和整理家务。帮扶干部谢世琴动员群众集资修建水窖，个人出资1000元购买砂石，并垫付工人工资2000元。局机关工会组织捐款 15550 元支持帮扶村脱贫攻坚，四处筹集资金 100000 余元，资助长胜村完小购置计算机 20 余台。

通过县财政局五年来的多措并举真帮扶，长胜村顺利脱贫出列。站在长胜村新大桥上眺望，一幢幢崭新的小洋房、一排排独具特色的盖着琉璃瓦的串架房子镶嵌在绿水青山间，山间弯曲的水泥路把各村民小组连接起来，村组内各家各户房前屋后干净整洁，村民们脸上洋溢着幸福的微笑，全村上下正走在乡村振兴的大道上。

（作者系盐津县财政局办公室工作人员）

全面实施精准帮扶　竭力助推高效脱贫

——县扶贫办挂包帮扶纪实

蔡奎堂

水平村位于柿子镇西南部，全村辖水平和丰岩两个自然村，有26个村民小组，农村常住居民625户2578人，建档立卡贫困户210户794人，2014年贫困发生率30.5%。2015年10月，盐津县扶贫办挂包帮扶柿子镇水平村以来，积极争取项目资金，认真落实好产业扶贫、基础建设、救济救助、环境打造等工作，着实抓好精准扶贫和精准脱贫。

全面摸清家底，开展精准施策

县扶贫办从2015年12月开始，选派副主任杨峻为驻村工作队队长，开展了驻水平村帮扶工作，对村情进行全面排查，掌握情况，摸清致贫原因，制订帮扶计划，以便精准扶贫。通过摸底排查，发现水平村的主要致贫原因是缺资金和交通条件落后，两项占比超过50%，其次致贫原因为因病、因残、因学和缺劳动力。对照户脱贫、村出列标准，存在通村道路等基础设施建设差，缺乏成熟稳定增收的支撑产业，个别群众内生动力不足，有等靠要思想等问题。

县扶贫办领导多次到村进行调研，结合水平村实际，召开专题会议，围绕“两不愁、三保障”和脱贫出列“571”考核标准，结合全村的贫困原因，进一步厘清脱贫攻坚发展思路，科学制定了《柿子镇水平村脱贫攻坚规划》，开展了精准识别，重点解决住房、教育、医疗、饮水安全、收入等贫困村退出标准，落实帮扶资金项目、帮扶措施，制定了脱贫攻坚项目库和施工图。

开展挂包帮扶，落实各项措施

全面解决住房安全。县扶贫办结合水平村的地理环境条件，因地制宜、分类施策，争取投入资金 3695 万元，规划了余家河坝安置点，实施易地搬迁，加紧对农村危房改造，全面解决群众住房安全问题。到 2019 年年底，解决了包括非卡户在内的 273 户农户的住房安全问题。

巩固提升饮水安全。大力实施饮水安全巩固提升工程，争取投入资金 154 万元，实施农村饮水工程 41 件，全面解决村内常住人口 600 户 2481 人的安全饮水问题。

全面保障义务教育。争取投入教育扶贫资金 448 万元，建设水平小学校舍 670 平方米，累积补助资助学生 940 人次，到 2019 年秋季学期，6—16 周岁适龄儿童 462 人无一人辍学。

加强转移就业促增收。争取投入技能培训资金 10.8 万元，开展劳动技能培训 197 人次，促进劳动力转移就业。2019 年年底，全村共有劳动力 1451 人，已就业 1045 人，就业率 72%，卡户劳动力 439 人，已就业 322 人，就业率 73.3%。安排公益性岗位 53 人，全面消除卡户劳动力零就业家庭。开展劳动力报备工作，全面掌握了全村常住人口家庭劳动力外出务工情况。2020 年年初全村共发放稳岗补贴 35 人，共计补助金额 51528 元，已发放交通补贴 2 人，共计补助金额 478 元。

全面推进健康扶贫。争取投入健康扶贫资金 52 万元，改造水平村卫生室 1 个，同时实施代缴医保和家庭医生签约服务 791 人次。全村有 37 户健康扶贫风险管理人群已采取纳入低保、临时救助、医疗救助、兜底保障等措施进行帮扶。

全面落实兜底保障措施。与部门协调投入资金 420 万元，实施农村低保、特困救助、孤儿补助、高龄补贴、残疾补贴等各类资助惠民政策。全村现有享受农村低保 155 户 365 人、城市低保 12 户 24 人、特困供养 8 户 9 人、事实无人抚养儿童 5 户 5 人，兜底保障 10 户 18 人。到 2019 年 12 月，全村有残疾人 78 户 81 人，其中卡户 37 户 37 人；重度残疾 25 人，其中一级残疾 7 人（卡户 3 人），已经全部纳入残疾和护理补助。

全力补强基础设施建设短板。争取投入交通扶贫资金 586 万元，新建或改造村组公路 21.5 公里；争取农业综合开发、产业项目配套建设资金完成营林生产管护道建设 4 公里、产业运输道 6.7 公里、产业配套户间道 4.5 公里，实现道路硬化通达全村 22 个村民小组。投入电网升级改造资金 320 万元，实施农村电网升级改造，新建 10 千伏线路 1.89 公里和 400V/220V 线路 8.67 公里，配套安装配变器 6 台，全面消除低电压台区。

大力推进产业发展。争取投入产业扶贫资金 746 万元，实施改造食用竹林 4000 亩、竹产业公路硬化、营林生产管护道及运输道建设以及猕猴桃种植和林下乌鸡、冷水鱼养殖等。投入生态扶贫资金 644 万元，实施公益林保护 8877 亩、退耕还林 1150 亩，聘用生态护林、天保工程护林员、地质监测员共 33 人，补助安装节柴灶 195 个、太阳能热水器 46 台。

谋划巩固提升，发展富民产业

按照盐津县“三大富民产业”（乌骨鸡、食用竹、肉牛）发展布局和思路，县扶贫办编制完善水平村后续产业发展规划。在鹰嘴岩片区规划发展笋用竹种植4000亩（种植1000亩、改造3000亩），覆盖3个村民小组，受益农户50户206人（建档立卡户15户66人）；在余家河坝、石子沟、坪子上等3个片区规划发展养殖乌骨鸡2万只，覆盖6个村民小组，受益农户122户473人（建档立卡户50户196人）；在凉风洞、岩边上、漆树湾建立养殖小区1个，在斑竹林、下烂池、燕子村民小组建立养殖小区1个，在壁立沟建立养殖场1个，规划发展养殖肉牛1000头，覆盖16个村民小组，受益农户426户1759人（建档立卡户143户519人）；饲养乌骨鸡2000羽，121户686人（建档立卡户56户263人），户均增收1000元；种植食用竹1000亩，155户681人（建档立卡户56户250人），户均增收5000元；建成肉牛场4个，养殖肉牛210头，40户208人（建档立卡户10户48人）。所有建档立卡户稳定脱贫后能持续增收，为乡村振兴奠定坚实基础。

（作者时任盐津县扶贫办副主任）

出真招，付真情　寄真心，扶真贫

——县政协机关挂包帮扶纪实

朱　平

按照盐津县委、县政府的总体安排，盐津县政协机关挂包帮扶滩头乡滩头村。帮扶以来，县政协机关驻村扶贫工作队常驻滩头村，全面参与滩头村的工作；帮扶干部以村为家、以贫困户为友，真抓实干出实招，切实抓好挂包帮扶工作，确保滩头村出列和贫困户脱贫。

出真招，帮扶单位做工作队的坚强后盾

帮扶以来，单位多次召开主席会议、职工会议，学习贯彻县委、县政府的决策部署，研究制定挂包帮扶的措施办法。解决资金 18 万元，帮助修建坳上、田湾、田头公路；解决资金 20 万元对滩头集镇主街道硬化；解决资金 15 万元，维修上坝公路；解决资金 5 万元治理上坝村容村貌。解决滩头村委会办公经费 14 万元；解决资金 3 万元，帮助滩头村布置新办公场所；解决资金 10 万元，发展滩头村集体经济；出资 1 万元，帮助解决＿还沙湾维修公路；筹措资金 2 万元，用于解决滩头村在脱贫攻坚中村民提出的住房维修维护等困难和问题；协调“施永青”基金会物资价值 50 万元，用于滩头村困难群众的生产生活。

付真情，领导干部督工作队的关键工作

按照县委的安排，县政协主席、副主席有自己的挂钩乡镇和负责的村，但是五年来，单位领导依然多次到滩头村，对重点工作和关键环节严格把关，确保脱贫攻坚顺利稳步推进。政协严主席多次到滩头，亲自指导把关滩头村的扶贫工作。如在 2017 年动态管理“回头看”中，严主席亲临滩头村调研扶贫工作，亲自把关审定“回头看”工作；严主席择时亲临滩头村，与乡村两级领导，一同研究制定整存脱贫出列相关工作，到滩头村对贫情分析进行逐户把关审定。陈副主席多次亲临滩头村，交叉指导脱贫攻坚工作；李副主席多次带领盐津县扶贫动态管理组对滩头村的动态管理进行抽查，并提出很多宝贵的意见和建议；于副主席也抽时间到滩头村检查指导扶贫工作和挂包帮工作。

寄真心，帮扶干部为工作队的脱贫前锋

在“百日攻坚”期间，县政协共派出机关干部 25 人，挂包帮扶建档立卡户 294 户，帮扶干部切实履职尽责，多次受到乡党委、乡政府表扬和肯定。所有帮扶干部每月至少到村入户 4 次以上，调查了解贫困户基本情况，收集和协调帮助解决了贫困户的很多困难和问题，受到贫困户普遍高度认同。如严朝云协调 50 吨水泥、260 方砂石，价值 5 万多元，帮助牛栏村民小组硬化组内公路约 300 米，解决 10 户村民出行难问题；曾梅自己掏钱购买书包、衣服鞋袜送给贫困户的孩子；吴泓出资 1000 元，用于疏通上坝村民小组公路；刘华琪出资 1000 元，用于疏通中坝公路；其他帮扶干部也积极为贫困户解决了生产生活中的诸多困难。在帮扶工作中，安全住房、学生

就学、群众就医养老、家庭环境卫生和操家理屋、信息采集和系统录入、佐证材料收集和档案资料管理等等工作，帮扶干部都全权负责。同时，为了确保滩头村能够顺利脱贫出列，帮扶干部之间相互配合、相互检查，对全村所有建档立卡贫困户和一些边沿户，进行了两次全方位的交叉核查，确保挂包帮扶工作情况清楚、数据一致、任务完成、高标准推进。

扶真贫，工作队队员当特殊“村干部”

虽然工作队中有两个委室主任和一个委室副主任，但是，在兼顾抓好委室工作的同时，工作队服从县委安排，遵循县委对工作队队员的要求，从思想和行动上与县委保持高度一致，高度重视挂包帮扶工作，全天候、全身心服务于滩头村的脱贫攻坚工作。严格遵守县委的要求，临时抛开原有工作职务和角色，把自己当成村干部中的一员，主动融入农村工作体系，在常务书记和联系村领导的带领下，与村干部一道落实乡党委、乡政府的决策部署、研究全村的各项工作、查找全村工作出现的问题、分析问题根源、探索解决问题的办法、全力以赴进行整改和落实。在工作中，工作队队员与村干部一起摸爬滚打，一起面对困难、挑战和荣誉，通过实际的辛勤付出，赢得了全村的脱贫出列。工作队队员从定思路到定措施、从拟方案到抓落实、从村委会到全体村民、从抓产业到促脱贫等等，全程与村干部一起研究，一起落实。工作队走遍了滩头村山山水水，走遍了所有村民小组，走遍了所有建档立卡户，走遍了群众最需要干部的每一个角落，全身心投入到滩头村的扶贫工作之中。通过强有力的帮扶和乡村干部的共同努力，滩头村村出列 10 条标准已经全面完成，基础设施全面改善，群众住房面貌整体改观，产业发展已经起步，群众生产生活面貌全面改善，所有贫困户对党和政府的扶贫感恩之心全面树立，群众经济水平和生活质量得到全面提升。在重点工作方面，工作队不但要帮助村上厘清思路，找准工作方法，还要亲自参与、主动上前，帮助村排忧解难。如在田头地质灾害点群众搬迁动员会上，支书和监委主任无法做通群众工作的前提下，工作队队员就挺身而出，和群众拉家常、摆道理，为群众算清楚生命财产账和建房的经济账，说得群众心服口服。上坝的一户群众居住在不安全住房里，该户自行修建迟迟推进不了，驻村第一书记唐荣平及时调整工作思路，让村民小组长来全权承建，该户只负责材料采购和供给，建设的工价由村民小组长直接与村委会清算，半个月时间，该户的住房就建设完工。对群众反映比较强烈的寨子公路通路不通车，群众望路感叹的问题，唐荣平多次带着工作队实地查看。了解到问题属实后，他不遗余力地向各级各部门反映，同时还向县政协严主席作了专题汇报，严主席在听取汇报后立即表态协调 18 万元解决此路问题，并要求工作队组织人员和施工设备，全天候督促施工。道路投入使用后，群众非常满意，也非常感激。

通过多年出真招、付真情、寄真心、扶真贫，如今的滩头村，基础设施、产业发展、人均纯收入、群众生产生活水平等方面发生了翻天覆地的变化。村内道路四通八达、基础设施样样俱全、富民产业初见规模，群众精神面貌好、幸福指数高、感恩意识强。接续乡村振兴，滩头村的明天会越来越好。

（作者时任盐津县政协办公室主任）

增强担当使命　投身脱贫攻坚

——中国农业银行盐津县支行挂包帮扶纪实

吴启艳

“分红了，分红了，太高兴了，我分到了4000块钱。”2019年11月14日，盐津县兴隆乡蒿芝村沱田村民小组建档立卡户王国琴，领到养牛首次分红后，显得特别激动。那天对王国琴来说，是一个特别值得高兴的日子，2018年她家在银行贷了5万元贴息贷款，入股到村集体公司，发展肉牛养殖。像王国琴一样，领到厚厚一沓钞票后，高兴得合不拢嘴的群众还有很多很多。

识准扶贫对象，确保脱贫攻坚“靶向定位”

中国农业银行盐津县支行（以下简称“农行盐津县支行”）定点帮扶村为盐津县兴隆乡蒿芝村，共37个村民小组，全村有农业户籍常住人口1427户6599人，有建档立卡贫困户198户868人。在脱贫攻坚中，农行盐津支行瞄准“两不愁、三保障”目标，紧盯“户脱贫、村出列、县摘帽”靶心，经过长期以来的努力，2019年年底，脱贫182户798人，蒿芝村贫困户发生率降为1%。

帮扶干部们走访入户、上山下乡、开会研讨，一次又一次奔赴脱贫攻坚一线。在“三评四定”上，坚持对象从群众中来，达标退出由群众见证，抓好建档立卡、动态管理等工作。通过走访入户，核实信息，了解贫困户经济生活情况，贫困户现状和致贫原因，进一步明晰工作基本思路。宣传易地扶贫搬迁、金融脱贫、教育脱贫等政策，为蒿芝村精神扶贫做出努力，消除部分贫困户“等、靠、要”的懒惰思想。有针对性地实施帮扶，切实做到因村因户因人施策，对标对表补齐短板，脱贫户均满足“两不愁、三保障”。

保障人力物力，确保脱贫攻坚“力量合聚”

自脱贫攻坚工作开展以来，农行盐津支行有针对性地派驻驻村队员、优选扶贫帮扶干部，派出驻村工作队队员共 7 人次，优选出扶贫帮扶干部共 14 人次，安排每人挂包帮扶 10 户以上贫困户，其中盐津支行行长陈忠军先后担任蒿芝村常务书记、脱贫攻坚指挥长，兼顾支行业务发展及脱贫攻坚工作。支行、挂钩村全体党员齐上阵，形成一盘棋，上下聚合力，共奏攻坚曲。农行盐津县支行先后向蒿芝村捐物捐款，通过捐助办公用品及扶贫资金，极大改善了蒿芝村的办公环境，捐物折现及捐款合计 20 余万元。同时开展社会帮扶，利用农行自身社会资源，联系知名人士、企业老板等，对蒿芝村的农户开展社会帮扶。

落实金融扶贫，确保脱贫攻坚“阳光普照”

农行盐津支行发挥挂钩单位的优势，做好蒿芝村以及全县的产业“造血”工作。在金融扶贫工作方面做出了积极贡献、履行了农业银行的社会责任。动员蒿芝村建档立卡户积极通过小额贴息贷款入股集体公司进行黄牛养殖。2019 年 11 月，参与入股分红的 20 户卡户成功分红 8 万元，每户分得 4000 元。截至 2020 年 7 月末，涉及全县精准扶贫贷款余额 4.8 亿元，其中扶贫小额贷款累计发放 1800 余户，现有余额共 1609 户，累计发放 8400 余万元，余额 7483 万元，累计带动服务贫困人口 6 万余人。2017 年年底开始发放贷款，2018 年贴息金额 156 万元；2019 年贴息 326 万元，极大地给予建档立卡贫困户资金方面的支持。

作为服务“三农”的主力军，农行盐津县支行以互联网金融服务“三农”为抓手，围绕盐津“三大富民产业”，做优产品创新。累计共发放产业扶贫贷款及农担公司贷款 2800 余万元，带贫人口 1230 人。落实项目精准扶贫贷款，通过基准利率放贷，让利盐津中大公司，捐助 300 万元，用于支持地方扶贫事业，带动脱贫致富 2 万余人。

2018 年，盐津县牛寨乡万和村的黄世奎向农行盐津县支行提出产业贷款申请，最终给予了信贷支持 40 万元，解决了他的燃眉之急，猕猴桃种植达 200 多亩，如今得到了回报。王天金是一个养殖能手，农行信贷支持 80 万元，养牛规模从最开始的 50 多头扩大到现有的 200 多头，带动周围贫困农户参与经营和进场务工。朱小容夫妻俩开始养殖乌骨鸡，农行信贷支持 100 万元，丈夫去世后，继续为她提供信贷支持 30 万元，乌骨鸡养殖场规模越来越大，当前养殖乌骨鸡 6 万多只，广泛销往泸州、成都等地。

开展农户信息建档，积极为全县所有村（社区）提供金融服务，为农户办理惠农 e 贷，支持全县种养殖产业发展，已完成农户信息建档 750 户，授信 7000 余万元，用信 4000 余万元。归雁兴昭卡的推广，极大地为广大群众带来了惠民服务，兼具了免年费、免短消息费、免小额账户管理费等特点，农行盐津支行真正贯彻落实了惠民措施，自归雁兴昭卡推广以来，农行盐津支行共发行 3800 余张。农行盐津县支行在全县 83 个行政村设立了惠农通支付点，覆盖率达 92.2%。通过加强惠农通工程建设与维护、优化自助银行布局规划等举措，构建线上线下“三农金融服务网”。目前，全行建有惠农通工程服务点139个，布放惠农机具139台，行政村覆盖率93.33%。在水田易迁安置点设立金融便利店，在落雁及第社区易迁点建立普惠金融服务站。真正做到为民服务，践行服务“三农”使命，助力脱贫攻坚。

结合“红色支农·百人百日”下乡行动工作，助力全县脱贫攻坚工作。加强金融知识宣传和金融产品推广，为农民群众、农民工便捷办理银行卡、掌上银行、农户App、开通第三方存管，为乡镇商户办理扫码付、App专业市场版、贴码付、微信银行、云闪付等金融产品；让广大群众享受便捷实用优惠的金融服务，为全县农民发家致富奠定金融资本基础。组织各乡镇外出务工人员培训，为农民工返乡创业提供条件，促使其返乡创业。

2020年是脱贫攻坚收官年，农行盐津县支行在巩固脱贫成效中积极作为，持续用力，切实履行担当使命，坚持把金融扶贫作为核心工作，把服务“三农”放在更加优先、重要的位置，为实现脱贫攻坚与乡村振兴有效接轨而不懈努力。

（作者时任中国农业银行盐津县支行综合管理部副经理）

贡献信合力量　递交满意答卷

——县农村信用合作联社挂包帮扶纪实

陶吉聪

盐津县农村信用合作联社挂包帮扶豆沙镇万古村，把精准扶贫及精准脱贫工作摆在重要位置，充分发挥农村信用合作社金融扶贫优势，实施系列精准扶贫项目，扎实推进各项金融扶贫和定点帮扶工作的顺利开展。

摸清情况进行精准施策

豆沙镇万古村距豆沙镇政府 8 公里，辖区内 4 个自然村、36 个村民小组。2015 年，户籍人口 1196 户 4052 人，贫困发生率 40%，属于深度贫困村。该村主要问题为区位优越与交通滞后并存、生态富集与产业弱小并存、“输血”不足与“造血”缺失并存。面对脱贫出列时间紧、任务重、形势严峻复杂，县农村信用合作联社领导班子认识到，精准扶贫在于摸清村情实情，精心谋划，精准施策，才能取得扶贫成效，按照上级要求立即成立扶贫攻坚领导小组，下设办公室，并以“注重小细节、追求零缺陷”的服务理念推动盐津金融扶贫和定点帮扶工作。

金融扶贫推动各项发展

县农村信用合作联社围绕“两不愁、三保障”标准，分轻重缓急持续放贷，坚持把群众发展产业需要融资作为金融扶贫重点，以确保建档立卡户能持续稳定增收。2015 年对全县投放涉农贷款 4001 笔 40924 万元，其中农户贷款 3966 笔 27682 万元。2016 年对全县投放涉农贷款 7359 笔 58407 万元，其中农户贷款 7328 笔 48736 万元。2017 年对全县投放涉农贷款 10788 笔 85030 万元，其中农户贷款 10726 笔 71468 万元。2018 年对全县投放涉农贷款 9180 笔 51994 万元，其中农户贷款 9049 笔 47844 万元。2019 年对全县投放涉农贷款 10972 笔 84745 万元，其中发放扶贫类贷款 3295 户，金额 14434 万元；扶贫小额信贷 866 户，金额 4004 万元；农村危房改造贷款 426 户，金额 1919 万元；基层党员带领群众创业致富贷款 100 户，金额 500 万元；向万古村发放农村危房改造贷款 423 万元，帮助 99 户农户完成危房改造和房屋重建。

教育扶贫传递农信温暖

县农村信用合作联社为持续推进教育帮扶全覆盖，引领青少年用知识改变命运，阻断贫困代际传递，成立金碧奖学基金，对 2019 年高考优秀学生给予一次性奖励，奖励办法按照凡是参加 2019 年高中升大学考试，考入清华大学、北京大学奖励 10000 元 / 生，考入 985、211 工程大学、“双一流”建设高校奖励 5000 元 / 生；考入一本线的奖励 3000 元 / 生，考入二本线的奖励 2000 元 / 生。活动奖励了万古村 2019 年优秀高考生 10 名，奖金共 2.4 万元。通过教育帮扶活动，对万古村优秀学生的关心与关注，促进万古村学生相互比拼考大学，为提升人口素质、增强就业创业能力提供了有利条件，推进了万古村教育事业快速发展。

就业扶贫解除后顾之忧

县农村信用合作联社为有效促进万古村零就业贫困家庭增收稳脱贫，出资9.24万元设立公益性岗位，扶持11户零就业家庭从事道路保洁工作，同时使万古村在公路维护、清洁村庄环境等方面得到了很大改善。到2019年年底，万古村劳动力人口总数2317人，就业1629人，就业率为70%（其中建档立卡劳动力821人，已就业678人，就业率为83%），通过公益性岗位实现零就业家庭就业68人；技能培训178人次，投入资金10.8万元，发放稳岗补贴64人8.8万元。

基建扶贫增强“造血功能”

基于万古村交通困难问题，县农村信用合作联社在2019年向万古村出资19万元，对全村道路通路不通车的公路进行铺垫，为打赢“脱贫攻坚百日大会战”奠定了基础。2019年全村硬化农村公路8.56公里，并建成农村公路安全生命防护栏，实现了建制村通硬化路，同时解决了8个村民小组出行难问题。2020年春，硬化村组道路9.2公里，将解决7个村民小组出行难问题。有力地增强万古村“造血功能”，为后续发展提供了有利条件。

危改易迁解决安全住房

县农村信用合作联社坚持把解决住房安全问题作为脱贫攻坚的重要工程，大力弘扬“搬不动大山就搬人”的新时代愚公精神，严格按照“能搬则搬、应搬尽搬”的要求，认真动员万古村易地扶贫搬迁户 124 户 616 人，其中进水田安置 122 户 605 人，进县城安置 1 户 6 人，进汇同溪安置 1 户 5 人。全面推行“社区党总支 + 片区长 + 楼栋长 + 党员 + 住户”的五级网格化服务体系，616 名群众一步实现由贫困山区到现代城镇、由传统农民到城镇市民的直过式跨越。同时，按照“以房找人、以户找房，危房不住人、住人不危房”的要求，通过农村危房改造，全村解决安全住房 519 户，国家补助 981.5 万元。其中在 2019 年解决安全住房 249 户。

收获饱含着艰辛，成绩凝结着心血。通过五年的努力，换来了定点扶贫村万古村翻天覆地的变化，通过了贫困县退出第三方评估检查，脱贫成效得到充分肯定。到 2020 年 5 月，万古村脱贫 347 户 1584 人，贫困发生率降至 0.93%，全村脱贫出列。县农村信用合作联社践行了初心使命，向人民交出了一份满意的“答卷”，谱写了盐津脱贫攻坚大决战的农信篇章。

（作者时任盐津县农村信用合作联社派驻豆沙镇万古村第一书记）

扶贫要有“工匠精神”和“绣花功夫”

——县人保财险盐津支公司挂包帮扶纪实

孙　睿

万和村位于牛寨乡集镇西北部，距牛寨乡政府驻地9公里，全村面积22平方公里，下辖4个自然村23个村民小组，2019年末有建档立卡贫困户94户407人，占2014年农业户籍人口5863人的6.94%。人保财险盐津支公司挂钩牛寨乡万和村以来，发扬“工匠精神”，下足“绣花功夫”，通过对标对表，深入开展“挂包帮、转走访”工作，确保如期实现脱贫出列目标任务。

精准识别摸底数

2017年5月，在盐津县委、县政府的统一安排部署下，公司与万和村统一思想，以从头再来的决心，牢牢把握“最后一次机会”，坚持以质量为先，整合力量、压实责任，全面开展精准识别摸底调查工作，努力扣好精准扶贫的“第一粒扣子”。通过摸底调查工作队进村入户3个月，对全村23个村民小组所有农户进行了全方位的走访核查，通过信息采集、核查、村民小组评审、村级审核、系统录入一系列工作，进一步核实查清了村情民情贫情，为动态管理、精准施策打下了坚实的数据信息基础。

聚焦问题补短板

几年来，公司着力于组织好全体挂包干部坚持开展贫困对象每月入户走访，全面清查核实贫困户家庭人口、收入、住房、医疗、教育、安全饮水情况，切实掌握所帮扶贫困户家庭情况，认真分析研判致贫原因和脱贫短板，根据群众的自身条件和发展意愿，按照缺什么补什么的原则，研究制定帮扶措施，开展一对一帮扶工作，使帮扶工作有计划、有目标、有步骤、有力度。在入户走访过程中，挂包队员与贫困群众拉家常、问冷暖，交心谈心，围绕“两不愁、三保障”、安全饮水、产业发展等方面，详细了解群众需求，解答群众疑问，解决群众困难，通过一次次的入户走访，一项项有针对性的举措瞄准贫困“病根”，实施“靶向治疗”，实现从“大水漫灌”到“精准滴灌”的巨大飞跃。

几年来，在帮扶干部、村干部、驻村工作队的共同努力下，共实施易地扶贫搬迁安置 92 户，其中建档立卡户 48 户、同步搬迁户 44 户；实施农村危房改造 143 户，其中拆除重建 58 户、修缮加固 85 户，达到“危房不住人、住人无危房”的要求。当我们再次步入到农户家中，给我们带来的感觉是安全、整洁，群众感谢的话语是对我们帮扶工作最大的肯定。

在充分调研的基础上，结合万和实际，确立了以发展猕猴桃产业替代传统农作物的基调，采取龙头企业、种植大户示范带动、农户参与的模式，推动产业发展升级。万和村共发展猕猴桃产业 3000 余亩，其中引进龙头企业建成猕猴桃示范园 300 亩，推动种植大户黄世奎发展猕猴桃基地 250 余亩，带动群众种植猕猴桃 2500 余亩，投产后亩产能达到 3000 斤，每亩经济效益达到 6000 元。

用心用情为民办实事

2017 年 5 月初，国家和省、市即将开展教育均衡发展检查验收工作，牛寨乡万和以及中木用两所小学的学生电脑还存在缺口，作为万和村挂包单位，公司积极主动作为履行挂包帮责任，迅速向上级公司申请经费采购了 17 台学生电脑送到万和村两所小学，助力万和村教育均衡发展。2018 年年初，向上级公司争取资金 2.5 万元，打通四村沙泥凼村民小组到三村斯里包村民小组的公路，并对原有道路进行加宽和平整。沙泥凼村民小组党员黄友奇向驻村工作队说道："我以前骑摩托车到村上要 40 来分钟，现在沙泥凼到斯里包断头路打通了，从这边去村上时间节省了近一半。"

2020 年 1 月底，为了群众不因疫情影响就业，帮扶干部在持续开展好疫情防控的同时，对在家劳动力务工意愿进行摸底调查和统计，全面摸清劳动力务工地点、务工企业、出行时间、出行方式等，有序开展健康体检和转移就业。在此期间，全体挂包干部戴上口罩、做好防护，逐户逐人进行走访登记；没有联系好企业的群众，积极向其提供就业信息；没有交通工具的，提供专车、专列信息；无法外出的，动员发展产业或提供公益公服岗位，确保有劳动力家庭实现至少 1 人就业。

几年来，在全体挂包干部、村干部、驻村工作队的共同努力下，万和村"两不愁、三保障"突出问题得以解决，户脱贫短板全面补齐。截至 2019 年末，全村建档立卡户 94 户 407 人中，已经实现脱贫 76 户 339 人，贫困发生率降至 1.16%。

2020 年 7 月，根据盐津县委、县政府的安排部署，我公司挂钩帮扶村由牛寨乡万和村调整到庙坝镇麻柳村，在这片新战场上又开启了一段新征程，我们将"不忘初心，牢记使命"，在党的领导下，一如既往地履行挂包帮责任，全力以赴为脱贫攻坚、乡村振兴贡献力量。

（作者系人保财险盐津支公司派驻牛寨乡万和村扶贫工作队队员）

撸起袖子加油干　脱贫攻坚出实招

——县总工会驻村工作队扶贫纪实

李东秀

盐津县总工会根据县委、县政府的统一安排，自 2015 年 10 月起，相继派出 6 名驻村工作队队员，进驻盐井镇高桥村开展驻村扶贫工作。工作队坚持按照县委、县政府脱贫攻坚的决策部署，完善工作思路，创新工作机制，克服重重困难，带领贫困群众加快脱贫致富奔小康步伐。

摸实情，清家底，找准工作突破口

高桥地处老县城周边，平均海拔 790 米，总面积为 10.7 平方公里，有三个自然村，18 个村民小组，总人口为 1784 人，425 户，其中有少数民族 6 户 23 人，有耕地面积 4120 亩、林地面积 5250 亩。

县总工会第一批驻村工作队一进驻高桥村，工作队队长李东秀便立即开始入户走访，熟悉环境。在走访时发现，高桥村地块上的过境公路、垃圾场、车辆检测站等建设用地占用了一部分耕地，村民实际耕地面积不足 2000 亩，人均耕地少，有文化、有能力的人都外出打工了，处于贫困线以下的贫困户有 49 户 162 人。还了解到蚂蟥、大坳这两个村民小组交通不便，一到雨水季节，公路经常无法正常通行，且还有约600米“断头路”，严重制约两村民小组的发展。县总工会出资2万元，用于蚂蟥—大坳公路“断头路”的疏通和购买相关材料，村委负责监督指导，村民自愿且无偿投工投劳。经过近两个月的共同努力，于2016年11月底彻底竣工长约41米，均高约3米、均厚约0.5米的堡坎，“断头路”正式接通毛路。2020年，蚂蟥—大坳公路硬化作为产业路采取“一事一议”建设。驻村工作队与村干部多次组织召开村民小组会议，驻村第一书记杨安仙、工作队队长邓伟不仅主动带头捐款，不分昼夜挨家挨户动员村民筹集资金，还亲自到相关部门请求资金补助，蚂蟥—大坳公路于2020年6月正式竣工。

定计划，出方案，精准施策出实效

驻村工作队带领所有帮扶干部，通过遍访、回访、大普查等方式逐户摸排，根据每户致贫原因，家中的实际情况，按照“两不愁、三保障”标准，用“五个一批”扶贫政策，因户施策，一户一策，制订每户的年度帮扶计划。抓实住房安全。实现易地搬迁8户29人；进城买房1户3人；实施危房改造62户，其中D级拆除重建35户（卡户22户），C、D级修缮加固27户（卡户15户）；全面开展以拆除塌房烂院为主要内容的人居环境整治行动，整改率达到95%以上。抓细饮水工程，新建古坟、干田、田坝3条人饮巩固提升工程，总长10.6公里，覆盖80户农户317人，其中覆盖24户贫困户99人。抓好扶贫项目资金引入，协调单位支持高桥村脱贫攻坚工作经费共15万元；协调县民政局资助1万元作为高桥村两个活动场所购买所需器材；协调盐津新长征广告公司捐赠计算机3台，价值12900元，保障正常办公；协调云南建工集团为高桥村2户特殊卡户安装门窗，价值3万余元。

抓机遇，用政策，多条道路促增收

驻村工作队抓住高桥村距离县城近，气候温和湿润，土壤肥沃，光照充足，特别适合蔬菜生长这一优势，与村集体动员群众，重点围绕黄瓜、南瓜等方面大力发展蔬菜产业，给群众增收致富吃下定心丸。2020 年，高桥村种植蔬菜农户已达 300 多户，面积 1500 余亩，一亩收入达万余元，村民种植得多的，年收入可达 12000 元，少的也有 7000 多元，让蔬菜种植成为当地群众增加收入的一条便捷“通道”。2018 年，高桥村总投资 60 万元，流转林地 56.7 亩林下养殖乌骨鸡，建设标准化鸡舍 30 个，联结 94 户贫困户，放养 1500 只生态乌骨鸡。当年养殖收入共 3 万余元；农户另获益 100 元 / 亩土地流转费；聘用卡户务工 300 余人次，发放务工工资 2.5 万元；解决卡户长期就业 1 人（饲养员），每个月收入 1500 元。按照“培训一人、就业一人、脱贫一人”的思路，坚持以培训为基础，以提高农民素质为抓手，以增加农民收入为目标。五年累计培训卡户 326 人次，仅 2020 年县外劳动力转移 433 人（其中卡户 94 人），户均增收 1 万余元。

细微处，显大爱，脱贫攻坚暖人心

五年的驻村帮扶工作，点点滴滴、大事小情，真心实意地为帮扶户排忧解难，把建档立卡户的事当作自己的事来干。

古坟村民小组的建档立卡户冯道之，家有 3 口人，妻子因丈夫患有精神病导致家庭实在贫穷而离家出走 10 多年。这些年家里的存折、户口本、身份证都是由冯道之的大哥冯道清掌管，如今大儿子冯朝正 29 岁、小儿子冯朝益 25 岁，由于多种原因不敢回家，到了娶妻生子的年龄还没找到对象，冯朝正和冯朝益见到他的堂哥、大伯“不抬头、不说话”透露出很害怕。驻村第一书记杨安仙，看在眼里急在心里，她明白如果解决不好，冯朝正和冯朝益正很有可能走到社会的对立面。为此，她同驻村工作队、村干部一起，经常到冯道之家帮助探望冯道之，向冯道之的大哥冯道清一家讲解目前的扶贫政策，鉴于家庭情况复杂和特殊，与村干部一道协商，并组织人民调解员进行调解。通过多方工作，冯道清把冯道之家的存折、户口本、身份证等全部予以归还，冯朝正和冯朝益正常转移就业。同时帮助冯道之落实了危房改造项目资金和动员亲戚帮助，并协调云南建工集团将建起来的二间两层平房门窗进行安装，价值约 3 万元，让其有了“新家”。

驻村队员还帮助建档立卡户注册扶贫 App，办理残疾证，办理贴息贷款手续，联系技能培训，帮助搬迁户搬运行李、逢年过节为他们送米、面、油、对联、棉衣、棉被。驻村工作队的热心、暖心帮扶，得到了群众的信赖和好评。

县总工会驻村工作队通过五年来帮扶高桥村，与村干部一道带领群众扶贫攻坚，使高桥村的基础设施、人居环境、产业增收等有了长足发展，村容村貌发生了显著变化，2020 年 5 月脱贫出列。驻村工作队将继续奋战乡村振兴。

（作者时任盐津县总工会派驻盐井镇高桥村扶贫工作队队长）

真情实意解民困　勠力同心助脱贫

——县政协系统助推脱贫攻坚纪实

朱　平

在脱贫攻坚这场声势浩大的战役中，盐津县政协系统带领市、县政协委员，积极投身脱贫攻坚主战场，谱写了一曲助推脱贫攻坚的时代壮歌。

服从政治号令，展现政协担当

“全县上下要拿出奋力拼搏的精神、破釜沉舟的决心、滚石上山的意志，凝聚磅礴力量，向脱贫攻坚发起最后总攻。”这是县委、县政府对高质量打赢脱贫攻坚战发起的冲锋号。

号令既出，动若风发。县政协及时成立领导小组，制定实施意见和五个专项行动方案（即助推教育扶贫、产业扶贫、就业扶贫、健康扶贫、人居环境整治扶贫），充分发挥组织联系广泛、人才荟萃、智力密集的优势，汇聚市县 164 名政协委员广泛参与助推的磅礴力量。

以“九个一”活动为抓手：为贫困户劳动力提供一个就业岗位；帮助贫困户选择一个合适的产业项目；为贫困户产业发展提供一项技术服务；为贫困户产品销售提供一个渠道；为贫困村开展一次义医义诊活动；为贫

困村开展一次文化活动；为贫困村开展一次爱心义捐活动；资助一名贫困学子；为精准扶贫提出一条好的建议。

创新工作思路，搭建助推平台

加强组织领导，督导委员助推全覆盖。自2018年3月28日全省政协系统脱贫攻坚助推行动推进会后，县政协及时明确负责五个专项行动专委会的工作职责，将全县政协委员全部配置到各专委会和乡镇委员组。向县委专题汇报助推行动开展情况3次，得到了县委的大力支持；召开主席会、党组会、推进会议和乡镇现场会10余次，专题研究部署助推行动；督查调研政协委员组的助推行动开展情况2次，找准存在问题，提出解决办法，推进助推行动扎实开展。

典型示范带动，制定“1+N”工作模式。积极学习借鉴省、市政协的经验做法，建立了助推行动“月汇报、季调度”制度。制定了“1+N”助推工作模式，即每一名政协委员除必须参加捐资助学外，还要另选一项以上活动开展助推行动。县政协班子成员和机关干部带头捐资助学，组织建立公立、私立医院结对帮扶贫困村卫生室示范点，建立人居环境整治示范点，56名市县政协委员驻村蹲点助推，带动了助推行动的有序开展。

突出界别特点，发挥专委会平台优势。结合各界别、委员特点和工作实际，利用各自优势，选准选好活动载体，全方位、多层次将行业扶贫与政协系统助推行动有机结合开展。加强扶智助推，创新开展助推文化扶贫活动，组织文化界政协委员编纂出版《百年盐津人》《盐津县古文物古遗迹名录》，编撰出版乡贤文化读本《记忆牛寨》，2020年启动《永不磨灭的记忆》和兴隆等五个乡镇的乡贤文化编辑，为丰富全县文化做出了积极贡献。

激活基层活力，建立乡镇委员之家。畅通助推工作渠道，为议政协商提供固定的活动场所，县政协争取资金在全县10个乡镇建立了“政协委员之家”。着力抓好助推行动与提案办理落实、政协委员的协商议政、学习培训的有机结合，调动和激发政协委员参与助推的积极性。制作了县政协系统助推行动专题片，广泛营造政协委员在脱贫攻坚战役中担当作为的社会氛围。

完善管理机制，助推纳入履职考核。制定考核办法，对各专委会、机关干部和所有政协委员助推实绩进行年终考核评比，将结果在全委会上进行通报，并作为政协委员履职尽责评价的主要依据。

突出工作重点，确保助推实效

助推产业扶贫，促进产业发展。积极推动“三大富民产业”——乌骨鸡、肉牛和竹产业的发展。乌骨鸡产业力争到2025年全县乌骨鸡出栏达600万只，惠及贫困户2500余户。县政协主席严巨奎担任乌骨鸡产业发展组组长，举全政协之力推动该产业发展，通过招商引资，2019年至2020年建设盐津乌骨鸡保种选育场和屠宰加工场，全力扶持盐津乌骨鸡养殖，基本打通了乌骨鸡全产业链。政协委员为贫困户提供产品销售渠道64条次、投入资金45万元，受益群众达1.3万人，开展技术服务38次，受益群众2.5万余人。兴隆乡委员组动员外出务工返乡人员在大田、蒿芝村创业养牛项目2个，投资规模20余万元；云南中大盐津发电公司总经理葛荣祥委员代表公司捐款300万元，助力盐津县农业产业的发展。

助推就业扶贫，促进务工收入增加

开展各类培训16期、培训实用技术人员1580人、引导或推荐就业2435人。创办扶贫车间15个，水田新区易地搬迁安置点就业创业服务站348个，聘用就业扶贫信息员 126 人。3 个驻外劳务输出工作服务站，新签订就业帮扶协议 1345 人次。罗栋才委员的公司吸纳了 8 名贫困人口务工，订单收购农村专业合作社种植的蔬菜 560 亩。专家张顺均委员培训农业实用技术人才 78 人次。

助推教育扶贫，情暖贫困学生。县政协牵头的“e 万行动”和与县教体局实施的雨露计划，对全县贫困学生全覆盖资助。市、县政协委员捐资助学 42.8 万元，资助贫困学生 301 名；葛荣祥委员继续出资 16 万元，资助贫困学生 13 名和县文理科状元 2 名；赵送华委员两年共计捐资助学 8 万余元。张建华委员协调昭通环保协会捐助牛塘小学计算机 4 台、温暖包 100 个。

助推健康扶贫，促进群众身体健康。协调县卫健局建立医院定点帮扶贫困村卫生室 8 个示范点，为贫困村开展送医送药和义医义诊活动 25 村次，参加诊疗医务人员 62 人，送药价值 11380 元，共计惠及 745 人次。各乡镇卫生院、民营医院开展免费义诊送健康活动惠及群众 1255 人。加大重大病患者的关爱力度，张毅委员为重病患者捐款 6500 元，多次看望慰问重病患者。

助推人居环境整治扶贫，促进生活条件改善。委员们深入一线加大农户住房的“室外两改”和“室内三改”的帮扶力度，组织村民开展环境卫生和家居环境整治。33 个人居环境整治示范点每月开展一次环境卫生评比，群众根据积分在村委会建立的“爱心超市”里兑换生活物品。张健华委员积极争取项目，在牛寨乡新建了 4 个污水处理厂和 1 个垃圾处理场。

一件件实事，勾勒出政协委员心系贫困群众扶真贫、真扶贫的感人画面；一桩桩善行义举汇成股股暖流，流进贫困群众心田。

（作者时任盐津县政协办公室主任）

聚合社会力量　助力脱贫攻坚

——盐津县实施“凤还巢”扶贫工程纪实

李　敏

2016年以来，盐津县积极探索，灵活运用新时期统战思维和工作方法，以脱贫攻坚为统领，紧扣“大统战、大扶贫”主题，以经济统战工作为抓手实施“凤还巢”工程，利用“亲情、乡情、友情”的情感纽带搭建平台，动员引导盐津籍在外成功人士为家乡扶贫献计出力，带动发展，增收致富，助力脱贫攻坚。

加强领导，落实责任，培植“凤还巢”沃土

2016年6月，县成立了以县委副书记、统战部部长撒兰忠为组长的县“凤还巢”扶贫工程领导小组，各乡镇相应成立领导小组，采取“结对到村、链接到组、精准到户”的工作模式，按照“四个一批（培养一批农村主导产业、打造一批创业示范基地、建立一批农民专业合作社、组建一批农村经纪人协会）、一个一支（建立一支电商、物流队伍）”的工作要求，着力抓好“凤还巢”各项责任落实。

2016年8月，县委统战部印发了《盐津县“凤还巢”扶贫工程实施方案》，确定用三年时间动员引导100名盐津籍成功人士返乡参与扶贫的目标

和“三步走”的实施步骤，全县各乡镇结合自身实际分别制订了工作计划或实施方案。同时，在各乡镇建立了“凤还巢”扶贫工程返乡成功人士服务站，按照“工作创新、量力而行、整合资源、各记其功”的原则，整合精准扶贫、贴息贷款、技能培训、创业扶持等资源，结合县政府招商引资优惠政策和“9+3”包帮办服务政策等，定期协调解决返乡人员遇到的困难和问题，为返乡创业人员的创业和产业发展提供优质服务。

加大宣传，营造氛围，搭建“还巢”平台

摸清家底，思想引领，开展广泛动员。2016年秋建立以村为单位，摸清辖区内具有影响力的外出务工、经商人士底数，建立档案数据库。2017年2月，县委县政府高规格举办了“凤还巢”新春茶话会，邀请了70余位在省内外务工、经商的盐津籍成功人士座谈，请他们为家乡的经济社会发展、脱贫攻坚献计出力。同时，各乡镇每年春节前都召开返乡人士座谈会，加强与其沟通、交流。组建联络站，开展“荣誉村主任”聘任活动等，积极引导外出务工、经商人士返乡创业。建立“盐津交流群”“盐津工商联执委会工作群”“盐津招商办交流群”等微信群，发挥桥梁纽带作用，促进各单位与返乡成功人士之间、成功人士彼此之间的沟通、交流。

盐津“凤还巢”扶贫工程抓住全县“百日攻坚大会战”“秋季作战”等有利契机，营造氛围，充分利用各种场合、各类平台大力宣传“凤还巢”工作的开展情况，不断扩大影响，招揽人才，服务脱贫，服务社会。2017年盐津县“凤还巢”工作开展情况得到了新华网、云南网、人众网、新浪网、中国文化传媒、昭通经济与社会等媒体和昭通市委组织部的特别关注，大众知晓率高，社会受益面广。2018—2019年，相关信息被中央统战部、省委统战部采用。

协调联动，多措并举，筑牢“凤还巢”根基

盐津“凤还巢”扶贫工程实施后，10个乡镇积极组织开展拜访慰问、人才回引、政策落实、产业扶持等“凤还巢”相关工作，实时通报工作中遇到的困难和问题，县委统战部对全县10个乡镇的“凤还巢”工作进行集中指导并开展督促检查。2018年统战部编撰了《盐津籍返乡创业者风采录》，采编“凤还巢”扶贫工程中涌现的突出代表事迹，鼓励、带动更多的在外成功人士返乡创业。

“凤还巢”扶贫工程最关键的是联系动员盐津籍成功人士回乡帮助家乡促发展。2018年5月，县委统战部在曲靖、昆明、杭州三地成功举办近300名盐津籍企业家参与的“凝聚商界力量，助力脱贫摘帽”盐津籍企业家座谈会，现场签署了“结对帮扶意向书”，为他们解答政策、提出建议，提高他们回乡创业和帮扶家乡的意愿。

抓实产业，建好示范，形成“凤还巢”引领

盐津“凤还巢”扶贫工程立足农村发展实际，引导外出务工返乡人员发展一批初具规模的种植业、养殖业、农特产品加工业，建立一批生态农业观光园，培养一批农村主导产业。县乡两级在盐津的主导产业中选取具有市场竞争力、经济效益好、示范带动作用强的企业创建“凤还巢”扶贫工程示范点，打造一批创业示范基地，形成示范带动效应。积极动员各部门和乡镇引导返乡人士参与社会公益活动，通过捐赠筹集资金物品和结对帮扶，帮助解决贫困村、贫困群众、贫困学生生产生活中遇到的困难，涉及产业、教育、就业、医疗、交通等各种困难和问题，促进盐津精准扶贫及脱贫攻坚工作有力推进。

截至2020年9月，县实施“凤还巢”扶贫工程，共引导185名盐津籍在外成功人士返乡创办企业、合作社120个，回引投资共计15413.4万元。结对帮扶贫困村52个、贫困村民小组290个、贫困户2201户，带动本地就业6966人，务工人员816人。通过捐赠现金、钢筋、水泥、教学计算机、校服、书包、书籍、助学金等物资分别为91户贫困户修建住房，帮助3000名贫困学生就学，并参与了修路、建桥等农村基础设施建设。全县各行业、领域筹集资金及实物折资共790.79万元。其中，资金387.86万元（机关单位职工125.9万元、教育系统39.12万元、卫生系统35.06万元、东西协作协调企业7万元、社会企业捐赠95.03万元、挂包单位捐赠76.37万元、社会个人捐赠9.38万元）；物资折合资金约402.91万元（企业捐物折资32.05万元、东西协作捐物折资344.94万元、挂包单位捐物折资21.87万元、乡贤人士捐物折资4.05万元）；挂包单位引进项目26个投资241.9万元。

（作者系中共盐津县委统战部办公室工作人员）

脱贫攻坚道路上的红十字力量

——县红十字会履行帮扶职责促脱贫攻坚纪实

刘　睿

县红十字会（以下简称“红十字会”）在脱贫攻坚大决战中，不忘红十字会创始初心，传承红十字精神，齐心协力，充分发挥红十字会作为政府在人道领域的参谋助手以及联系服务群众的桥梁纽带作用，为决胜脱贫攻坚贡献力量。

挂包帮扶　真抓实干

2015年10月，红十字会挂包帮扶盐井镇桃子村28户贫困户，群众文化水平低、劳动能力较弱，贫困面大且分布较广，致贫原因复杂。

帮助群众解决饮水难出行难。2016年2月，通过走访了解到该村最偏远、海拔最高的海子村民小组34户人家饮水困难和不安全的原因——背水喝，且需要在水缸里沉淀之后才勉强能使用。红十字会经过不断努力，在2017年年底为他们争取到40万元的“博爱家园”项目，用于修建水窖、户间通道及软件设施建设。2018年10月，海子3个水窖和603米的入户通道全部完工并投入使用，解决了他们的饮水安全问题。在此期间，还及时协调县水利部门专项资金40万元修缮加固之前年久失修的云峰水库，解决了新屋、丁木、大湾、田湾4个村民小组100余户农户的人畜饮水困难问题。

扶持群众发展产业促增收。红十字会为桃子村筹集产业发展资金15.1万元，多渠道扶持9户困难农户发展产业。截至2019年年底，有6户农户将资金入股集体公司，实现收益20500元；一户用于发展乌骨鸡养殖，2020年纯收入已达21000元；一户用于发展笋用竹产业，投产后每年可稳定创收3000元以上；一户用于发展猕猴桃产业，在2021年挂果创收。

对照国标有的放矢帮扶群众。红十字会认真研判帮助群众解决安全住房、改善教育及健康条件、加强环境整治等多个问题。2019年16户农危改全部完毕，引导4户贫困户搬迁水田安置点，一户进县城购房，过上安稳生活；2017年在村完小成立盐津首个“博爱图书角”，捐赠价值4347元的图书500册，2018年捐赠计算机3台给村完小，改善学校教学条件，2019年，争取东西协作扶贫资金2万元，为桃子村完小90名学生购买过冬新衣服；举办应急救护培训、地震灾害逃生培训、演练，300余人次受训受益；联系医院为200余名群众义诊，发送药品价值1万元；争取东西扶贫协作和镇政府资金42.44万元，新建桃子村标准化卫生室162平方米；争取捐款5万元为贫困户、边缘户购买衣柜、橱柜、床等家居用品，协调0.7万元为群众改厨改厕；出资0.5万元新建垃圾池3个，出资2万余元购买床上用品、清洁用品，用于奖励人居环境卫生明显改善的农户；出资1.5万元同多家单位共同在该村湾子活动场所开展“红十字会博爱周”与“母亲节”双节同庆大型文艺演出和自强诚信感恩教育活动。

博爱行动　扶危救困

红十字会对缺乏劳动能力的贫困群众，给予更多的关心与关爱。在2015—2019年期间，红十字会积极在全县开展“春节送温暖”“博爱送万家”等活动，为4000余户贫困家庭送去了过冬棉衣、鞋袜、家居用品等总价值100万余元的慰问物资。

2015—2019年中，开展了60余次“扶贫先扶智，扶智扶教育”的教育帮扶工作，通过“博爱图书角”“六个核桃读书慧”、协调社会爱心人士40余位结对帮扶1700余名学生等形式，为边远地区学校及贫困家庭学子送去了总价值近100万元的教育设施和助学金。2018年，聚力开展“爱德基金E万行动”工作，帮助盐津县204名贫困在校孤儿争取到了共17.7万元助学金；2018—2019年，共接收到“中山 · 盐津贫困学子助学金”爱心捐款78万元。按照《中山 · 贫困学子助学管理实施方案》，2018年发出助学金20.5万元，受益大学生114人；2019年发出助学金49万元，受益大学生228人；还将8.5万元爱心捐款分别用于帮助盐津特殊教育学校、桃子村完小、豆沙镇银厂村完小学生购买校服、文体活动设施，改善办学条件。

红十字会结合部门职能职责，在2015—2019年组织医疗服务队先后5次到边远乡镇，免费为老弱病残困等群众看诊治疗；帮助盐津14岁以下的白血病、先天性心脏病患者申请医疗救助，12名白血病患儿获得“小天使”基金救助，67名得到免费医疗救助，让孩子们重获新生，让因病致贫家庭看到希望；还积极帮助重特大疾病患者申请和转发“轻松筹”筹款信息；同时，将有限的工作经费用于救助重特大疾病患者、冰凌雪灾户、火灾户、困难群众、高龄老人等278名，帮助解决医疗救助款、发放慰问物资总价值50万余元。在盐津2016年“7 · 05”特大洪灾、2017年“8 · 25”洪灾、2019年“9 · 30”特大山洪泥石流三次自然灾害中，红十字会干部职工始终与灾区人民在一起，参与抢险救灾、统计上报灾情、争取救灾物资，还组织志愿者300余人次深入灾区抗洪救灾，并为灾区群众争取了总价值35万余元的物资，帮助灾区群众渡过难关，恢复家园。

社会帮扶　惠及万家

红十字会在脱贫攻坚期间，共接收“扶贫济困，你我同行”“东西部扶贫协作”等社会各界爱心人士、企业捐资捐物合计2375.15万元（捐款1204.51万元，捐物折价1170.64万元）。红十字会严格按照相关法律法规合法管理所有爱心款物，并根据捐赠人意愿及县委、县政府统一安排部署，将款物用于全县贫困乡镇、贫困村产业发展、扶贫开发项目、基础设施建设等，受益人数达4万余人。

（作者系盐津县红十字会办公室工作人员）

扛实责任勇担当　扶贫济困显真情

——云南中大盐津发电有限公司助力脱贫攻坚纪实

刘作芳

云南中大盐津发电有限公司（以下简称公司）秉承“致富思源、富而思进、扶弱济困、回馈社会”的理念，为盐津决战脱贫攻坚履行着企业的社会责任。公司先后被市委、市政府评为“优强工业企业”，连续三年被县委、县政府评为“先进单位”。林建华董事长先后被昭通市授予“十大光彩之星”“优秀社会主义事业建设者”等荣誉称号。

担当道义，奉献爱心，助力寒门学子追梦圆梦

深居盐津贫困山区的孩子，特别是品学兼优的学生，从小就有走出大山、追逐梦想的远大理想，读书对他们来说是改变命运的唯一途径。公司通过大量实际调研，直面盐津县贫困学生考上大学无钱就读问题，于2007年成立了“盐津三川水电助学慈善会”，帮助盐津寒门学子圆梦，努力实现“任何一位学子都不能因贫困而失去学习机会”的目标。

助学慈善会每年安排固定助学金16万元，资助40名贫困大学生就读（其中，每年新入学大学生10名），给予每人每学年3000元的资助，直

至大学毕业。每年奖励盐津籍在本县就读的应届文理科状元各一名，奖金2万元，分四年发放，每年发放5000元。2017年以来，在企业经营十分困难的情况下，公司董事长林建华先生以及各位股东，仍然想方设法筹集资金，继续保障并积极开展助学活动，从来没有间断。截至2019年年底，助学慈善会已连续13年资助盐津当地大学生累计148名，共计发放资金192万元。2017年以前受资助的100名贫困大学生和18名优秀高考状元均已完成学业，步入社会贡献着自己的学识和力量。

践行初心，勇担使命，助力全县脱贫攻坚决战决胜

作为有担当精神的公司，同时把助推脱贫攻坚作为公司的社会责任，努力帮助贫困群众脱贫致富，和各界企业、社会组织、爱心人士等社会力量一道构建起大扶贫格局。公司的帮扶所到之处，广大农村的道路筑通了，饮水管道接通了，医疗健康有保障了，百姓自强思进的思想通了，服务群众的“最后一公里”打通了。

捐资修桥修路。公司先后捐资修桥修路达187.5万元。2004—2010年向庙坝镇小寨村农户捐赠水泥平板桥一座15万元；2004—2010年向庙坝镇黄草大坝村范围内农户捐赠3座新建桥150万元；2008年2月向庙坝镇公路建设捐款3万元；2008年4月向柿子镇公路建设赞助1万元；2011年11月向柿子镇赞助乡村公路修建经费9万元；2011年12月向庙坝镇乡村路修建捐助经费3万元；2012—2013年向柿子镇太平村修建乡村公路2条6.5万元。

捐赠赞助。10多年来，公司积极向当地捐资捐物，其中捐资或赞助达449万元。2007年4月至2009年3月，向柿子镇、庙坝镇赞助、捐助资金11.6万元，向庙坝镇黄草村永久性水、电捐款37万元；向庙坝黄草村委建设赞助2000元；2009—2019年，庙坝、柿子农户征地拆迁生计恢复计划10

年经费 80 万元由公司出资；2018 年 9 月 30 日对白水江梯级电站项目区域的庙坝镇高坎村和大坝村集体经济合作社出资扶贫公益基金 5 万元；2019 年柿子镇太平村捐款 2 万元；2019 年 7 月庙坝镇高坎村开设了 5 个公益性岗位，每月每个岗位发放 500 元，每年 6000 元，共计 1 年 3 万元；2019 年 12 月捐赠 300 万元，用于补齐“百日攻坚大会战”扶贫领域存在的短板；2018 年 7 月向庙坝镇小学捐赠价值 3.9 万元的计算机 10 台；2017 年为龙塘村小岩易地扶贫安置点捐赠床铺 63 套、床上用品 63 套，共计 6.3 万元。

捐建社区卫生室。2011 年 4 月向庙坝镇黄草社区捐建卫生室一所，占地面积 190 平方米，总投资 40.788 万元并配备基本医疗器械。

习总书记说：“新时代是奋斗者的时代。”下一步工作中，公司将继续响应党和政府号召，把帮扶作为履行社会责任、发扬传统美德的重要途径，为盐津县经济社会发展做出应有的贡献。

（作者时任盐津县委党校正高级讲师、副校长）

为决战决胜脱贫攻坚贡献巾帼力量

赵伟欣

2019年7月，我主动请缨来到豆沙石缸村担任第一书记，在这里，我用实际行动践行了共产党员的使命与担当。2020年5月，被授予全县疫情防控工作个人嘉奖。

脱贫攻坚进入攻坚拔寨冲刺期，各项工作越发不可懈怠。我到任驻村第一天，便换上牛仔裤、运动鞋，与队员们一头扎进村民堆里开始调研，无论风雨或凌晨，与村干部同吃、同住、同工作，上山下乡毫无怨言。特别是百日攻坚战以来，我带领队员与村干部团结一心，扎实推进动态管理、危房改、易地搬迁、饮水工程、农村劳动力培训转移、产业发展等工作。具有卡户235户1015人的石缸村通过各级评估检查，实现整村脱贫出列。

咬定目标　苦干实干锻造扶贫“铁娘子”

我们驻村工作队全部是女同志，被乡村两级称为驻村“娘子军”。我带领“娘子军”克服了天气差、时间紧、任务重等困难，每日入户80余户，10日内完成12个村民小组402户（全村70%）居民收入入户调查任务。百日攻坚战后，我带头先后两轮遍访全村16个村民小组580户2600人，聚焦人口、劳动力就业、教育、饮水等情况，全面摸清底数、梳理排查问题300余个，无论是大雨还是烈日，严格按照时间节点任务表，每天清晨开始上山入户遍访，晚上回村研判到凌晨，坚持数据动态研判，对问题滚动更新、逐个清零。在县级交叉检查中，我坚持与村干部们一直工作到凌晨3点，终于完成所有问题的举证。

真抓实干　用全力推动脱贫摘帽

为加快“造血式”脱贫，我借助单位平台优势搭建纽带推动产业发展。2019年促成上海东华大学等投资8万多元的石缸笋厂产品销售合作。积极谋划推动村集体企业发展，探索集体公司＋企业＋农户的合作发展模式，加快村集体公司与盐津石门关茶叶有限公司合作，完成2019年秋茶收购、生产工作，现在豆沙分公司已成功落地石缸村，还加快村集体公司笋厂改造建设、商标注册和包装销售等工作，促进集体企业增收。同时推动落实全县40万元商务扶贫资金以及10万元家政服务标准化试点培训，促进劳动力实现就业；推动落实专项转移支付20万元支持盐津县乡镇农集贸市场项目建设；推动落实盐津县国家电子商务进农村综合示范县中央资金支持。按照厅里指示，工作队正加紧对接推动冷链物流项目申报、云嫂培训以及电商扶贫项目等工作，积极为脱贫发展拓门路。

积极作为　精准发力脱贫见实效

我带领“娘子军”逐户清理卡户进退程序、致贫原因、帮扶措施，逐户梳理和汇总县、镇各行业的措施数据，从人口、教育、民政、饮水、住房、产业覆盖、金融扶贫等维度形成了本村235户贫困户的海量数据库。逐户研判，梳理排查确定脱贫监测户、边缘户，精准贫困对象的焦点问题，帮扶措施，补齐脱贫短板，提高脱贫成效。牵头开展精准人口识别，人口动态管理。为确保账账相符、账实相符，带领工作队反复研判、比对海量数据，争取实现数据闭环，录入修改国办系统数据上万笔/次。打开235户贫困户档案和国办系统平台数据，每一本贫困户档案里，家庭情况、致贫原因、脱贫措施、后续帮扶计划……为千差万别的“脉象”确定一目了然的“药方”，处处都彰显着扶贫工作的“精准”。

志智双扶　千方百计拔除穷根

激发内生动力，阻断贫困代际传递意义深远。我以支部规范化建设为突破口，亲自抓党建引领脱贫攻坚工作。带领工作队建制建档，规范开展党建系列活动，完成支部达标创建。先后组织学党史等主题党课，定期开展“云岭先锋”夜校学习，以“党员活动日”为载体，以“不忘初心，牢记使命”主题教育活动为抓手，以村级指挥部为阵地，开展主题教育读书班、党课、观影及支部共建等活动。同时组织本村党员干部到昆明参加茶叶产销技能培训，组织开展两期石缸茶叶种植采摘现场培训，提升干部群众增收致富能力，不断提升劳动技能，长见识、拓思路、学经验，夯实产业发展基础，提升干部群众增收致富能力。2019年10月，带领工作队成立云南商务助学基金，依托石缸小学建立管理机制，以有限的驻村工作经费为基础，争取县级扶贫工作经费支持，建立并颁发了云南商务助学基金，首期奖学金助力50余名学生。奖学金的设立颁发帮助寒门学子圆梦，激发了更多学生学习的热情，燃起贫困学生希望之光。

用心用情　为贫困群众排忧解难

我带领“娘子军”千方百计解决村民实际困难，2019 年支持建设了河坝卫生医疗点，解决炒米村民小组 20 余户农户的饮水问题，购置太阳能路灯，为石缸小学学生、汇同溪安置点 144 户居民和 16 个村民小组解决道路亮化实际困难，帮助困难群众申请民政救助、推荐工作岗位，并提振卡户脱贫的信心，与村干部共同研究脱贫攻坚成果巩固提升。在石缸村村民心目中，“娘子军”已成为他们的亲人和朋友。

（作者时任云南省商务厅派驻豆沙镇石缸村第一书记）

老骥伏枥矢志帮扶　青年壮志砥砺前行

杨安安

2018 年 8 月 7 日上午 9 时许，暴雨倾盆，县税务局驻庙坝镇大坝村、黄草社区的 3 名扶贫队员，在开展扶贫工作的途中，不幸发生交通意外事故，3 名队员身受重伤。曾勇、欧勇、张金玲分别于 8 月 29 日、9 月 3 日、9 月 27 日办理出院手续，离院疗养，情况正常。其中伤情最为严重的是张金玲，50 天时间都在和死神展开拉锯战。

不服老的“曾书记”

3 名受伤队员中，最大的是 55 岁的曾勇。2015 年 10 月受局党组的委派到大坝村担任驻村扶贫工作队队员，2017 年 10 月因工作需要，他担任第一书记。他努力克服年龄偏大、计算机不熟、病痛缠身等诸多困难，帮建基层组织，带头落实“五项制度”，定期开展主题党日、党员服务日等活动，发展壮大村级集体经济、谋划脱贫思路、推动扶贫政策落实、严格执行队员管理规定、协调整合各方资源，增强基层组织战斗力，促进党建扶贫双推进。

说起曾书记，村干部们都竖起大拇指说：老同志不老！当初不懂计算机的他，私下里下了不少功夫，从用手指头一个字母一个字母戳，再到现在的流畅打字和熟练运用，让很多同志都由衷佩服。他这种不服老的劲头给了驻村工作队队员、村干部莫大的精神鼓舞。

大坝村多数村组还是晴通雨阻的泥土路。在精准识别摸底调查工作中，为了不受气候限制、交通约束，更为了加快工作进度，第一时间掌握精准人口信息，他自掏腰包买了一辆摩托车作为代步工具进村入户。从开始在崎岖山路上骑得踉踉跄跄，到一年后练到了炉火纯青的地步。我们无法估量他曾摔过多少跤、骑过多长路、留下多少伤疤。有次曾书记患严重感冒、牙龈发炎、吃饭困难，村上的干部群众都劝他赶紧去看看，但他没有因此请过一天假，落下一项任务，草草地买了一些消炎药服用后，毅然坚守在工作岗位上。带头入户走访、摸清村情实际、收集社情民意，对全村贫困户情况如数家珍一口清，准确掌握着群众所求所需。

大坝村田坝安置点因拆迁修建，导致群众基础比较薄弱。曾书记为了化解群众的误会和不满，多次带着工作队队员、干部，到村民家中召开院坝会、板凳会，不厌其烦讲解政策措施，耐心细致倾听群众心声，千方百计解决困难问题。村民的疑虑打消了、群众的观念改变了、干群的关系紧密了，形成了干部带头加油干、群众齐心动力足的良好局面。曾书记常常跟队员们说："盐津脱贫摘帽已经到了冲刺和攻坚拔寨的关键期，群众都把希望放在了我们身上，我们一定要对得起群众这份信任，尽最大努力与他们一起攻坚克难，不让一名群众在我们这里掉队。"

交通意外发生后，曾书记醒来的第一句话是："我的计算机还在车里，你们赶紧去找回，里面有很重要的扶贫资料，千万不能遗失。"在场的每个人都无不为之动容、感动落泪。

闲不住的"当兵汉"

欧勇是2014年的转业安置军人，2017年10月派到大坝村任工作队队员，2018年3月转派到黄草社区。驻村工作期间，认真履行职能职责，勤奋好学，用心用情开展帮扶。

他总是闲不住，哪里都有他的身影。刚到村上，恰逢社区为了给农户创建更好的文明生活环境，正在自建文化舞台，他全程主动参与，带头铲沙子、拌水泥、铺地面。别人背一包水泥、他背两包，别人搬 10 块砖头，他要多搬一半。双手结了老茧、磨出血泡，从没有叫过一声苦、喊过一声累。

欧勇与社区班子成员一起带领群众发展产业栽种辣椒，顶着烈日栽苗、打药、拔草，没有落下任何一个环节。下乡走访时，遇到贫困户下山卖鸡蛋，他主动上前询问购买，拿回村上却经常是打坏了一大半。大家都笑他：专做亏本买卖。他笑着说："哪里亏了，其实赚大了。"群众都明白他的良苦用心，不经意间欧勇与群众的关系更加密切了，只要他入户遍访，附近的小孩都会上前来围着他转，听他讲当兵的故事，亲切地称他"兵哥哥"。

藿麻村民小组贫困户宋祖群因病去世，社区"两委"准备了两袋大米前去慰问。但宋祖群家住在距离村主干道 6 公里外的山区，欧勇得知后主动开车和社区班子成员一同前往。由于路况不好，半路车子就坏了，他二话不说爬进车肚子下进行维修，全身沾满了泥土。他说："群众家中有事，两袋大米对他们来说也许解决不了什么实际困难，但是只要我们村上的干部去了，群众就找到了主心骨，找到了党组织，心里就有了依托和温暖。"村民有时打趣他："欧同志，哪里都能看见你，你真是闲不住。"他却乐呵呵地说："咱当兵的人就是一块砖，群众哪里需要就往哪里搬。"

外地来的"自家人"

其时刚满 26 岁的张金玲，是 2016 年 10 月考入局里的四川绵阳小伙子，是家里的独生子。2017 年 7 月作为优秀年轻干部派驻到大坝村担任扶贫工作队队员，大家叫他小张。

村干部眼中的小张踏实肯干，有着很强的业务能力和责任心，对自己负责的工作总是加班加点按时按质完成，从不推脱抱怨，饿了一碗泡面，渴了一杯凉水，困了用凉水洗把脸，一直坚守在扶贫工作中默默奉献。

群众口中的小张诚恳实在，虽然平时不善言辞，但与群众打起交道来也是毫不含糊。但凡群众有事找到他，他都尽心尽力帮助解决。作为农村出身的孩子，他深知贫困群众的生产生活不易，驻村的首要目标就是想群众之所想、急群众之所急、忧群众之所忧，竭尽全力帮助他们走出贫困窘境，踏上幸福小康之道。他所帮扶的田中村民小组贫困户邓大奎，房屋需要实施农危改进行修缮。由于该户全户外出，小张担心群众错过优惠政策，便想方设法通过亲朋好友进行联系，动员邓大奎回家建房。邓大奎到家后遇上汛期，要赶在 7 月前修缮完工，运材料、找施工队等都存在困难，一筹莫展之际，小张看出了他的担忧，鼓励说："没事，有我在，我们一起干！"便立即组织村民搭手帮忙，联系建材运输车辆和施工队，亲自搬砖刷墙忙前忙后。1 个多月时间，邓大奎家危房变新房。邓大奎很是感恩："我现在的房子修好了，多亏了小张尽心尽力帮助。他虽然是个外地人，却把我们的事当成自己的事来做，他就是我们的自家人。"

事故发生后，历时 50 天，张金玲才从昆明医科大学第一附属医院出院。50 多个日夜的坚守，换来浴火重生的回归！

在坚决打赢脱贫攻坚战的道路上，没有比脚更长的路，没有比人更高的山。正是有着像曾书记、欧勇、张金玲他们这些"流血流汗不流泪、掉皮掉肉不掉队"的千千万万扶贫工作队队员，用他们的实际行动践行着党和政府对人民群众的庄严承诺，用汗水和鲜血彰显着决胜脱贫攻坚的坚定信心。

（作者系云南省税务局工作人员）

第五编　全面脱贫

脱贫攻坚没有捷径可走

——盐津县脱贫攻坚工作纪实

杨仕翰

盐津县位于云南省东北部，面积2091.5平方公里，辖6镇4乡97个村（社区），总人口39.8万人，山地面积占总面积的99.97%，是乌蒙山集中连片特殊困难地区扶贫开发县之一，原计划于2018年脱贫摘帽。在2018年国家调整易地扶贫搬迁计划中，本着对历史负责，对人民负责的态度，积极争取新增3809户17252人易地扶贫搬迁计划。但由于新建的3个易迁安置点规模体量大、施工困难多，难以在考核评估前建成搬迁入住，如强行申请退出，这部分群众住房安全将得不到保障，达不到退出标准。鉴于此，盐津县不回避矛盾、不遮掩问题，实事求是向省、市申请推迟一年脱贫摘帽。为此，全县各级干部背负了巨大的思想压力和心理包袱，部分干部甚至攻坚激情减退、厌战情绪产生。

面对这些问题，盐津县以“不忘初心，牢记使命”主题教育为契机，以脱贫攻坚成效考核反馈问题整改为抓手，在沉心静气加快3个新增易迁安置点建设，千方百计调动干部积极性的同时，认真践行市委“133”工作思路，实践干部“一竿子插到底”、问题“一篓子带出来”、工作“一揽子向前推”的“三个一”工作法，全力克服洪涝、泥石流等自然灾害和新冠肺炎疫情影响，坚决打赢打好脱贫摘帽攻坚战。先后接受国家脱贫成效考核、东西部扶贫协作考核、财政扶贫资金绩效评估，脱贫成效得到充分肯定，兑现了向党中央和全县人民的“军令状”。2020年4月顺利通过脱贫退出第三方评估，5月16日，省人民政府正式批准盐津县退出贫困序列。通过五年攻坚，全县累计稳定脱贫24279户110588人，现行标准下的建档立卡人口全清零，86个贫困村（社区）全部出列，贫困发生率由2014年的34.5%下降至零。

一、实践“三个一”工作法，把干部沉下去，让士气提起来

一是指挥部建立在村。选派36名处级干部驻乡抵村，担任10个乡镇扶贫开发领导小组组长或副组长并加盯重点村；坚持村级指挥长负责制，所有部门一把手全部驻村抵户担任村级指挥长；抽调县直部门60%的精锐力量驻村全面增强村级指挥部力量，全覆盖开展农户遍访，沉到一线、发现问题、解决问题。二是干部培养在村。树牢在村一级培养锤炼干部的用人导向，增强干部做好农村和群众工作的技巧以及驾驭处理复杂局面、疑难问题的能力。五年来，共提拔干部386人，其中脱贫攻坚一线271人，占比70%；平级交流424人，其中脱贫攻坚一线304人，占比72%。三是待遇保障到村。以“一肩挑”为重点调整优化村级班子，全面落实村干部“基本报酬＋绩效补贴＋发展产业获利＋村集体经济创收奖励”四位一体薪酬制度，提高村干部待遇。

二、实践“三个一”工作法，把问题找出来，让短板补起来

一是安全住房。1. 易地扶贫搬迁，紧盯组织难、搬“心”难、帮扶难“三难”问题，结合全县产业发展规划，利用退耕还林还草、复垦复绿等政策，采取全覆盖种植方竹、间种槐树或种植牧草养畜等方式，全面盘清盘活迁出区 19.01 万亩“三块地”资源（其中林地 9.8 万亩，承包地 9.13 万亩，宅基地 846.73 亩）；落实“党总支 + 片区长 + 楼栋长 + 党员 + 住户”的五级网格化服务体系，仅用 2 个月就有序搬迁 1 万余人。2. 农村危房改造，认真落实“以房找人、以户找房，危房不住人、住人不危房”的要求，累计实施农村危房改造 17494 户，其中四类重点对象 14103 户、非四类重点对象 3391 户，农村危房全面清零。

二是饮水安全。建成集中式供水工程 711 处，18.97 万人饮水安全得到巩固提升；全面开展水质检验检测，贫困村、贫困户水质检测已实现村村全覆盖、户户有认定，饮水安全保障已实现全覆盖；积极探索建立农村节约用水、长效管护体制机制，完成水表安装 51170 户，落实水管员 1538 人，组建管理小组 1389 个。

三是教育扶贫。持续巩固义务教育基本均衡成果，按照“两查四对”要求，采取摸清家底、依法处置、规范责任、动态管理“四步走”模式，落实干部挂钩、教师包保工作机制，贫困家庭义务教育阶段适龄儿童少年无失学辍学。

四是健康扶贫。对标对表、不折不扣落实上级政策，依托村卫生室医生，逐户综合分析研判农户患大病情况，做好因病致贫返贫风险人群动态管理，严防因病导致的漏评和错退风险。

五是收入达标。建立落实劳动力报备制度，全方位、多层次推动劳动力转移就业。全县农村劳动力 19.69 万人，转移就业 16.67 万人，其中县外

11.39 万人、县内 5.28 万人（公益性岗位 5225 人），就业率 84.66%。贫困劳动力 6.5 万人，转移就业 5.38 万人，其中县外 3.62 万人、县内 1.76 万人（公益性岗位 3743 人），就业率 82.77%。易地搬迁劳动力 1.81 万人，转移就业 1.65 万人，其中县外 0.99 万人、县内 0.66 万人（公益性岗位 1033 人），就业率 91.16%。特别是新冠肺炎疫情防控期间，在抓疫情防控的同时，及时成立工作专班，提前摸底、提前准备、提前对接、提前组织，累计转移输出返乡劳动力 8.12 万人，其中“点对点、一站式”输出 69 批次 9967 人，其中包机 3 批次 156 人，专列 11 批次 5404 人，专车 55 批次 4407 人。同时，强化对外出返乡劳动力的摸排和随访，及时提供就业咨询和推荐就业岗位，动员其继续外出务工或参与产业发展，确保持续稳定增收。

三、实践“三个一”工作法，把产业强起来，让群众富起来

牢固树立“一步登顶”意识，布局乌鸡、肉牛、竹“三大富民产业”，积极引导群众利用小额信贷、“养牛贷”“养牛险”和“养鸡贷”“养鸡险”等金融产品参与产业发展。动员全县符合贷款条件的贫困户、重点监测户、边缘户全部参与到“三大富民产业”，力争通过三年的努力，县财政每年每个产业投入 7000 万元以上，撬动 2 亿元金融资金，引进社会资金 3 亿元，最大限度降低群众养殖成本和风险。努力实现产业发展对所有农村人口利益联结的全覆盖，共享产业发展红利。

一是育好黑凤凰。坚持“抓两头、促中间”，紧盯品种选育、养殖屠宰、加工销售“三个环节”，采取“党支部 + 协会 + 合作社 + 农户”利益联结模式，促进中间群众养殖环节快速壮大，全县乌骨鸡存栏量由 2019 年末的 116 万羽增加到 220 万羽，引进东方希望集团进驻开展战略合作，预

计通过3—5年的努力实现年出栏4000万羽乌骨鸡。

二是养好致富牛。坚持区域协同发展，打破乡界、村界限制，在草山相对集中，连片达1000亩以上的地区，规划集中养殖片区，建立肉牛养殖代养点，建成规模以上养牛场188个，完成种植牧草2.8万亩，肉牛存栏量由2019年末的0.89万头增加到2.57万头。

三是种好摇钱竹。按照新植一批、改造一批、更换一批、选种一批“四个一批”要求，全面完善竹产业规划，提高林木产业附加值，同步间种刺槐，延伸发展蜂蜜、旅游等上下游产业，努力实现“半县槐花满县香”。已完成新植竹20万亩、槐树种植58.86万株、低效林改造21.5万亩，竹林面积67万亩。

同时，依托资源优势，统筹谋划了煤、硅、气以及玄武岩、石灰石等富县产业，全县形成了“6+N”产业布局，预计“十四五”末，实现“GDP翻两番，达到100亿元以上；财政收入翻四倍，达7亿元；农村人均可支配收入翻一番”的目标。

四、实践“三个一”工作法，把党建强起来，让成效提起来

一是持续转变工作作风。坚持“月总结”会议和处级干部带头下沉一线办公“两项制度”，成立了巡察、审计、督查“三个百人”人才库，通过专项检查、突击检查、暗访检查、联合检查等多种方式，督促各级各部门层层落实责任，实行“红、黄、黑”榜排名奖惩制度，抓早抓小、防微杜渐，持续转变干部作风。二是做实“4+2”农村网格治理。坚持以“爱心超市”为基础，采取积分制模式，抓住广播应急体系建设契机，做实学生、劳动力、留守妇女和老人、党小组“四个网格化”以及村务全透明公开、

意识形态工作全覆盖“两个实现平台”的“4+2”农村社会治理体系，通过财务公开和政策宣传发动，用心用情用力、做深做实做细群众工作，赢得了群众的思想认同、工作认同、情感认同“三个认同”。

——启示一：脱贫攻坚核心是坚持实事求是。脱贫攻坚没有任何捷径可走，不是轻轻松松冲一冲就能解决的，更没有“速成”的捷径，关键要靠真抓实干、稳扎稳打。“三个一”工作法，在质量和速度不能兼得的情况下，更加地严把质量关，一步一个脚印，抓落实、强执行、出效果，有效地实现了高质量脱贫的目标。

——启示二：脱贫攻坚关键是坚持问题导向。坚持以发现问题的真实性和解决问题的时效性作为考核标准，是实现脱贫摘帽的“不二法门”。“三个一”工作法，把“两不愁、三保障”等影响贫困退出的突出问题及群众最盼、最急、最忧、最怨的诉求，精准地、全部地暴露出来，按照工作的轻重缓急，统筹调度工作力量，全面清零脱贫隐患，为实现脱贫摘帽打下了决定性基础。

——启示三：脱贫攻坚要义是实现三个认同。脱贫过程必须扎实，脱贫结果必须真实，脱贫成效才能真正获得群众认可、禁得起实践和历史检验。“三个一”工作法，坚持以脱贫攻坚统揽经济社会发展全局，统筹推进软弱涣散党组织整顿、疫情防控、信访维稳、扫黑除恶、地质灾害防治等农村社会治理体系建设，激发群众内生动力，赢得了群众的思想认同、工作认同、情感认同。

（作者时任中共盐津县委书记）

以“就业+产业+政策保障”托起群众致富梦

——盐津县多措并举稳定群众增收

吕　军

为全面提升全县群众收入水平，稳固脱贫成效，有效接续乡村振兴，盐津县多措并举，精准发力，狠抓群众收入，彻底拔掉物质穷根，坚持把稳定群众增收作为巩固脱贫成果的重中之重，产业、就业、兜底多管齐下，增效、增收、提质多轮驱动，持续健全群众“造血”机制，努力实现群众持续长效稳定增收。

抓实就业扶贫，提升“造血”活力

就业是民生之本，坚持把就业作为稳定群众收入的关键，以培训和就业相结合，开展多形式、多领域、深层次的劳务输出。

持续强化技能培训。积极利用东西部扶贫协作等优势政策，有效整合各类资金，广泛开展电工、焊工、挖掘机、叉车、竹编、制衣等各类技能培训，提升劳务素质和水平，促进群众稳定就业。2019年至今，全县累计开展劳动力就业培训2万余人次，其中东西部扶贫协作培训9000余人次。

搭建就业服务平台。成立就业创业服务站111个，驻外劳务输出服务站 3 个，挂牌成立石岐区驻盐津劳务转移工作站和盐津县驻石岐区劳务工作站，定期不定期发布岗位需求信息，有效畅通群众信息输入渠道；今年以来，举办“千场招聘进千村”招聘活动 43 场次，累计组织 3.4 万人参加招聘，达成就业意向和成功匹配岗位 7527 人。

落实政策鼓励外出就业。通过建立落实差别化稳岗补贴、交通补贴等政策，2019 年以来共发放稳岗补贴 495 万元，有效提升群众外出就业意愿。新冠肺炎疫情防控期间，县委、县政府在抓疫情防控的同时，及时成立工作专班，提前摸底、提前准备、提前对接、提前组织，累计转移输出返乡劳动力 8.12 万人，其中“点对点、一站式”输出 69 批次 9967 人（专机 3 批次 156 人，专列 11 批次 5404 人，专车 55 批次 280 辆次 4407 人），其中建档立卡户 3189 人。

推动劳动力就近就业。成立了素果（盐津）食品科技、鑫蕾服饰、仁德医疗器械、粤滇竹文化等扶贫车间 13 个，吸纳劳动力就业 400 余人，有效促进易迁群众就近就业；2019 年以来共开辟护路员、护林员等各类公益岗位 3800 余个，安置建档立卡贫困户 3398 人，城镇新增就业 3077 人。

抓强“富民”产业，筑牢“造血”根基

坚持以种养殖业结构性战略调整为抓手，强化项目覆盖和示范带动，全力推进乌骨鸡、肉牛、竹“三大富民产业”发展，形成以新型农业经营主体带动群众增收致富的利益联结机制。

做强乌鸡产业。坚持“抓两头、促中间”，引进培育滇凤、绿源等龙头企业，紧盯品种选育、养殖屠宰、加工销售“三个环节”，采取“党支部 + 协会 + 合作社 + 农户”利益联结模式，按照 1 个示范场带动 5 个代养点 30 户以上农户养鸡的标准，形成鸡苗、饲料、养殖技术和销售“四个统一”，

鼓励群众广泛参与乌鸡养殖，促进中间群众养殖环节快速壮大，确保群众增收。目前已建成示范场鸡舍 111 个、代养点鸡舍 194 个。

做强肉牛产业。采取“职业经理人 + 集体经济 + 贫困户”的养殖模式和“鼓励千家万户齐参与壮大基础母牛群、能人大户强带动集中育肥商品牛”的肉牛产业发展道路，动员群众通过土地、草山、资金等方式入股示范场养殖和经营，有效扩大群众覆盖面。政府全额投资建设 12 个示范场，目前已完成进度的 80%；群众自建牛场已动工 223 个，完工 28 个。对于大户自建养殖场，政府对其基础设施建设给予 30% 补助，推行“大户 + 贫困户”模式，由大户带动其他贫困户抱团发展、共同致富；对于散户养殖，组建专业合作社，将分散养殖的群众组织起来，提高组织化程度，完善利益联结机制，推动肉牛产业全面发展。目前，已确定肉牛养殖经营主体 285 个，种植牧草 2.7 万余亩。

做强竹产业。持续全面完善竹产业规划，提高林木产业附加值，同步间种刺槐，延伸发展蜂蜜、饲料、旅游等上下游产业。完成新植竹 20 万亩、低效林改造 21.5 万亩、槐树种植 58.86 万株，持续扩大竹产面积、不断提升竹产业产量、有效促进竹产业融合发展；建成 1.5 米宽的笋山营林生产管护道 120.38 公里，有效改善了竹笋营林生产管护条件和降低采笋及运输成本，不断提升群众采摘竹笋的积极性，有效提升群众收入。

抓牢政策保障，增加“造血”源头

持续强化政策覆盖，坚持村集体经济带动与个人创收相结合，不断加大保障力度和范围，巩固群众收入和拓宽收入渠道。

壮大村级集体经济。各村因地制宜，以特色农业产业为抓手，促进村级集体经济全面发展，并持续强化利益联结，积极鼓励群众参与，带动贫困群众增收。2019年，全县94个村（社区）集体组织全部实现创收，村均收入5.68万元，其中43个村（社区）超过5万元。

强化扶贫小额信贷。制定出台《盐津县扶贫小额信贷及贴息工作实施方案》等一系列管理机制，科学、有序、高效推进扶贫小额信贷工作；利用扶贫干部走访入户等契机广泛宣传信贷政策，鼓励群众，特别是贫困户积极参与信贷，促进群众创业增收。五年来，全县累计注入扶贫小额信贷风险补偿金4284万元，放贷3.64亿元，贴息资金3097.21万元，覆盖建档立卡贫困户7591户。

（作者系盐津县人社局办公室工作人员）

易地扶贫搬迁三步曲　开启贫困创业新模式

——水田新区易迁安置点脱贫巩固提升工作纪实

吕　军

水田新区易地扶贫搬迁安置点是盐津县搬迁人口最多、建设工程最大的安置点，共安置易迁群众 3068 户 14136 人。盐津县在确保水田新区易地搬迁群众充分就业的基础上，积极搭建平台，主动优化服务，探索出一条引导有创业意愿且有创业能力的搬迁群众大胆创业致富的新路子，实现易地搬迁工作“搬得出、稳得住、能致富、群众较满意”目标。

围绕“搬得出”，精准创业意愿

在易地扶贫搬迁“五清”工作中，就对有创业意愿、有创业能力的易迁群众积极开展摸排，并积极宣传创业优惠政策和在水田新区易迁安置点创业的市场潜力，大力宣传创业前景，引导搬迁群众大胆创业。摸排意愿。在开展易迁政策宣传之初，就一一对易迁群众中有劳动能力和创业意愿的人员进行登记，全面掌握职业技能、创业意向等信息，建立有创业意愿的易迁群众台账，为开展易迁群众创业扶持分析研判提供数据支持，为小区业态布局做铺垫。营造氛围。借助各种平台，营造自主创业氛围，以“不忘初心，牢记使命”主题教育实践活动为载体，搭建自强、诚信、感恩大舞台，通过活动宣讲进行政策宣传，积极营造自主创业氛围，以不等不靠、昂扬向上、自强创业的脱贫故事激励搬迁群众。强化宣传。为确保各项就业创业政策落到实处，将就业创业各项政策编制成册，乡镇、村、驻村工作队队员上门服务，把就业创业政策送到搬迁群众手中，做到就业创业政策宣传全覆盖。

围绕“能发展”，搭建创业平台

在水田新区的农贸市场摊位、商铺出租中，优先满足建档立卡贫困群众，并在租金方面给予充分的优惠政策，切实精准落实就业扶贫帮扶措施，引导搬迁群众创业脱贫。打造创业“一条街”。在易迁点规划建设“乡愁”一条街、饮食一条街两个创业基地，提供创业铺面，通过公开摇号、公开抽签的方式优先租赁给有意愿、有能力创业的搬迁群众。建档立卡贫困户彭宗伦一家原在昆明、红河打零工，居无定所，搬迁后，不仅住上了新房，还租了铺面，每月收入2000多元。优先提供摊位。在农贸市场提供免费摊位，优先满足有创业条件和创业意愿的搬迁群众，禁止私下转租，确保免费摊位真正优先满足搬迁群众，真正让利贫困群众。提供创业扶持。针对创业人员创业初期遇到的资金缺乏、环境适应等问题，积极宣传小额信贷、贷免扶补等政策，对符合条件的创业搬迁群众给予创业贷款扶持，贷款期限为3年，财政全额补贴利息。

围绕“稳得住”，推出创业实招

一人就业可确保增收稳固脱贫，盐津围绕搬迁群众“稳得住”，积极引导搬迁群众从“输血”向“造血”蜕变。强化培训指导。对缺少技术、技能偏低又有创业培训需求的搬迁群众，采取长短班相结合等多种培训形式，组织优质培训师到易迁安置点，有针对性地开展创业培训、指导，帮助其熟悉创业政策，提升创业群众综合素质和创业成功率。水田新区易迁安置点共开展引导性培训 3 期，培训 1400 人次。强化外引内培。一方面，充分引导在家有创业意愿且有创业能力的搬迁群众积极创业；另一方面，对在外务工且有创业意愿的易迁群众做好宣传动员，鼓励其回乡创业，把在外创业理念带回家乡。搬迁户唐美朋搬迁前在外做美发学徒，搬迁后，利用一技之长，在安置点开了一家美发店，每月除去成本，收入 2000 余元，实现了搬出大山、创业致富的目标。强化能人带动。为帮助部分有创业意愿但又不愿做“第一个吃螃蟹人”的搬迁群众创业，盐津积极寻找搬迁创业能人，利用各类媒体广泛宣传创业能人的创业故事，用身边事引领身边人，充分发挥创业能人的示范带头作用，进一步增强带动效应。通过引导搬迁群众大胆创业，目前安置点已有 82 名搬迁群众成功创业，每月商铺经营可实现收益 3000—6000 元，实现稳定创业稳定增收。

（作者系盐津县人社局办公室工作人员）

党建引领幸福来　“凤凰”腾飞正当时

刘　俊

兴隆之地，凤凰腾飞。凤凰村地处兴隆乡北部，距乡政府所在地10公里，距县城所在地58公里。鸟瞰凤凰村，数座山峰连绵起伏自北向南延伸，犹如一只凤凰正伏卧起飞，两山夹道处，农户倚着“凤凰身”在山间分散建房而居。凤凰村辖7个片区38个村民小组，户籍人口2087户8023人，常住人口1653户7824人，建档立卡贫困户330户1547人。截至2019年末，已脱贫310户1481人，未脱贫20户66人，综合贫困发生率0.8%。

自脱贫攻坚工作开展以来，凤凰村认真践行“133”工作思路，始终把脱贫攻坚作为头等大事来抓，举全村之力、集全村之智，紧扣“两不愁、三保障”脱贫标准，认真审视本村基础薄弱、产业单弱、经济贫弱等现状，转变思路、创新发展，以“生态产业”为引领，以“绿色发展”为底色，确立“强基础、强产业、强党建、强生态”的“四强”发展总路径。通过几年的努力，初步实现了“户脱贫、业兴旺、村美丽、人精神”的目标。

坚持党建引领，聚合发展动能

习近平总书记指出，党的工作最坚实的力量支撑在基层。2016 年换届以来，凤凰村新一届村“两委”班子积极发挥引领作用，立志不等不靠，紧紧围绕“抓党建促脱贫攻坚”这条主线，一手抓脱贫攻坚，一手抓党组织建设。大力推行“1353”党建工作机制，即“抓住一条主线、带好三支队伍、聚焦五个基本、实现三大目标”，全面增强村党总支的战斗力、号召力、凝聚力、向心力。落实“四议两公开”进行民主议事和村务公开，积极开展党支部规范化建设。每半年至少召开 1 次群众评议会，按照包片逐人逐户了解、核实脱贫短板，了解产业发展方面的困难、需求和意见，制订了产业发展规划，明确了脱贫方向。探索施行班子成员产业带富工程，以支部带领党员发展集体经济，以党员带领群众发展致富项目。通过开展“头雁领航工程”，激发村干部干事创业的激情和活力，以组织振兴带动乡村全面振兴。2020 年，凤凰村创办支书带富项目工程 2 个、村干部带富项目 5 个、党员带富项目 4 个，带富群众 3200 余人。

夯实脱贫基础，改善村容村貌

对照脱贫标准，凤凰村最大的短板是“房和水”；按照产业发展需求，凤凰村最大的弱项是“路和地”；遵照群众意愿，凤凰村最大的渴盼是“绿和美”。凤凰村坚持问题导向，“缺什么上什么、少什么补什么”，逐户逐项补齐基础短板。按照“危房不住人、住人无危房”要求，自 2017 年以来全村共进行农危改 174 户，其中农危改拆除重建 132 户、修缮加固 42 户。建设饮水安全工程 119 处，其中管引工程 48 件、水窖工程 71 件，发放安装水管 21.35 公里，38 个村民组 1653 户 7824 人受益，实现全村安全饮水全覆盖。2019 年实施农村水费制度管理情况：累计新安装水表 408 个，组建用水管理小组 38 个，落实管水人员 65 人。以组组通硬化路为目标，新建村组公路 40 余公里。实施高标准农田改造工程 2 个。坚持“绿水青山就是金山银山”的理念，累计实施退耕还林还草 4570 亩，管好护绿国家公益林 5475 亩、省级公益林 192 亩。

发展生态经济，构建产业体系

凤凰村始终把产业发展作为全村脱贫致富的核心支撑，秉持“生态产业化、产业生态化”理念，坚持“当期脱贫、长远致富”思路，不断探索稳定脱贫、持续增收、长效发展的脱贫奔小康之路。按照“党建是动力，队伍是关键，壮大牛产业，扩展两车间，提质三棵树，全民变电商”的工作思路，大力发展绿色经济。目前凤凰村有茶园 9500 亩、蚕桑 2300 亩、花卉苗木 1000 亩、优质稻米 8000 亩，有专业合作社 8 个、蚕桑养殖大户 2 家、生猪养殖大户 6 家，有肉牛养殖大户 10 家，存栏肉牛 223 头，2020 年种植牧草 360 余亩，在建肉牛代养场 4 个。投入运营扶贫车间 2 个（茶叶加工厂、蚕桑养殖车间），带动卡户 206 户（茶叶 146 户、蚕桑 60 户）。通过大力发展产业，让老百姓稳定增收脱贫，如新房子村民小组的何星斌在党支部和帮扶干部的共同帮助下，白手起家搞肉牛养殖，通过两年时间，存栏肉牛 48 头，年收入达 10 万元。

保障民生福祉，提升生活质量

按照“守住底线、突出重点、适度扩面、稳步提升”的思路，聚焦基础性、普惠性、兜底性民生项目，不折不扣把各项扶贫惠民政策落到实处，做到“三个全覆盖”。脱贫攻坚期间，投入资金780万元，对凤凰小学实施薄改计划，新建教学楼450平方米、学生宿舍330平方米、运动场所2290平方米、围墙382米，改造食堂215平方米。全村无义务教育阶段辍学学生，根据教育扶贫政策，全村享受雨露计划24人次、实施生源地助学贷款104人次，实现教育扶贫全覆盖。为330户贫困户代缴新农合和大病保险，45户农户参加大病保险，实现医疗保障全覆盖；新建4G移动基站1座，实现手机信号和移动上网全覆盖；2020年年初至今，已累计有组织性转移输出劳动力1871人，成立劳务专业合作社1个，有劳务经纪人3名，持续开展有组织的劳务输出。新建室外非标足球场1个，优化村级便民服务中心，管好用活5个村民小组活动场所。有标准化村卫生室1个，配备有资质的村医长期在村开展诊疗服务，并定期为贫困群众开展签约服务和免费体检。

同样一片土地，在贫穷落后的过往，我们看到的是穷山恶水；在“困鸟”化身“凤凰”实现飞跃发展的今天，我们看到的是一幅美丽画卷：道路通畅，百姓富裕，乡风文明，风景更美，社会效益与经济效益双丰收。放眼未来，“凤凰”将怀着前所未有的自信，在奔向小康的大道上御风腾飞。

（作者时任中共盐津县委组织部办公室主任）

龙茶山上茶香飘　群众采茶增收忙

黄成元

“一村一品”好产业，茶叶飘香促增收。龙茶村总面积 18.1 平方公里，全村辖 18 个村（居）民小组，有耕地 4680 亩、林地 13500 亩，茶叶种植面积 5500 余亩，覆盖 15 个村民小组，农户 568 户，其中建档立卡户 189 户。如今，龙茶村已形成了以茶叶为支撑的产业格局。

茶叶采收季节，牛寨乡龙茶村的茶园内，一排排错落有致的茶树似层层碧浪，铺满山野。茶农们或背着背篓，或手提、肩挎竹篮，穿梭于翠绿的茶园中，娴熟地将一颗颗饱满的嫩芽装满背篓、竹篮，脸上洋溢着丰收的喜悦，茶园内一派繁忙热闹的景象。

茶农陈光权说，他家现有 5 亩茶园，都已投产，一年约有 5 万元收入。

以前种庄稼，经济效益低，群众辛辛苦苦，一年到头只能勉强解决温饱问题。现在改种茶叶，收入大幅度提高了。建档立卡户陈大莲，看着身边的茶农种茶叶挣了不少钱，自己也加入其中，如今也尝到了茶叶增收的“甜头”，她家今年种了四五亩茶叶，收入 5 万余元。

龙茶村的茶叶产业不仅带动当地群众增收致富，还辐射带动了周边乡镇的群众。与龙茶村相邻的兴隆乡蒿芝村建档立卡户宋良英、罗高红夫妇看着龙茶村的茶产业发展得红红火火，于是在今年跟着种植了 8 亩茶叶，在管护好自家茶园的同时，趁着采茶季节到龙茶村的茶园里帮忙采摘茶叶，赚点“外快”，每天可挣二三百元。

群众要增收，龙头带动是关键。近年来，龙茶村与茶坊庄园农业开发有限责任公司携手并进，以“公司 + 基地 + 农户”的模式抱团发展。在政府的大力扶持下，茶坊庄园核心区于 2013 年启动建设，至今总投资已达 6400 万元。以“印象川滇，七彩庄园”为坐标定位，现有良种茶园 500 余亩，带动龙茶村农户种茶 5500 亩，茶叶品种主要有：黄金芽、安吉白茶、龙井 43、早白尖等。每到采茶季节，能提供就业岗位 100 余个。

茶坊庄园农业开发有限责任公司负责人胡金文说：“通过这几年的发展，已有很多人参与进来。茶坊庄园逐步发展壮大，农户的经济收入也逐步增加，以后我们还将通过这种模式，继续发展壮大，带动更多的人致富。”

龙茶村党总支书记王云付介绍，龙茶村产业发展围绕“一村一品”来规划，现在主要是以种植黄金芽为主，农户种植茶叶的收入多的有 10 余万元，少则 1 万余元。

（作者系盐津县融媒体中心记者）

水平村：一个贫困村庄的“破茧蝶变”

段荣财

“自从脱贫攻坚工作开展以来，我们村的支书、驻村工作队带领大家发展生产、搞建设，短短几年时间，我们水平村发生了翻天覆地的变化。”搬迁到柿子镇水平村蝴蝶谷易地扶贫搬迁安置点的余官贵自豪地说。

蝴蝶谷安置点，群山环抱，一条碧波荡漾、清澈见底的小溪从它旁边流过，一排排青瓦白墙的楼房新颖别致，文化广场、健身场所、商店、幼儿园等配套设施齐全。

搬迁之前，大多数群众居住在自然环境、发展条件差的高山上。为了让群众早日摆脱贫困，县委、县政府打造了水平村蝴蝶谷安置点。该安置点于2016年8月28日启动建设，2017年8月全面完工，9月底入住102户，他们分别来自水平村22个村民小组。

搬迁后，治理难、致富难等问题摆在了面前。要使群众安心住下来、稳定富起来，真正实现“搬得出、稳得住、能致富”，考验才刚刚开始。在困难面前，镇、村干部，挂包干部群策群力，逐步找到了解决办法。

以“九项制度”为抓手，让乡村环境更加美丽。一是坚持“以线促点、以点带面、以面连线”思路，以蝴蝶谷安置点为中心，充分发挥党员先锋模范作用，调动村民积极性，发动乡贤，多方筹资，广泛开展农村房前屋后卫生整治、清理卫生死角、清除杂草、路域环境整治等活动，共同推动农村人居环境提升，以党建引领方式建设村容整洁、环境优美、生态宜居的秀美乡村。二是围绕项目促发展，创新思维方式，因势利导、因地制宜，把精准扶贫、人居环境综合整治、乡村旅游资源开发与美丽乡村建设结合起来，把发展肉牛、鱼养殖和竹笋、猕猴桃种植与美丽乡村建设结合起来，完善村民公益性基础设施，大力提升村民幸福感。

以浓郁乡风文明为突破口，让乡村旅游活起来。依托水平村原生态山水特色优势，按照“蝴蝶谷，桃花源”主题定位，整合美丽乡村、乡村旅游的空间布局，发掘本村特色传统文化。发动农村党员干部向群众讲社会主义核心价值观，用身边的道德模范、好人事迹，引导群众弘扬敬老爱亲、勤俭节约的社会风气。充分利用节假日开展垂钓、品茶等休闲活动，发展乡村旅游，以助力美丽乡村建设为主题，让村民富起来。挖掘乡村旅游资源，建设美丽乡村，发展乡村旅游业，吸引回流乡村旅游消费。全力打造贫困村美丽乡村建设新亮点。“绿水青山造就村美民富，乡愁记忆编织美丽田园。”充分挖掘现有资源禀赋，坚持原貌整治，守护青山绿水，保留乡土味道，带动农村发展。围绕乡村振兴战略目标，大力发展乌骨鸡、肉牛养殖、冷流水养殖和竹笋、猕猴桃种植等本地特色产业，让群众增收致富有保障。现养殖乌鸡 1 万余只、肉牛 200 余头、冷水鱼 1 万余尾，发展竹笋 5000 余亩。

水平村以蝴蝶谷安置点建设为突破口，通过发展产业、开发旅游、推动务工就业等，使村庄基础设施建设逐步趋于完善，群众生活越来越好，为接续乡村振兴打下了坚实基础。

（作者时任柿子镇党委委员、武装部长）

博采百花之蜜　开创脱贫之路

——柿子镇中坪村张享元自强脱贫纪实

陈辉强

张享元，柿子镇中坪村人，家里一共 4 口人。妻子唐明会在彝良务工；儿子张齐林，已经成年，在家跟着父亲学养蜂；母亲赵泽英 63 岁，在家养老。在纳入贫困户之前，因为张齐林在读书，妻子需要在家里照顾老人和孩子，家里的收入全靠张享元一个人在外打零工赚取，生计基本能维持。

天有不测风云，2012 年张享元在昆明医院查出得了癌症，2013 年正月在昆明医科大学肿瘤医院做了手术，丧失了部分劳动力；儿子张齐林在 2013 年正月初一从二层高的楼顶摔下来造成大脑骨折，脾脏严重受损无法恢复，只能全部切除，也失去了部分劳动力。因家庭负担重、经济压力大，张享元家于 2013 年年底被纳入建档立卡户。2018 年，张享元的妻子唐明会被查出患脑肿瘤，也在医院做了手术。无论是在精神上还是经济上，这一连串的打击都足以让人喘不过气来。光是三人治病就花费了 20 多万元，这笔费用对一个靠种地为生、无任何稳定收入的农村家庭来说，无疑是雪上加霜，只能靠亲戚朋友借钱来渡过难关。张享元的母亲也是年迈多病，经常打针吃药。

像张享元这样的建档立卡户，他们的心理是很脆弱的。为此，政府在落实各项脱贫措施的时候，十分注重对贫困户进行心理疏导。第一步，先采取精神扶贫；第二步，认真讲解扶贫政策；第三步，通过深入调研，并召开贫困户座谈会，让贫困户自己分析致贫原因，寻找脱贫措施，制订脱贫计划，在充分尊重贫困户意愿的基础上，科学确立脱贫致富的路子。

驻村工作队、村干部根据张享元的实际情况和真实意愿，共同研究，最终决定引导其发展养蜂产业，帮助其脱贫致富。2018 年 6 月，经过中坪村驻村工作队多次做工作，张享元加入了养蜂行业，并拜驻村工作队队员、养蜂能手胡万波为师。张享元本人聪明好学，在胡万波的精心指导下，不久便学会了养蜂。从最初的 12 箱蜂开始，短短 1 个多月就繁殖蜜蜂 11 箱，并收获了 120 斤蜂蜜，获得了养蜂以来的第一笔收入 1 万多元。这笔钱虽然不多，但是让他们一家看到了希望，儿子张齐林看见父亲喜获丰收，也积极加入养蜂行业，跟着父亲学习养蜂，最重要的是养蜂这样的事业适合缺失部分劳动力的人去做。在全家人的共同努力下，2019 年卖蜂种 1710 脾，按照市场价每脾 140 元，收入 23 万余元；收获蜂蜜 1000 余斤、水花蜜 200 余斤，收入 10 万余元（水花蜜没有卖，留给蜜蜂过冬），2019 年养蜂收入 33 万余元。养蜂让全家人看到了希望，生活更有了盼头，赚了钱，信心更足了！

不管多苦，不管多累，张享元一家从没想过放弃，他们一家人总是乐呵呵的，如果不是亲耳听他诉说，根本想不到他会是癌症病人，而且他说起他们家情况总是娓娓道来，好像在讲别人的故事，没有半点忧伤和痛苦。事情过去了几年，而他们一家人依然坚守、依旧乐观面对一切，并没有因为纳入贫困户而产生依赖思想，总是积极乐观面对一切困难和挫折！

张享元，这个长相平凡、身患绝症的坚强男人，面对家中变故、面对病魔，从未退缩，他志向远大、乐观向上。他说："当贫困户不是件光荣的事情，现在政策这么好，总不能坐享其成等着别人给，别人给的始终没有自己劳动得来的踏实。"他还表示，现在他信心很足，将来他会不断扩大自己的养蜂产业。他还有一个心愿，那就是带领更多喜欢养蜂的农户，尤其是贫困户通过养蜂致富，做大做强中蜂养殖产业，还清家中所有债务。

唐明会，当初在医院做完手术刚一康复便急着出去挣钱，因为当时丈夫和儿子无法外出，家里又很需要钱。她外出打工帮人做饭，月薪不过2400元，虽然干活很累且工资不高，但她觉得通过自己勤劳的双手撑起家中半边天，再苦再累都乐意！

张齐林，刚满20岁。因为2013年的那次意外而严重受伤，所以父母不放心他一个人外出，只能把他留在身边，带着他学习养蜂，他勤奋好学，在2018年10月27日柿子镇举办的养蜂技术培训中，张齐林最为积极，一直跟着忙前忙后，两天的培训，他都坐第一排，而且上课全神贯注。通过一段时间的学习，他便投入到养蜂实践当中，通过不断的磨炼，他现在已能独自照顾蜜蜂了。问他为什么要学得这么认真努力，他说，自己必须学会生存、学会独立，不能一辈子依靠父母！

张享元非常感慨：是这么好的扶贫政策让他们一家看到了新希望，也确确实实得到了实惠。第一，让他们寻到了一条致富之路，生活有了盼头；第二，解决了他们家的住房困难——易地搬迁水田新区安置点；第三，经济上的压力得到减缓，因为每年的医疗保险由政府代缴了大部分、养老保险全部由政府代缴，就医、养老有保障。加上现在发展养蜂产业，家里又多了一笔收入。虽然他们全家的身体都不好，但仍然觉得生活很有盼头。

蜜蜂迎着朝霞出、披着余晖归，风雨无阻，既敬业又精业。张享元一家就像蜜蜂那样勤劳，在脱贫攻坚中奋力奔跑，2020年2月被评为全市“最美脱贫致富家庭”。

（作者系盐津县妇联办公室工作人员）

指尖绣出脱贫致富路

——兴隆乡大坪村苗族绣娘陶兰自强脱贫纪实

范怀娜

帆布包的一角，是苗绣双鱼图案，古朴里透出“年年有余”的吉祥；头饰、戒指、手镯，点缀着苗绣花纹，五彩斑斓……一年前，大坪村的姑娘们做出的苗绣只能放在家里或者赠送亲友，可是今天，她们绣出的绣品却变成了商品，通过网络平台销售到了全国各地。

雾气蒙蒙、溪水淙淙，记者一行在大坪村党总支副书记徐代正陪同下，来到了大坪村苗寨的一家小型超市里，远远地就能听见屋子里传来一阵爽朗的笑声。寻声走进去，只见一群身穿苗族服饰的年轻妇女端坐在整洁明亮的“绣房”内，穿针引线，灵活自如地绣着各式花样，边干活边谈笑，房间里陈列着各式各样的苗族衣服、鞋帽、挎包、鞋子，地上是一摞摞已经完工打包待发的成品。

人群中一位年轻的妇女显得格外与众不同，看她手中一根细细的绣花针上下翻飞，不一会儿一朵色彩鲜艳的花儿就绽放在了化纤布上。“她就是大坪苗族村刺绣传承人之一，也是这家超市的主人陶兰。”徐代正介绍道。

“不长树的山不算山，不会绣花的女子不算苗家女。”徐代正说，由于环境的熏陶，苗族女孩从四五岁开始就要学绣花了，到七八岁，她们的绣品就可以镶在衣裙上了，刺绣几乎是妇女们天天都要做的功课。

与其他地区大气、典雅的风格大相径庭，大坪村的苗族刺绣既是事关村民衣食住行的实用品，也是一双巧手绣出的艺术品，处处透露着古朴与精致。这些大山里长大的绣娘们，没有固定的传承，全凭各自对生活的感悟、对生命的热爱、对未知的想象，一针一线表达着自己的理解与情感。世间的万事万物只要稍稍变换，就会发生无穷变化、获得新的寓意，从剪纸到绣样都获得了新的生命。陶兰拿出一块做工精致的围腰，蝴蝶、花朵，一个个图案五光十色、绮丽多姿，“在苗家看来，服饰不仅能防寒保暖，还融入了我们对美好生活的向往。”

37 岁的陶兰是一名党员，也是第一批搬迁进入苗寨的群众。今年，她利用自己大坪党总支宣传委员和大坪村文艺队队长的身份，在村委会的帮助下，组织村内的妇女，为她们培训和讲述传统刺绣与现代十字绣相结合的民间刺绣技术，以及刺绣的产生、形成、演变、内容、含义、传说等，以便于大家更好地传承苗绣。同时，陶兰还在村委会的建议下购买了制作苗族服饰的机器，利用自己的传承手艺，在家中开起了苗族服饰店，她提供材料与技术给当地妇女制作服饰的配饰并进行回收，根据配饰的大小来支付劳务费。服饰制作完成后，通过网络平台和线下订单的方式进行销售，带领村民们共同致富。“过去自己绣一些拿到集市上卖，现在忙完家务就过来跟姐妹们聚拢，大家互相学习，东西都放到陶兰妹子处出售，一年下来收入增加了不少。”马廷美家庭负担重，但因为要照顾孩子而无法外出务工，自从制作苗族服饰有了销路以后，她实现了居家就业，家庭生活条件逐步得到改善，这让她对今后的生活越来越有信心。

对于苗绣今后的发展问题，陶兰希望把民族手艺文化带出大山，让更多绣娘不用再外出打工，靠这门熟悉的手艺可以生活得更好。现在每年村里都会组织妇女参加苗绣培训，参加培训的人数在逐年增多。随着大坪村苗绣产业的发展壮大，订单逐年增多，苗绣市场也在不断扩大，村子里的绣娘队伍逐渐壮大，大家的工作热情空前高涨，现在大家对苗绣产业充满信心，坚定地依靠辛勤劳动实现脱贫致富。

“背着娃，绣着花，养活自己养活家。”这就是如今流传在大坪村“巧媳妇”们口中的新苗歌，它寓意着幸福美满的大坪村新生活已经到来，大坪村人民群众的“脱贫梦”正在一步步实现。

（作者系昭通市生态环境局盐津分局工作人员）

大事记

2015年

9月30日，市人大主任张绍雄到盐津指导“向贫困宣战”工作，示范开展“挂包帮”“转走访”工作。

9月30日，副市长杨桂红到盐津指导扶贫攻坚工作，并前往滩头乡生基村开展“挂包帮”“转走访”工作。

9月30日上午，盐津县扶贫开发和“挂包帮”“转走访”工作暨农村危房改造抗震安居工程建设会议召开。

10月13日，市委副书记纳云德到盐津督查指导扶贫攻坚工作。

11月5日，市委书记范华平率市委副秘书长、市委办主任陈刚及有关部门负责人到盐津调研经济社会发展情况，与基层干部群众探寻、谋划扶贫脱贫、产业发展等工作。

11月10日，盐津县召开脱贫攻坚建档立卡“回头看”工作培训会，主要就贫困人口建档立卡系统数据的重新开放录入、脱贫户的退出、新增贫困户的补进等各项业务操作规范和流程进行指导培训。同时，还对全省扶贫信息化管理系统中的“挂包帮”“转走访”遍访问卷调查数据信息和扶贫项目相关信息的录入系统工作进行讲解与培训。

11 月 18 日，云南国际事务博览局局长刘琪琳一行四人到挂包村——石缸村开展遍访和调研工作，并就帮扶方向和帮扶计划进行了座谈。

12 月 11 日，省建行行长高升亮一行冒着严寒，来到挂钩扶贫村——落雁乡落雁村，向群众送上党和政府的温暖。

12 月 24 日，市直帮扶部门盐津组脱贫攻坚“挂包帮”“转走访”第三次联席会议在盐津召开，市人大常委会主任张绍雄出席会议并讲话，副市长杨桂红主持会议。

2016 年

1 月 11 日下午，县扶贫办组织收听收看全省建档立卡易地扶贫搬迁信息系统操作视频培训会，县扶贫办相关人员、各乡镇扶贫办业务骨干共计 30 人参会。

2 月 23 日，盐津县召开易地扶贫搬迁安置点建设推进会，听取情况汇报，梳理存在问题，部署下一步工作，要求各乡镇、各有关部门坚持“咬定青山不放松”的劲头，竭尽全力，全面推进易地扶贫安置点建设工作。

2 月 27 日，盐津县 2016 年易地扶贫搬迁实施方案和村级脱贫规划编制培训会议在县发改局举行，县直相关部门和 10 个乡镇的领导、专家等 40 余人参加了会议。

3 月 7—8 日，省政府党组成员、原副省长高树勋深入盐津调研乡村旅游及易地扶贫安置工作。

4 月 6 日，盐津县举行脱贫攻坚第一轮拉练。拉练采取“四看四晒”方式进行。一看扶贫开发信息管理情况，晒“用心”；二看“挂包帮”“转走访”工作开展情况，晒“用情”；三看重点项目推进情况，晒“用力”；四看易地扶贫搬迁推进情况，晒“用智”。

4月20日下午，昭通市委常委、组织部部长陈真永深入盐津县庙坝镇黄草社区视察农村电商工作开展情况。

4月21日，县人民政府组织召开脱贫攻坚劳务输出工作会，各乡镇乡镇长和有关成员单位领导共计30余人参会。

4月21日，全县扶贫开发领导小组第一次全体会议召开。会议要求全面精准发力打好脱贫攻坚组合拳，县委副书记、县长郑磊主持会议并代表县政府与10个乡镇签订了脱贫攻坚责任书（“军令状”）。

5月5日，市委书记范华平率市领导张绍雄、成联远、江先奎、沈文海、杨桂红、李春林及市直部门、各县（区）主要负责人到盐津县开展脱贫攻坚现场观摩点评活动。

5月6日，市委副书记、市长郭大进率队到盐津县水田新区、龙塘村易地扶贫搬迁安置点、黄草电商孵化基地进行脱贫攻坚现场观摩点评。

5月17日，盐津组织召开2016年农村劳动力转移培训工作会，安排部署今年培训工作，会议突出“六个精准”要求全力做好农村劳动力转移培训工作。

5月30日，全县建档立卡“回头看”工作推进会议召开。会议强调，务必在6月15日前完成“回头看”工作，确保建档立卡贫困户精准。

6月22日，省水利厅副厅长陈明一行到盐津县督导检查水利工作。

7月28日下午，县扶贫办开展脱贫攻坚档案管理工作培训，进一步规范脱贫攻坚档案管理工作，确保今后有据可查。

7月28日下午，盐津县落雁乡及第社区桦槁坪易地扶贫搬迁安置点举行开工仪式。

8月15日上午，云南省商务厅厅长和良辉前来黄草调研电商扶贫工作情况。

8月23日，省政府党组成员，原副省长高树勋到盐津县庙坝镇小寨村新加坡村民小组回访结对联系贫困苗族邓方元、邓方海两户人家，开展扶贫工作调研。

8月19日，盐津县召开扶贫开发领导小组第二次全体会议。县委书记李晓出席会议并作重要讲话，县委副书记、县长郑磊主持会议。

9月2日下午，广东省中山市副市长高瑞生率队到盐津县调研扶贫攻坚对口帮扶工作。

9月22—23日，盐津县举行脱贫攻坚第二轮现场观摩活动。

10月10日，昭通市委书记范华平率全市脱贫攻坚第二次现场观摩组（第一组），先后现场观摩盐津豆沙古镇的旅游深度开发重点工程项目建设、中和镇的盐津现代农业产业园区建设、普洱镇的灯草村易地扶贫搬迁安置点建设，实地了解盐津全县脱贫攻坚工作进展及经济社会发展情况，并点评指导。

10月20日下午，省扶贫办主任黄云波、革命老区处金灿和市扶贫办主任杨仕翰一行到盐津县检查指导工作。

2017年

3月30—31日，市委书记杨亚林到盐津深入调研盐津脱贫攻坚、产业发展、城镇建设及党建工作等，并召开工作汇报会。

4月1日，昭通市委副书记、市长郭大进到盐津调研脱贫攻坚。

4月6—7日，昭通市人大常委会主任张绍雄、市人民政府副市长吴静一行到盐津就易地扶贫搬迁新老政策变动等工作进行专题调研督查，并召开工作汇报会，听取工作汇报，提出工作要求。

4月10日下午，盐津县委2017年第一轮巡察工作推进会召开，围绕开展脱贫攻坚“找问题、补短板、促攻坚”集中巡察工作进行安排部署，强势推进“百日大会战”。

5月18日，为扣好精准脱贫“第一粒扣子”，盐津县抽调1100名调查队员进村入户开展为期两个月的全县精准识别摸底调查工作。

6月3日，市政府副市长吴静到盐津县中和镇调研扶贫工作。

6月14日下午，上海东华大学分别向豆沙镇中心校捐赠计算机40台、中和镇中心校捐赠计算机40台、普洱镇中心校捐赠计算机47台，共计127台。计算机捐赠仪式在盐津县圆通公司举行。

6月30日上午，“石岐区—盐津县”联席会议在盐津县政府召开，共商“携手奔小康行动”有关事宜。

8月16日，东华大学盐津籍2017年新生路费补贴发放仪式在盐津一中举行。盐津教育局，盐津一中、二中领导，教师代表，受助学生和部分家长30余人参加仪式。

9月10日，盐津开始为期100天“10个全覆盖”脱贫攻坚秋季作战。

12月9日上午，盐津县召开全县深入开展易地扶贫搬迁摸底调查精准识别动员暨培训会，着力解决“为什么”“干什么”“怎么办”等问题。

12月25日，盐津县召开扶贫开发领导小组第14次会议，传达贯彻上级有关会议精神，集中推进脱贫出列、安全住房和涉农资金整合三项重点工作；动员全县上下以即日为起点，开启倒计时，对标对表冲刺2018年整县脱贫摘帽。

2018年

1月3日，盐津县召开2017年扶贫成效考核迎检动员会，为迎接2017年脱贫攻坚成效考核及东西部对口协作帮扶考核做最后的冲刺。

1月8日，盐津县东西部扶贫协作考核汇报会召开。国家扶贫工作考核组听取了盐津县脱贫攻坚和扶贫协作工作情况汇报。

3月3日上午，盐津县召开扶贫开发领导小组第17次会议，要求进一步统一思想，再一次提高认识，盯紧时间节点、及时查找问题、强化整改措施，推动各项工作，特别是不安全住房、产业扶贫、利益联结等工作有力有序开展。

3 月 30 日，盐津县召开扶贫开发领导小组第 18 次会议。

3 月 31 日，市委副书记、市长郭大进率副市长苏建宏、市政府秘书长郭晓东一行到盐津，专题调研脱贫攻坚、集体经济、产业发展、乡村振兴等工作。

4 月 25 日，中山市委书记陈旭东率党政代表团到盐津县调研对口帮扶和精准扶贫工作，进一步推动对口帮扶和精准扶贫工作向纵深发展。

6 月 13 日，全国政协委员、广东省委原常委、纪委原书记黄先耀，广东省东莞市委常委、市纪委书记、市监委主任戚优华，广东省中山市委常委、市委组织部部长陈小娟，广东省中山市农业局局长、市扶贫办主任李小建，广东省扶贫办副调研员唐咸武等领导及其他有关同志一行到盐津调研指导东西部扶贫协作工作。

6 月 29 日，盐津县召开扶贫开发领导小组第 21 次会议暨“两月一考评”工作推进会。中央、省、市挂包单位领导，县级实职处级领导，县直有关部门主要负责人，各乡镇党委书记、乡镇长、人大主席、副书记等参加。

7 月 25 日上午，省易地扶贫搬迁攻坚战指挥部执行指挥长、发展改革委副主任胡朝碧一行，到盐津县水田新区易地扶贫搬迁安置点调研。

8 月 16 日，云南农业大学副校长葛长荣一行到盐津调研乌骨鸡产业。

9 月 22 日，盐津县召开整县脱贫摘帽“秋季总攻”县、乡、村三级干部动员会议，在持续清零“十个全覆盖”和“四个专项行动”基础上冲刺各项脱贫指标的全面达标，为迎接上级考核验收做好充分准备。

10 月 2 日上午，盐津县召开脱贫攻坚“秋季总攻”农危改、环境整治专题攻坚会。

10 月 5 日，盐津县扶贫开发领导小组第 23 次会议在县第三中学阶梯教室召开。会议以视频形式召开覆盖到了县、乡、村三级。

10 月 23 日，中山市政协主席丘树宏带领市政府副市长胡建普、市政协副主席何灿成等一行，在昭通市政协主席成联远、市政府副市长段登位、市政协副主席陶仁，盐津县委副书记撒兰忠、县政协主席严巨奎的陪同下考察盐津豆沙古镇。

11 月 2—3 日，市委书记杨亚林率队到盐津县调研易地扶贫搬迁、产业扶贫、深度贫困村脱贫攻坚工作。杨亚林强调，要整合各方资源，下足绣花功夫，着力实现住房安居与产业支撑一体化发展，让贫困群众早日安居乐业。

11 月 15 日，市委副书记王忠调研盐津县易地扶贫搬迁集中安置点建设和安全住房情况。

11 月 18—19 日，以国家发展改革委地区司副司长杨椠为组长的国家发展改革委调研组到盐津县调研易地扶贫搬迁工作。省发展改革委副主任胡朝碧，市委常委、常务副市长陈真永陪同调研。

12 月 6 日，中山市委副书记、市长危伟汉，市委常委、市委政法委书记杨安队，副市长胡建普，市政府秘书长、办公室主任李俊，市开发区管委会主任招鸿，市农业局局长李小建，石岐区办事处主任肖建军等一行到盐津调研，进一步推动深化扶贫协作工作。

12 月 10 日上午，盐津县脱贫攻坚指挥部第 25 次例会召开。

2019 年

1 月 17 日，盐津县水田新区易地搬迁工程 26 栋安置房最后一栋成功封顶断水。

1 月 21 日下午，在 2019 年新春佳节来临之际，昭通市人大常委会主任张绍雄一行亲临盐津县税务局看望、慰问在开展脱贫攻坚工作中发生交通意外事故受伤的盐津县税务局干部。

3月15日，省政协副主席李正阳一行先后深入盐津新老县城、庙坝集镇易地搬迁安置点、花乡酒谷等，对城市发展、基层政协工作、扶贫工作、旅游开发等进行调研。

3月18日，盐津县召开扶贫开发领导小组第26次会议。会议通报了盐津县脱贫攻坚“春季攻势”工作情况，并就近期重点工作做工作安排。

4月23—24日，东华大学校长蒋昌俊和东华大学副校长邱高带队到盐津县考察调研定点扶贫工作，昭通市委副书记王忠，昭通市委常委、副市长赵长胜陪同调研。

4月25日，盐津县召开县扶贫开发领导小组第27次会议，听取易地扶贫搬迁工作、遍访行动、春季攻势等情况汇报，安排部署当前及下一步工作。

7月2日，东华大学定点扶贫盐津农产品展示专区启动仪式在东华大学松江校区第一食堂举行。东华大学副校长邱高、盐津县副县长范金辉出席。

7月26日，省商务厅党组书记、厅长赵瑞君到盐津调研电商扶贫工作。

8月14日，市政协党组书记、主席成联远率驻昭省政协委员在盐津开展参观考察活动。

8月29日，盐津县召开脱贫攻坚“百日攻坚大会战”动员大会，会议精准贯彻落实市委四届五次全会精神，全面聚焦市委“五大战役”，结合盐津实际，制定实施《盐津县脱贫攻坚“百日大会战”方案》，举全县之力打好打赢“两不愁、三保障”突出问题歼灭战，坚决高质量打好打赢脱贫摘帽大决战。

9月3日上午，盐津县2019年东西部协作扶贫车间揭牌暨培训启动仪式在落雁乡桦槁坪安置点隆重举行。

10月16—18日，盐津县委书记杨仕翰率队赴深圳市、中山市考察，进一步强化交流学习，开展招商引资、引智活动，对两地的农特产品加工业、工业制造、劳动密集型产业、教育产业等进行考察对接。

10月29日，盐津县召开十三届县委第六轮专项巡察工作动员部署会议，启动对32个村（社区）脱贫攻坚专项巡察。

10月30日，在省、市、县农行系统关心支持下，云南中大盐津发电有限公司带着高度的社会责任感，为盐津捐赠现金300万元，助力盐津脱贫攻坚。

10月31日，盐津县召开扶贫开发领导小组第29次会议。县委书记杨仕翰出席会议并作重要讲话。会议认真总结了10月的脱贫攻坚工作，对下一步工作进行了精心部署。

11月7日，省扶贫办主任黄云波一行到盐津指导脱贫攻坚工作。市委常委、市委秘书长尹朝禹，市扶贫办主任苏世攀、县委书记杨仕翰等领导陪同检查。

11月10日，盐津县召开扶贫开发领导小组第30次会议，县委书记杨仕翰出席会议并作讲话。会议要求，严格对标对表，全面总结“村出列”各项指标完成情况和存在问题，并对2019年贫困退出工作进行再动员、再部署、再过细、再落实，确保问题逐项清零，短板全面补齐，以高质量的基础工作迎接检查。

11月27日下午，盐津县召开扶贫开发领导小组第31次会议，认真贯彻落实省扶贫开发领导小组第14次全体会议精神和市扶贫开发领导小组2019年度第五次（扩大）会议精神，紧盯最后时间，全力攻坚冲刺目标，向党组织和人民交出脱贫摘帽高质量答卷。

12月6日，中山市委副书记、市长危伟汉，市委常委、市委政法委书记杨安队等中山市领导在副市长胡建普的陪同下到盐津调研，进一步推动深化扶贫协作工作。

12月18日，盐津县脱贫攻坚工作推进会召开，会议主要分析研判形势，查找问题短板，安排部署下阶段工作，动员全县各级各部门对标对表、聚焦聚力，拿出决战决胜的精神状态，齐心协力、共同发力迎接即将到来的“国检”“省检”。

12月31日，脱贫攻坚成效省际交叉考核山西省赴云南省交叉考核组到盐津，对脱贫成效、东西部扶贫协作、财政扶贫资金绩效评估开展为期5天的考核工作。

2020年

1月11日，盐津县在水田新区易地扶贫搬迁安置点举办春季转移就业“百日行动”暨东西劳务协作万人招聘会。多家用人单位在活动现场广纳农村劳动型人才，6000余名乡亲分别和各家企业达成意向协议。

1月18日，市人大常委会主任张绍雄，副市长吴静一行到盐津县开展春节慰问活动，走访看望易地扶贫搬迁群众，慰问奋战在一线的工作人员、环卫工人、市人大驻村工作队、困难群众等，向他们送上党和政府的问候及新春佳节的祝福。

2月26日，市政协主席成联远带队到盐津调研企业项目复工复产和疫情防控工作。市政协副主席陶仁、市政协秘书长曹阜忠参加调研。县委书记杨仕翰、县委副书记、县长郑磊、县政协主席严巨奎陪同调研。

3月2日，市人大常委会主任张绍雄一行到盐津调研督战脱贫攻坚和经济社会发展各项工作。市人大常委会秘书长黄光瑞，盐津县委书记杨仕翰，县委副书记、县长郑磊，县委副书记撒兰忠，县人大常委会主任陈国均，县政协主席严巨奎等领导陪同调研。

3月8日早上，广东省第六扶贫协作工作组组长、昭通市人民政府副市长蔡宏带领工作组一行3人到黄桷槽小学调研学校对接工作。

3月18日，云天化集团援建的盐津县中和镇天宁村田园片区道路硬化工程举行开工仪式。

3月20—21日，由中国农业大学食品科学与营养工程学院原院长、国家果蔬加工工程技术研究中心主任胡小松率队的中国农业大学专家组一行，到盐津县调研竹产业和乌鸡产业发展情况。

3月31—4月1日，云南省住建厅督察专员柳明林一行到盐津县调研指导督战农村危房改造问题整改工作。

4月2日，云南省发展改革委党组成员、副主任梁旭东，云南省发展改革委易地搬迁处处长程坤一行到盐津开展易地扶贫搬迁问题整改情况调研。

4月7日，盐津县召开脱贫攻坚整改工作落实部署会议。县委书记杨仕翰出席会议并讲话。他强调，要统一思想，强化措施，狠抓整改落实，坚决夺取脱贫攻坚战全面胜利。

4月10—11日，市委书记杨亚林到盐津县调研指导脱贫攻坚工作。县委书记杨仕翰，县委副书记、县长郑磊，县委副书记撒兰忠，县人大常委会主任陈国均等领导陪同调研。

4月10日，市政协副主席、市工商联主席胡建普，市工商联副主席陈燕一行4人深入盐津县专题调研“万企帮万村”精准扶贫工作。

4月15日，中南财经政法大学与盐津县2020年度定点帮扶“校地对接”工作推进会以视频形式进行，双方就脱贫攻坚帮扶事宜作深入交流和对接。中南财经政法大学党委书记栾永玉，党委副书记、校长杨灿明，党委副书记陈明，盐津县委书记杨仕翰，县委副书记、县长郑磊等领导参加会议。

4月19—23日，由西南大学组织的第三方评估团队，到盐津开展了为期5天的整县摘帽第三方评估工作，共抽取24个村进行入户评估，盐津实现了“零漏评”“零错退”目标。

5月16日，云南省人民政府办公厅印发《云南省人民政府关于批准昭阳区等31个县市区退出贫困县的通知》，该通知明确了盐津县已达到贫困县退出标准，符合贫困县退出条件，批准退出贫困县。

5月21日，云南省商务厅党组书记、厅长赵瑞君一行到盐津县水田新区、豆沙镇石缸村等地，就脱贫攻坚、产业发展、农村电商等相关工作进行调研。

6月3日，盐津县召开县扶贫开发领导小组第36次会议。县委书记杨仕翰指出，各乡镇、县直各部门要做好每月务虚和务实两项工作。把召开务虚会议作为一个较好的经验和传统，要坚持按月召开务虚会议，安排部署近期工作，要把全县所有领导干部职工的思想统一到县委、县政府的指导思想和具体工作部署上来。

6月4日，中山市委书记、市人大常委会主任赖泽华率调研组到盐津调研东西扶贫协作工作。昭通市委副书记朱家伟，市委常委、市委秘书长尹朝禹，副市长吴静，盐津县委书记杨仕翰，县委副书记、县长郑磊等领导陪同调研。

6月19—20日，东华大学校长、中国工程院院士俞建勇率调研组到盐津调研脱贫攻坚与乡村振兴工作。

7月中旬，盐津云滇茶叶有限公司在兴隆乡正式投产运营，这是东西部扶贫协作产业合作的又一硕果，是中山、盐津两地共同努力成果的展现。

7月18日，全市启动脱贫攻坚普查，鲁甸县普查组200余人到盐津开展为期1个月的普查工作。

8月3日，召开扶贫开发领导小组第38次会议。会议总结脱贫攻坚普查工作开展情况，安排部署下一步工作。

8月6—8日，中南财经政法大学党委书记栾永玉调研组一行在昭通市政府副市长吴静、段登位，市政府副秘书长罗光华等领导陪同下到盐津调研脱贫攻坚工作。

8月8日，昭通市人大常委会主任张绍雄到盐津县调研农业产业发展情况。

8月8日，盐津县滇凤乌鸡育种场投产仪式暨乌骨鸡饲养销售培训座谈会在牛寨乡牛塘村举行，育种场的正式投产，标志着盐津乌骨鸡产业发展迈上新台阶。

8月19日，省委常委、省军区政委余琨一行到盐津县调研。昭通市委常委、市委统战部部长申琼，市委常委、昭通军分区政委张益强，盐津县委书记杨仕翰等领导陪同调研。

8 月 25 日，云天化集团党委副书记陇贤君一行到中和镇就天宁村肉牛养殖场项目建设、竹麻岭至牛儿丫口公路硬化产业扶贫道路建设情况展开调研。

8 月 31 日，盐津县召开扶贫开发领导小组第 39 次会议，认真研判了 8 月各项工作中暴露出来的问题、短板，并安排部署 9 月重点工作。

9 月 4 日下午，盐津县扶贫办组织召开脱贫攻坚问题数据清洗工作会，县扶贫办班子成员、相关股室成员以及 10 乡镇扶贫工作分管领导、业务专干参会。

9 月 15 日，中山市政府副市长叶红光率调研组到盐津调研东西扶贫协作工作。昭通市委常委、副市长、广东省第六扶贫协作工作组组长蔡宏、副市长吴静等领导陪同调研。

11 月 25—29 日，楚雄州考核组到盐津开展省脱贫攻坚成效考核、东西部扶贫协作考核、项目资金绩效评价。

（整理者唐荣平时任盐津县政协文史委主任）

《昭通市脱贫攻坚大决战实录》后记

经过半年的筹划，历时一年的编撰，《昭通市脱贫攻坚大决战实录》〔全套书共19卷，其中市级8卷、县（市、区）11卷〕终于在党的百年华诞之际与广大读者见面了。这既是政协昭通市第四届委员会文史工作的成果展示，又是对我市脱贫攻坚工作客观真实的记录，更是用真实的故事展示历史资料的大胆尝试。

反贫困是世界性难题，也是现代国家面临的迫切任务。党的十八大以来，以习近平同志为核心的党中央把扶贫开发摆到治国理政的重要位置，提升到事关全面建成小康社会、实现第一个百年奋斗目标的新高度，纳入“五位一体”总体布局和“四个全面”战略布局进行决策部署，加大扶贫投入，创新扶贫方式，出台系列重大政策措施，扶贫开发取得巨大成就。

昭通作为全国、全省脱贫攻坚的主战场，是最难啃的“硬骨头”。2015年习近平总书记首次离京考察就到昭通，对昭通脱贫攻坚工作提出了“三个更加”的重要指示要求。昭通全市上下牢记习近平总书记的殷切嘱托，坚持把脱贫攻坚作为全市工作的主题主线，坚持“双统领”“双保障”“双推进”，践行“133”工作思路，汇聚中央和省定点单位、东西部扶贫协作、社会扶贫和各族干部群众磅礴力量，在昭通脱贫攻坚主战场上打响了一场史无前例的脱贫攻坚大决战，长期困扰昭通发展的主要“瓶颈”得以突破，实现根本性跨越，全市185.07万贫困人口全部脱贫、1235个贫困村全部出列、10个贫困县（区）全部摘帽，昭通大地发生了翻天覆地的变化，困扰昭通千百年的绝对贫困得到历史性解决。

为充分发挥政协文史资料“存史、资政、团结、育人”功能，客观、真实地记录昭通市在脱贫攻坚中各项建设和群众生活发生的变化，记述各级干部群众在脱贫攻坚工作中可歌可泣的感人故事，市政协党组拟组织相关部门、专家对2015—2020年我市开展脱贫攻坚的重大事件、典型故事进行搜集整理，编撰《昭通市脱贫攻坚大决战实录》丛书。

在市政协成联远主席亲自关心和指导下，编委会拟订了编撰工作的初步方案和《昭通市脱贫攻坚大决战实录》的整体框架，并于2019年8月7日向市委报送了关于编撰《昭通市脱贫攻坚大决战实录》的请示，市委杨亚林书记批示“此项工作很有意义，同意组织编写，请联远主席牵头负责”。按照市委的批示，市政协党组迅速行动，成联远主席亲自安排、统一部署，及时组织专家拟出了《昭通市脱贫攻坚大决战实录》编撰任务分解方案，经反复讨论、多次修改后，于2020年3月30日上报市委，市委杨亚林书记批示“同意所报方案，客观精准务实地做好工作”。

2020年4月14日，市政协组织召开了《昭通市脱贫攻坚大决战实录》专题会议，市委副书记朱家伟出席会议并作动员讲话，编撰工作在全市正式启动，会议统一了认识、明确了要求。为进一步细化任务、落实责任，编委会于2020年4月23日印发了《昭通市脱贫攻坚大决战实录》编撰任务分解方案的通知，加强对市级单位和县区市编撰工作的指导。随后，市政协副主席陶仁带领专家对11个县（市、区）的编撰工作进行了调研、培训、指导、督促，推动各县（市、区）编撰工作有效开展。针对全市编撰工作存在的问题，编委会经反复研究，统一思想，召开了由40多个市级部门参加的征求意见协商座谈会，在此基础上，进一步完善了编撰任务细化量化分解方案，印发到各县市区加强指导，并于2020年7月16日召开了《昭通市脱贫攻坚大决战实录》编撰工作推进暨培训会议，推进编撰进度，提升编撰水平。

为把《昭通市脱贫攻坚大决战实录》打造成“建党一百周年特别献礼工程”“昭通脱贫攻坚工作特别纪念”，市政协抢抓时间，及时出台系列配套文件，明确了市政协机关各委室联系各单位、部门及市政协委员，专门负责催稿工作，2020 年 10 月底稿件收集基本结束。为使编辑审稿工作有序推进，落到实处，市政协从昭通学院和市委党史研究室聘请专家对编辑工作进行审稿（其中，昭通学院教授唐靖负责市级篇章《综合卷》和《巧家卷》，市政协原经农委主任王华国负责市级篇章《产业就业扶贫卷》和《鲁甸卷》，昭通学院教授傅奠基负责市级篇章《基础设施建设卷》和《盐津卷》《大关卷》，昭通学院教授陈玥负责市级篇章《易地搬迁扶贫卷》和《永善卷》，昭通学院教授王琼负责《民生扶贫卷》和《镇雄卷》，昭通学院教授任继敏负责市级篇章《挂钩帮扶及社会扶贫卷》和《水富卷》，昭通学院教授周玲负责市级篇章《扶贫协作卷》和《彝良卷》《威信卷》，市委党史研究室副主任翟昭明负责市级篇章《组织保障卷》和《昭阳卷》《绥江卷》）。2020 年 11 月 18 日，市政协陶仁副主席主持召开《昭通市脱贫攻坚大决战实录》统稿工作会，统一了丛书形式和内容、结构和逻辑框架。

在市政协党组的坚强领导下，在各位编撰专家、市直各单位、市政协机关各委室、各县市区政协以及编撰办公室成员的大力支持和共同努力下，经夏历冬，数易其稿，2021 年 3 月初，《昭通市脱贫攻坚大决战实录》样书基本成型。2021 年 3 月 17 日，市政协副主席陶仁主持召开《昭通市脱贫攻坚大决战实录》样稿讨论会，进一步推动《昭通市脱贫攻坚大决战实录》编辑出版工作。

首先，本丛书的编撰出版得益于各级领导的正确领导，特别是市委杨亚林书记、市政府郭大进市长、市委朱家伟副书记的指导和支持。其次，本丛书的编撰出版得益于市政协党组的坚强领导，特别是成联远主席亲自指挥，亲自督战，亲自修订纲要，并亲自撰写总序和文章。第三，本丛书的编撰出版得益于全市 200 余家单位和部门的积极参与，全市领导干部，基层工作人员，脱贫攻坚督导员、驻村工作队员，政协委员，他们不仅是脱贫攻坚一线指战员，同时还撰写亲身经历脱贫攻坚工作的真实故事。据统计，全市共有1700余人参与《昭通市脱贫攻坚大决战实录》撰稿工作中，收到初稿2526篇。应该说，本丛书的编撰工作是我市脱贫攻坚工作的有机组成部分，同样也凝聚着全市干部群众的智慧和心血，是集体智慧的结晶。最后，特别要提的是昭通学院对本丛书编撰工作的支持和帮助。昭通学院党委大力支持《昭通市脱贫攻坚大决战实录》的编撰工作，在师资紧缺的情况下，委派出周玲、傅奠基、唐靖、陈玥、任继敏、王琼等六位教授参与编撰工作中，为编撰工作注入了智慧和力量。

在编撰《昭通市脱贫攻坚大决战实录》时，编撰专家精心筛选、整理、提炼，力求将那些散落于基层的珍珠捡拾起来，洗尽铅华，还原本真，形成真实的历史故事。这套书注重文史资料“亲历、亲见、亲闻”原则，以第一人称行文，部分新闻通讯、消息类稿件，在公开媒体上发表过，体现新闻的真实性，也作为资料收录，补充《昭通市脱贫攻坚大决战实录》内容。编者旨在通过真实、感人的故事让脱贫攻坚工作在时代的聚光灯下接受检阅，给过往和经历者以心灵的依稀穿越，获取一种灵魂的战栗和反思。同时，给不曾经历，甚至不曾听闻过的后人以另一种历史的演绎，告诉他们当年自己的祖先那段荡气回肠、可歌可泣的脱贫史。

虽说《昭通市脱贫攻坚大决战实录》丛书已呈现在读者面前，但由于编撰时间紧迫、人手不够、水平有限，不免存在内容欠全面、认知不到位、归类难把握等问题和瑕疵，恳请各位方家在阅读过程中批评指正，不吝赐教，我们定当虚心接受意见建议，进一步加以修改完善，以遗后人，真正达到“存史、资政、团结、育人”之目的。

编委会办公室